荻原雲来博士 (1869–1937)

実習サンスクリット文法

荻原雲来『実習梵語学』新訂版

吹田隆道　編著

はじめに

本書は荻原雲来博士が 1916 年 (大正 5 年) に刊行した『実習梵語学』を新訂したものである。

1908 年 (明治 41 年)、荻原博士は A. F. Stenzler 著、*Elementarbuch der Sanskrit-Sprache* 第 6 版 (R. Pischel 改訂、1892 年) の邦訳・増補版として『梵語入門』を刊行、その 8 年後には、自らが講説の中で感じた不備をふまえ、また仏教研究を志す初学者に配慮して、増補・改訂版となる『実習梵語学』を出版した。この文法書はその後 1972 年 (昭和 47 年) まで版を重ね、長きにわたってわが国のインド学・仏教学に必要なサンスクリット文法の学習を支えてきた。しかし、明治の格調高い文語体で書かれていたこともあって、1974 年 (昭和 49 年)、辻直四郎著、『サンスクリット文法』の刊行を契機に、現代語で著された文法書に役目を譲ることとなった。

一方、この『実習梵語学』の原形となる Stenzler の文法書は本国ドイツで改訂を重ね、2003 年には第 19 版が刊行されて、今なお初学者を育てている。また 1980 年には第 17 版が School of Oriental and African Studies (University of London) の教科書 *Primer of the Sanskrit language* として英訳され、こちらも改訂版となる第 2 版 (1992 年) を重ねている。このように、この Stenzler の文法書は 150 年近くにわたり、ヨーロッパ、特にドイツ語圏でのインド学を支えているサンスクリット初級文法であると言っても過言ではない。

幸いなことに、現在、わが国ではそれぞれに長所を持った多くのサンスクリットの文法書が手に入る。それらは連声、曲用、活用などの文法規則を課 (Lesson) ごとに少しずつ織り交ぜて解説し、その都度簡単な練習文を用意して語学習得を図る、いわゆる〝トレーニング文法〟と、原典研究に必要な文法理解とその確認を目的として、体系的に文法を解説する〝リファレンス文法〟の２種類に大別できる。

前者のトレーニング文法は、入門者が最初から練習文に触れてサンスクリットに親しむことができ、語学的興味からサンスクリットの学習をはじめる向きには好都合な初級文法となる。しかしその反面、文法解説が体系化されていないために、文献学的な研究を支える文法書としては不向きとならざるを得ない。

後者のリファレンス文法と呼ばれるものは、本来、A. A. Macdonell 著、*A Sanskrit Grammar for Students* や、辻直四郎著、『サンスクリット文法』などに代表される。しかし書名や序文に見る著者の思いに反して、これらの文法書が求める知識はいわゆる〝中級文法〟の範疇に入り、入門段階ではその重厚さに気圧されてしまう。むしろ初学者用としてはリファレンス文法の形式を取りつつ、先ずは必要な文法事項に限定し、さらに練習問題を加えて初級文法としたものが使用される。ただしその限定の仕方によっては長期の使用に耐えなくなる。

結局どちらの初級文法で学習をはじめても、インド学・仏教学など、インドの文献学に携わる初学者は、すぐに上記のような中級文法に頼らざるを得なくなる。それゆえ、初級文法のクラスを終えて原典講読のクラスに進むと、受講者は初級で愛用した文法書からリファレンスとなる文法書へ移行する機会を見出せずに苦労する。またそのような二度手間を避けるために、敢えて最初から中級文法書を用いて基礎的な文法のみを講説し、練習問題を別に用意して授業を進める初級クラスも少なくない。

ただ初学者が独自に、早くから中級文法書を普段のリファレンスとして使用するのは、それが結果的に知識の幅を広げることになるとしても、初心者がレース用の車を運転するようなものでもある。その知識は対応力のない受け売りになりかねない。むしろ初学者にとっては基本的な文法を着実に習得でき、さらにその後の原典研究に際しても、リファレンス文法として対応力を育んでくれる初級文法書が望ましい。さらに欲を言うならば、必要なときに中級文法、あるいは歴史文法などの上級文法の参照を容易にし、座右の文法書として長期の使用に耐えるものが理想となる。このような要求は何もわが国のインド学に限ったことではなく、前述したStenzlerの文法書英語版も、上記の中級文法 *A Sanskrit Grammar for Students* に代わる当世のリファレンス文法の必要性から、Stenzlerの文法書を選んだとしている。

そこで荻原雲来著『実習梵語学』を新訂する案が持ち上がった。それは単に初版刊行から100年を迎えるに当たっての記念碑的な事業というだけではなく、上記の要求を可能な限り満たすような文法書の編集を意図してのことである。

前述のようにもともとStenzlerの文法書に範を取る『実習梵語学』は、リファレンス文法形式の初級文法ながら、原典研究に必要な基本文法を体系的に解説し、座右の文法書となる絶妙なバランスで編集されている。そして何よりも、長きにわたってわが国のインド学を支えてきた実績がある。

また入門文法として、学習段階に応じた演習問題も配置する。それらは著者自身が創作した練習文ではなく、インドの古典から選ばれた格言などで構成されていて、サンスクリットが持つ本来の語感を養えるようになっている。さらに、巻末には読本として原典からの「文抄」も備わっている。したがってこの文法書を現代語に書き直すだけでも十分に上記の要求に近いものとなるが、さらにインド学自体の進展に伴って初学者にも必要となった増補や改訂を施せば、100年の時を経た現在でも、インドの文献学を志す研究者を支える文法書として復活すると確信する。

＊

今回の新訂では、中・上級文法に含まれる細則にこだわらず、むしろ実際の原典研究に必要となる実用性を心がけて増補を行った。それらは本文の増補だけでなく、【補】や脚注として補われている。また、他の多くの初級文法が解説を省く「名称詞造語法」の章を拡張し、さらに、副詞・前置詞・接続詞・否定詞・間投詞を簡単に説明する「不変化詞」の章を加えることにした。そして、より体系的に理解できるようにいくつかの項目の順序を整理し、演習問題もそれにあわせて配置し直した。

また、用例の増補・改訂も行った。昨今はインド学の環境においても情報技術が進み、サンスクリットの辞書や多くの原典を全検索できる状況にある。それゆえ、本書では現実性に乏しい理論上の用例を極力含まないように留意し、必要ならば他の用例に差し替えた。また中級文法との連係に便を図って、各項に上記の辻文法と Macdonell 文法の対応箇所 (TSG○○; MSGS○○) を付し、さらにその際に必要となれば、両者に学ぶべき用例を含めた。

逆に縮小した章もある。『実習梵語学』で「書法」と題された文字に関する章では、悉曇に関する解説や文字表、ならびに J. G. Bühler 著、*Indian Paleography* 付属の文字図表を転写再録した「梵字沿革略表」を省き、原典講読に必要なデーヴァナーガリー文字の略説に留めた。また、アクセントに関する項目を残さなかった。これに関してはまだまだ明解なことが知られておらず、文献の読解には直接影響しないので、解説は専門の学識に任せたく思う。

『実習梵語学』が巻末に「文抄」としてあげる読本は大幅に見直すこととなった。仏教研究を志す初学者に配慮して仏教文献からの選文を収めたことが『実習梵語学』の大きな特徴ではあるが、現在の原典批判の見地からすると、それらを安易に再録することはできない。古典サンスクリット文法の学習から逸脱しない範囲で不規則な文法を持つものを避け、初学者の便を考え、信頼できる邦訳の参照が可能な文献の中から選び直した。また、それにしたがって語彙集も新訂し、両者を「選文と語彙集」として収めた。総索引、ならびに演習問題、選文の解題や文法解説、翻訳は別の機会に譲ることとした。

＊

本書でサンスクリット文法の習得を目指す初学者は、まず第 1 章「字母 (アルファベット) と発音」(pp. 3 ff.) から読み進めて必要な音韻を学び、その時点でデーヴァナーガリー文字に興味を持てば、第 10 章「文字」(pp. 175 ff.) を先に参照して文字を覚えながら、第 2 章「母音の階梯」(pp. 7 f.)、第 3 章「連声法 (Sandhi)」(pp. 9 ff.) に進まれたい。特に I. 2.「子音の連声」においては、⑴「絶対語末の子音」(pp. 12 f.) を理解することで連声の理論的な規則性がより明確になり、無闇な丸暗記を排除して付属の「子音の外連声表」(p. 21) を用いることができる。

第 4 章「名称詞の曲用」から第 5 章「動詞の活用」II. 1.「現在組織」(pp. 29–91) の間には演習問題が設けられている。もともと『実習梵語学』の演習問題は学習を終えた文法規則だけで読解できるように構成されている。ただ、副詞や接続詞などの不変化詞については語形変化の規則を必要としないから、多くの初級文法と同じように『実習梵語学』でも辞書類から情報を得るものとして章立てされていなかった。この新訂版では「不変化詞」(pp. 163 ff.) として新たに第 9 章を設けたので、演習に即して先に参照されることが望ましい。また演習問題にしたがって、第 11 章「韻律」(pp. 181 ff.) に触れるのもよい。さらに、これらの演習問題を読解するだけでなく格言として記憶することで、サンスクリットの語感が養われ、語学力を助けるものとなる。

第 5 章「動詞の活用」II. 2.「現在以外の時制の組織」の習得においては、まず B「完了組織」(pp. 101 ff.)、C「未来組織」(pp. 107 ff.) を先に修め、その後「第 2 次活用法」の III. 1.「受動言」(pp. 111 ff.)、2.「使役活用法」(pp. 114 ff.)、第 6 章「準動詞」(pp. 121 ff.) を終え、その時点で選文 I の説話文学 (pp. 189 f.) から読みはじめることを勧める。そして選文講読で出会う用例に合わせて、第 7 章「名称詞造語法」(pp. 135 ff.) や、第 8 章「合成語法」(pp. 149 ff.)、第 5 章 II. 2. A「アオリスト組織」(pp. 91 ff.) を確認し、さらに「第 2 次活用法」の III. 3.「意欲活用法」(pp. 116 f.)、4.「強意活用法」(pp. 117 f.)、IV「名称詞由来動詞」(pp. 118 f.) に進まれたい。

また本書では、基本的な文法項目の図式や、変化表などをあげているが、それらはあくまでも基本例に留まるものであり、特例などの細則には及ばない。また紙面の関係上、それらの図表が次頁にまたがり見づらい場合もある。老婆心ながら、初学者はそれぞれにルーズリーフ式のノートなどに必要となる図式、変化表などをまとめ、また特殊な用例などを増やしていくことで、自身の文法ノートを作成されることを勧める。それこそが各研究者を支える真のリファレンス文法となる。基本的に必要な表の見本様式を巻末に付しておくので参考にされたい。

＊

以下に新訂に当たって文法規則や用例を確認するために参照した文法書などをあげておく。

文法

・アー、エフ、ステンツラー原著、エル、ピッシェル増訂、荻原雲来訳補『梵語入門　文法・文抄・字書』、東京 (丙午出版社)、1908 年。

・荻原雲来『実習梵語学　文法・悉曇書法・文抄・字書』、東京 (明治書院)、1916 年。

・辻直四郎『サンスクリット文法』、東京 (岩波全書)、第 2 刷、1976 年。

・岩本裕『サンスクリット文法』、増補改訂版、京都 (同朋舎)、1987 年。

・辻直四郎校閲　鎧淳訳　J. ゴンダ『サンスクリット語初等文法　練習題、選文、語彙付』、新訂第 1 刷、東京 (春秋社)、1989 年。

・齋藤光純『サンスクリット語初等文法摘要』、豊山原典研究叢書③、東京 (ノンブル社)、2003 年。

・Adolf Friedrich Stenzler, *Elementarbuch der Sanskrit-Sprache*, *Grammatik*, *Texte*, *Wörterbuch*, 6 Auflage, Umgearbeitet von Richard Pischel, Breslau 1892.

・do., 7 Auflage, München 1902.

・do., 9 Auflage, Fortgefühart von Richard Pischel, Umgearbeitet von Karl F. Geldner, Giessen 1915.

・do., 14 Auflage, durchgesehen und ergänzt von Samarendranath Biswas, Berlin 1960.
Review: By F. B. J. Kuiper, *Indo-Iranian Journal* Vol. 4, No. 2–3 (1960), pp. 179–182.

・do., 18 Auflage, Neu bearbeitet von Albrecht Wezler, Berlin 1995.
Review: By J. W. De Jong, *Indo-Iranian Journal* Vol. 40, No. 3 (1997),

pp. 265–266.

- do., 19 Auflage, durchgesehene und verbesserte Auflage von Albrecht Wezler, Berlin 2003.
  Review: By R. Söhnen-Thieme, *Indo-Iranian Journal* Vol. 48, No. 3–4 (2005), pp. 261–267.
- A. F. Stenzler, *Primer of the Sanskrit language*, Translated into English by Renate Söhnen-Thieme, 2nd edition, School of Oriental and African Studies (University of London), London 1992.
- Arthur A. Macdonell, *A Sanskrit Grammar for Students*, 3rd edition, Oxford 1927.
- Franz Kielhorn, *A Grammar of the Sanskrit Language*, 3rd. ed., Revised and Enlarged, Bombay 1888.
- Monier Williams, *Practical Grammar of the Sanskṛit Language, Arranged with Reference to the Classical Languages of Europe, For the Use of English Students*, 4th edition Enlarged and Improved, Oxford 1876.
- Moreshwar Ramchandra Kale, *A Higher Sanskrit Grammar, For the Use of Schools and Colleges*, Delhi 1960.
- William Dwight Whitney, *Sanskrit Grammar, Including both the Classical Language, and the Older Dialects, of Veda and Brahmana*, 2nd revised edition, Cambridge, Mass. 1889.
- Jakob Wackernagel, A. Debrunner, *Altindische Grammatik*, Göttingen 1896–1930. Nachträge zu Bd. 1 von A. Debrunner, Göttingen 1957. Register zu Bd. 1–3 von R. Hauschild, Göttingen 1964.

統語論

- Jakob Samuel Speijer, *Sanskrit Syntax*, With an Introduction by Dr. H. Kern, Leyden 1886 (rep. Kyoto 1968).
- Vaman Shivaram Apte, *The Student's Guide to Sanskrit Composition, A Treatise on Sanskrit Syntax for the Use of Schools and Colleges*, 3rd. ed.,

Poona 1890.

・菅沼晃 (代表者) 訳「アプテ；サンスクリット文章論入門 (I)　Kāraka の意義と用法」、『東洋学論叢』14 (1989 年)、pp. 1–136；同「アプテ；サンスクリット文章論入門 (II)　代名詞・分詞・不定詞の用法」、『東洋大学大学院紀要』26 (1990)、pp. 128–178；同「アプテ；サンスクリット文章論入門 (III)　時制と法」、『東洋学論叢』15 (1990 年)、pp. 1–74。

辞書

・財団法人鈴木学術財団編集『漢訳対照梵和大辞典』増補改訂版、東京 (講談社)、1979 年。

・Monier Williams, *A Sanskrit-English Dictionary, Etymologically and Philologically Arranged*, New ed., Greatly Enlarged and Improved, Oxford 1899.

・Vaman Shivaram Apte, *The Practical Sanskrit-English Dictionary*, Revised and Enlarged ed., Poona 1957 (rep. Kyoto 1978).

＊

本書の作成にあたっては、大正大学で『実習梵語学』を教科書とした最後の学年になる編著者が当時諸師から得た学的情報とともに、後に自身が初級文法や原典講読を講説する際に必要となった情報を含めて原案をまとめ、新訂の作業を進めた。その際に、この語学を縁とする学契、青木清行、木下聖三、平原崇雄、唐井隆徳、田中裕成の五氏が、それぞれ完成度を高めるための厳密で有意義な確認作業を行ってくれた。さらに佛教大学大学院の学生諸氏は、一年間にわたってこの文法書草稿による文法講説に参加してくれ、実際の運用を試す機会を与えてくれた。

また、語彙集の新訂に際しては、上記の五氏に加え、早島慧、西山亮、本荘光栄の三氏の手も煩わせた。知友、熊谷泰直氏が、編著者の担当した初級文法講座用の資料として、当時普及しはじめたワードプロセッサーを駆使して打ち込んでくれた『実習梵語学』の字書データにも助けられた。

さらに、大正大学からこの企画にいち早く賛同してくれた米澤嘉康氏、長島潤道氏、倉西憲一氏、吉澤秀知氏、平林二郎氏には、本書全体の校閲など、さまざまなことをお願いすることとなった。今は無き大正大学梵文学研究室に掲げられていた荻原雲来博士近影を掲載できたのも彼らのお陰である。

この場を借りて上記すべての方々に感謝の意を表すとともに、この書が『実習梵語学』でサンスクリットの教育に関わり、後進を育ててこられた諸先学の恩に報いるものとなることを願う次第である。

最後に、この新訂版の企画を快く承諾してくださった荻原家、そして出版を引き受けてくださった春秋社の神田明会長、澤畑吉和社長、佐藤清靖編集長に深謝する。

2015 年 8 月
吹田　隆道

追記

本書刊行以降、諸氏から有意義なご指摘を受けた。特に、本書の書評（『春秋』2018 年 4 月号）を頂いた筑波大学名誉教授の佐久間秀範氏、また誤字や改訂すべき点などの連絡を頂いた佐藤堅正、田中裕成、林拓望、平林二郎、壬生泰紀、吉澤秀知の各氏に、この場を借り改めて御礼申し上げる。

2022 年 9 月
吹田　隆道

略　号　表

文法用語　　〔　〕内は語彙集での略号

1st.	1st person	１人称
2nd.	2nd person	２人称
3rd.	3rd person	３人称
[Ā]	Ātmanepada	為自言
Ab.	Ablative	従格
Ac.	Accusative	対格
ag.	agentis	動作者
actv.	active voice	能動言
adj.	Adjective	形容詞
adv.	Adverb	副詞
Aor.	Aorist	アオリスト
Av.	Avyayībhāva	不変化詞合成語
Bv.	Bahuvrīhi	所有合成語
caus.	causative	使役活用
Cond.	Conditional	条件法
Conj.	Conjunction	接続詞
D.	Dative	為格
Den.	Denominative	名称詞由来動詞
Des.	Desiderative	意欲活用
Dg.	Dvigu	数詞限定合成語
du.	dual	両数
Dv.	Dvandva	並列合成語
f.	feminine (noun)	女性名詞
[f.]	feminine (adj.)	形容詞女性変化

Fut.	Future	未来
Fut. pass. pt. 〔Fpp.〕	Future passive participle	未来受動分詞
Fut. pt.	Future participle	未来分詞
G.	Genitive	属格
Gd.	Gerund	絶対詞
I.	Instrumental	具格
Impf.	Imperfect	直説法過去
Impv.	Imperative	命令法
ind.	indeclinable	不変化詞
Inf.	Infinitve	不定詞
Int.	Intensive	強意活用
Interj.	Interjection	間投詞
Kdh.	Karmadhāraya	同格限定合成語
L.	Locative	処格
m.	masculine (noun)	男性名詞
[m.]	masculine (adj.)	形容詞男性変化
n.	neuter (noun)	中性名詞
[n.]	neuter (adj.)	形容詞中性変化
N.	Nominative	主格
Nom. act.	Nomen actionis	動作名詞
Nom. ag.	Nomen agentis	動作者名詞
num.	Numeral	数詞
Opt.	Optative	願望法
[P]	Parasmaipada	為他言
pass.	passive voice	受動言
Pf.	Perfect	完了
Pf. pt. 〔Pfp.〕	Perfect participle	完了分詞
pl.	plural	複数
Prec.	Precative	祈願法

Pres.	Present	現在
Pres. pass. pt.	Present passive participle	現在受動分詞
Pres. pt. 〔Prp.〕	Present participle	現在分詞
pron.	Pronoun	代名詞
Ps.	Past	過去
Ps. actv. pt. 〔Pap.〕	Past active participle	過去能動分詞
Ps. pass. pt. 〔Ppp.〕	Past passive participle	過去受動分詞
pt.	participle	分詞
sg.	singular	単数
Tp.	Tatpuruṣa	格限定合成語
V.	Vocative	呼格

【備考】	『実習梵語学』にある備考
【補】	新訂版での補遺

書物

KGSL Franz Kielhorn, *A Grammar of the Sanskrit Language*, 3rd. ed., Revised and Enlarged, Bombay 1888.

MPGS Monier Williams, *Practical Grammar of the Sanskṛit Language, Arranged with Reference to the Classical Languages of Europe, For the Use of English Students*, 4th edition Enlarged and Improved, Oxford 1876.

MSGS Arthur A. Macdonell, *A Sanskrit Grammar for Students*, 3rd edition, Oxford 1927.

SESS Adolf Friedrich Stenzler, *Elementarbuch der Sanskrit-Sprache, Grammatik, Texte, Wörterbuch*, 6 Auflage, 1892; 9 Auflage, 1915; 14 Auflage, 1960; 19 Auflage, 2003.

SSS Jakob Samuel Speijer, *Sanskrit Syntax*, With an Introduction by Dr. H. Kern, Leyden 1886 (rep. Kyoto 1968).

TSG　辻直四郎『サンスクリット文法』、東京 (岩波全書)、第２刷、1976 年。

WSG　William Dwight Whitney, *Sanskrit Grammar, Including both the Classical Language, and the Older Dialects, of Veda and Brahmana*, 2nd revised edition, Cambridge, Mass. 1889.

目　次

はじめに
略号表
第1章　字母(アルファベット)と発音 …… 3
Ⅰ　字母(アルファベット) …… 3
1.　母音 …… 3
⑴　単母音と二重母音
2.　子音 …… 3
⑴　破裂音と鼻音、半母音、歯擦音　⑵　気音　⑶　特別鼻音
Ⅱ　発音 …… 4
第2章　母音の階梯 …… 7
Ⅰ　平韻 と Guṇa と Vṛddhi …… 7
第3章　連声法(Sandhi) …… 9
Ⅰ　外連声 …… 10
1.　母音の外連声 …… 10
2.　子音の外連声 …… 12
⑴　絶対語末の子音　⑵　子音の外連声(語末の変化)
⑶　子音の外連声(語頭の変化)
Ⅱ　内連声 …… 22
1　母音の内連声 …… 22
2.　子音の内連声 …… 23
第4章　名称詞の曲用 …… 29
Ⅰ　曲用の概説 …… 29
Ⅱ　母音で終わる語幹の曲用 …… 32
⑴　a- 語幹と ā- 語幹　⑵　i- 語幹と u- 語幹　⑶　ī- 語幹と ū- 語幹
⑷　tṛ- 語幹と ṛ- 語幹　⑸　二重母音語幹

Ⅲ　子音語幹の曲用 ……… 41
1.　1 語幹の名称詞 ……… 42
⑴　子音語幹　⑵　in / min / vin- 語幹　⑶　as / is / us- 語幹
2.　多語幹の名称詞 ……… 45
A　2 語幹の名称詞 ……… 46
⑴　at- 語幹　⑵　īyas- 語幹
B　3 語幹の名称詞 ……… 48
⑴　an / man / van- 語幹　⑵　vas- 語幹　⑶　ac- 語幹
⑷　その他特殊な語幹
Ⅳ　比較法 ……… 53
Ⅴ　代名詞 ……… 54
1.　人称代名詞 ……… 54
2.　指示代名詞 ……… 55
⑴　指示代名詞 tad / etad　⑵　指示代名詞 idam　⑶　指示代名詞 adas
⑷　指示代名詞 enad　⑸　関係代名詞 yad / 疑問代名詞 kim
3.　不定代名詞 ……… 59
4.　代名詞的形容詞 ……… 59
Ⅵ　数詞 ……… 60
1.　基数詞 ……… 60
⑴　基数詞　eka / dvi / tri / catur
⑵　基数詞　pañca / ṣaṣ / sapta / aṣṭa / nava / daśa　⑶　基数詞の用法
2.　序数詞 ……… 63
3.　数の副詞 ……… 64
第 5 章　動詞の活用 ……… 65
Ⅰ　動詞総説 ……… 65
1.　人称と言 ……… 65
2.　動詞の組織 ……… 65
3.　人称語尾 ……… 66
4.　オーグメントと重字 ……… 67

Ⅱ　第 1 次活用法 …… 68
1.　現在組織 …… 68
A　第 1 種活用 …… 69
⑴　第 1 類　⑵　第 6 類　⑶　第 4 類　⑷　第 10 類　⑸　第 1 種動詞の基本活用
B　第 1 種活用の不規則語幹 …… 73
C　第 2 種活用 …… 75
⑴　第 2 類　⑵　第 3 類　⑶　第 5 類　⑷　第 8 類　⑸　第 7 類　⑹　第 9 類
2.　現在以外の時制の組織 …… 91
A　アオリスト組織 …… 91
⑴　単純アオリスト　⑵　歯擦音アオリスト　⑶　祈願法
B　完了組織 …… 101
⑴　単純完了　⑵　複合完了
C　未来組織 …… 107
⑴　単純未来　⑵　複合未来　⑶　条件法
Ⅲ　第 2 次活用法 …… 111
1.　受動言 …… 111
A　現在組織 …… 111
B　現在以外の組織 …… 113
⑴　アオリストの受動言　⑵　その他の受動言
2.　使役活用法 …… 114
A　現在組織の使役活用 …… 114
B　現在組織以外の使役活用 …… 115
3.　意欲活用法 …… 116
4.　強意活用法 …… 117
Ⅳ　名称詞由来動詞 …… 118
第 6 章　準動詞 …… 121
Ⅰ　形容詞としての準動詞 …… 121
1.　現在 / 未来分詞 …… 121
⑴　接尾辞 at　⑵　接尾辞 māna　⑶　接尾辞 āna

2. 完了分詞 …… 123
3. 過去受動分詞 …… 124
⑴ 接尾辞 ta ⑵ 接尾辞 na
4. 過去能動分詞 …… 128
5. 未来受動分詞 …… 128
II 副詞としての準動詞 …… 130
1. 不定詞 …… 130
2. 絶対詞 …… 131
第 7 章 名称詞造語法 …… 135
I 第 1 次派生語と第 2 次派生語 …… 135
1. Kṛt 接尾辞 …… 135
⑴ 接尾辞 a ⑵ 接尾辞 ana ⑶ 接尾辞 as / is / us ⑷ 接尾辞 man
⑸ 接尾辞 tra ⑹ 接尾辞 ti ⑺ 接尾辞 ā ⑻ 接尾辞 u
⑼ 接尾辞 aka (f. ikā) ⑽ 接尾辞 tṛ ⑾ 接尾辞 in
2. Taddhita 接尾辞 …… 140
⑴ 接尾辞 a ⑵ 接尾辞 ika ⑶ 接尾辞 in / min / vin (f. inī / minī / vinī)
⑷ 接尾辞 iman ⑸ 接尾辞 īna ⑹ 接尾辞 īya ⑺ 接尾辞 eya
⑻ 接尾辞 ka ⑼ 接尾辞 tā (f.) / tva (n.) ⑽ 接尾辞 mat / vat
⑾ 接尾辞 maya (f. mayī) ⑿ 接尾辞 ya
3. 語根名称詞 …… 146
II 女性語幹造語法 …… 146
第 8 章 合成語法 …… 149
I 動詞合成語 …… 149
II 名称詞・副詞合成語 …… 151
1. 並列合成語 …… 152
⑴ ① Dvandva (並列合成語)
2. 限定合成語 (広義の Tatpuruṣa) …… 153
⑴ ② Tatpuruṣa (格限定合成語) ⑵ ③ Karmadhāraya (同格限定合成語)
⑶ ④ Dvigu (数詞限定合成語)

3.　第２次形容詞合成語 …… 157
⑴　⑤ Bahuvrīhi (所有合成語)
4.　副詞合成語 …… 159
⑴　⑥ Avyayībhāva (不変化詞合成語)
5.　その他の合成語 …… 160
⑴　合成副詞　⑵　反復合成語
第９章　不変化詞 …… 163
Ⅰ　副詞 …… 163
1.　名称詞の副詞化 …… 163
2.　副詞を作る接尾辞 …… 164
3.　その他の副詞 …… 165
Ⅱ　前置詞 …… 166
1.　前置詞 …… 166
2.　前置詞的副詞 …… 167
3.　前置詞的な絶対詞 …… 168
Ⅲ　接続詞 …… 169
1.　等位接続詞 …… 169
⑴　連結的接続詞　⑵　選言的接続詞
2.　従位接続詞 …… 170
Ⅳ　否定詞 …… 172
Ⅴ　間投詞 …… 173
第 10 章　文字 …… 175
Ⅰ　デーヴァナーガリー文字 …… 175
1.　母音の文字 …… 175
2.　子音の文字 …… 176
3.　書法 …… 176
4.　数字 …… 179
第 11 章　韻律 …… 181
Ⅰ　長音節と短音節 …… 181

Ⅱ　Akṣaracchandas …… 181
1.　Śloka (=Anuṣṭubh) …… 182
2.　Triṣṭubh と Jagatī …… 183
Ⅲ　Mātrāchandas …… 184
1.　Āryā …… 185

選文と語彙集
選文 …… 189
語彙集 …… 219
付録　(文法表見本様式)

実習サンスクリット文法

第1章　字母(アルファベット)と発音

I　字母(アルファベット)〔TSG § 2; MSGS 4–7〕

§ 1　サンスクリット(梵語 = Saṃskṛta)の字母(アルファベット)には49音がある。地域や時代を経て現在に伝わっているそれらの発音が当時のままであるとは考え難いが、この言語の文法規則を理解するためには、以下に示す音の分類をまず知る必要がある(以下にカタカナで示す発音は便宜的な手段としての表記である)。

1. 母音(Vowels)

(1)　単母音と二重母音

単母音	a ア	ā アー	i イ	ī イー	u ウ	ū ウー
	ṛ リ	ṝ リー	ḷ リ	(ḹ リー)*		
二重母音	e エー	ai アーイ	o オー	au アーウ		

* ḹ は実際に用いられることはない。ṛ の長母音 ṝ があることに対応して、ḷ の長母音としての ḹ を字母の中に加えたもの。

2. 子音(Consonants)

(1)　破裂音と鼻音、半母音、歯擦音

(便宜のため a の母音を配す)

	破裂音				鼻音	半母音	歯擦音
	無声無気	無声有気	有声無気	有声有気	有声	有声	無声
喉音	ka	kha	ga	gha	ṅa		
口蓋音	ca	cha	ja	jha	ña	ya	śa
反舌音	ṭa	ṭha	ḍa	ḍha	ṇa	ra	ṣa
歯音	ta	tha	da	dha	na	la	sa
唇音	pa	pha	ba	bha	ma	va	

(2) 気音

気　音	ha (有声)	Visarga (止声音)　ḥ (無声)

(3) 特別鼻音

特別鼻音	Anusvāra　ṃ	Anunāsika ̐ (= ˜)

II　発音〔TSG § 4; MSGS 15, 29–30〕

§ 2　子音群の中核をなす破裂音 (発声器官を閉鎖し呼気を止めたのち、それを破って発する音) に反して、すべての母音は発声器官の閉鎖なしに発音される。

§ 3　無声音 (声帯の振動を伴わない音) には、破裂音中の無声音と歯擦音と止声音 (Visarga) があり、硬音とも呼ばれる。その他は母音も含めてすべて有声音 (声帯の振動を伴う音) で、軟音とも呼ばれる。破裂音中の有声音は日本語でいう濁音と考えればよい。

§ 4　子音の中、破裂音は① 喉音、② 口蓋音、③ 反舌音、④ 歯音、⑤ 唇音の 5 種類に分類される。さらにそれらの破裂音に相応する⑥ 鼻音、⑦ 半母音、⑧ 歯擦音がある。

① 喉音 (Gutturals) は喉 (咳をする位置) で発声される子音[1)]。ka「カ」、ga「ガ」など。

② 口蓋音 (Palatals) は舌の前上面が硬口蓋 (上あごの凹みの硬い部分) に接触、あるいは接近して発声される子音。ca「チャ」、ja「ジャ」など。

③ 反舌音 (Cerebrals) は舌尖、およびその裏側を上あごの凹み部分の前に接触して発声する音。日本語の「タ行」の発音よりも「ラ行」の舌尖の接触で行う「トァ、トィ、トゥ、トェ、トォ」の発声に近い。

---

1) 現在のサンスクリット音声学によると、むしろ後舌と上あごの凹みの奥の柔らかい部分で通気を妨げることによって発声される軟口蓋音とされ、より日本語のカ行、ガ行に近い。

④ 歯音 (Dentals) は上前歯の裏および先と舌尖の接触によって発音される音。前者の反舌音よりも日本語の「タ行」に近いが、「タ、ティ、トゥ、テ、ト」のようにさらに舌尖が歯に接触する。

⑤ 唇音 (Labials) は両唇が弾けることで発声される子音。pa「パ」、ba「バ」など。

有気音 (Aspirated sounds) はこれら破裂音の中で、破裂の直後に強い気息を伴うものをいう。喉音を例にとると、無気音の ka「カ」に対して有気音の kha は「カハ」、ga「ガ」に対して gha「ガハ」のように気息を伴う響きが加わる。口蓋音、反舌音、歯音、唇音においても同様。

⑥ 鼻音 (Nasals) は口からの通気を閉鎖された呼気が鼻に抜けることによる鼻腔の共鳴音を指す。喉音の鼻音 ṅa は日本語の鼻濁音 (語頭以外の「が」や、助詞の「が」) の「ンガ (= ガ゚)」に同じ。口蓋の鼻音は ña「ニャ」、反舌音は ṇa「ヌァ」、歯音は na「ナ」、唇音は ma「マ」となる。

⑦ 半母音 (Semivowels) には口蓋音 ya「ヤ」、反舌音 ra「ラ」、歯音 la「ラ」、唇音 va「ヴァ」の有声音がある。これらの子音が、それぞれ母音の i、ṛ、ḷ、u に対応している。

⑧ 歯擦音 (Sibilants) には口蓋音の ś「シャ」、反舌音の ṣ「シァ」、歯音の s「サ」の 3 種がある。

§ 5　気音 (Aspirations) には有声の ha「ハ」と、無声の止声音 Visarga (ヴィサルガ) ḥ がある。後者は直前の母音を止声するための気息で、aḥ「アッハ」、iḥ「イッヒ」、uḥ「ウッフ」のように発音される。Visarga は r または s が変化したもので、これらの音が語末に位置する場合に用いられる。

【補】また Visarga は、古形として碑文や写本に残る無声喉音 (k / kh) の前に位置する止声音 ẖ (Jihvāmūlīya) と、無声唇音 (p / ph) の前に位置する止声音 ḫ (Upadhmānīya) の代わりとして用いられている (§ 30)。

§ 6　特別鼻音の Anusvāra (アヌスヴァーラ) ṃ は上記に示した 5 種類の破裂音に相応する鼻音とは別のもので、日本語の撥音「ン」にあたる。語中では歯擦音 ś / ṣ / s と気音 h の直前のみに表れ、それを真性 Anusvāra と呼ぶ。また書写の便宜上、それぞれの破裂音に対応する鼻音の代わりに用いられるものを、代用 Anusvāra と呼ぶ。これらの Anusvāra の辞書における配列順序については【補】を参照されたい。

Anunāsika (アヌナーシカ) ̐ (= ˜)[1] は鼻音化した母音 (鼻母音) を示すもので、サンスクリットでは鼻音化した半母音として見られる。次に続く半母音にしたがって y̐、l̐、v̐ (= ỹ、l̃、ṽ) と表し、これも「ン」と発音される[2]。この鼻音の用法は §§ 27, 29 参照。

【補】多くのサンスクリット辞書の語彙配列では、まず半母音を伴う Anusvāra ṃy / ṃr / ṃl / ṃv、続いて歯擦音と気音 h を伴う真性 Anusvāra (§ 6) ṃś / ṃṣ / ṃs / ṃh が子音の先頭となる k に先行する。例えば sa の次には、saṃyat、saṃrakṣa、saṃlakṣaṇā、saṃvat などの語が順に位置し、それから saṃśaptaka、saṃsakta、saṃhat などが続いてから、子音先頭の saka に移る。その他の代用 Anusvāra は各破裂音に対応する鼻音の位置に配列される。したがって、例えば saṃkaṭa は saṅkaṭa、saṃcaya は sañcaya の位置にくる。

さらに、無声の喉音を伴う Visarga (= Jihvāmūlīya § 5) ḥk / ḥkh、無声の唇音を伴う Visarga (= Upadhmānīya § 5) ḥp / ḥph も子音先頭の k の前に位置する。例えば du の次に duḥkara、duḥkha などが位置し、duḥparājaya などを経た後、dukūla に移る。また歯擦音を伴う Visarga ḥś / ḥṣ / ḥs はそれぞれ ś / ṣ / s の後ろに配列される。antaścaitanya の後ろに antaḥśarīra、antastoya の次に antaḥsaṃjña が位置する[3]。

---

1) Anunāsika sign と呼ばれる ̐ (candrabindu 月のような点) はローマ字の校訂本などでも使用される。後者、国際音声記号 (International Phonetic Alphabet: IPA) による鼻母音の補助記号である ˜ の使用はまだまだ少ない。

2) 鼻母音は口と鼻から同時に息が流れ、止声なしに次に続く「ン」の音。したがって次に続く半母音とともに y̐y = 「ンヤ」、l̐l = 「ンラ」、v̐v = 「ンヴァ」となる。

3) Monier Williams, *A Sanskrit-English Dictionary* や V. S. Apte, *The Practical Sanskrit-English Dictionary* も基本的にこの配列にしたがうが、これらの辞書では合成語などが見出し項目の下位に収められるので、-ḥk / ḥkh、-ḥp / ḥph、-ḥś / ḥṣ / ḥs が見出し項目 -ḥ の中にまとめられることも多い。

第２章　母音の階梯

I　**平韻と Guṇa と Vṛddhi**〔TSG § 7; MSGS 17〕

§ 7　同一の語源から作られる一連の語形では、必要に応じてもととなる母音が二段階の音の量で強められる[1]。一段階強められた母音を Guṇa (重韻)、二段階強められた母音を Vṛddhi (複重韻) と呼ぶ。Guṇa は a にそれぞれの平韻を加えたもの、Vṛddhi は ā (= a + a) にそれぞれの平韻を加えた音の量であり、それらは規則正しい階梯を経ている。

(カッコ内は次に他の母音が位置する場合の形を示す)

平　韻	—	i / ī (y / iy)	u / ū (v / uv)	ṛ / ṝ (r / ir, ur)	ḷ
Guṇa	a	e (ay)	o (av)	ar	al
Vṛddhi	ā	ai (āy)	au (āv)	ār	—

【補】上記の表においてカッコ内で示した、次に他の母音が位置する場合に用いられる半母音形も、音の量は変わらない。

Guṇa	e	o
	↓	↓
Guṇa 分解	a + i	a + u
	↓	↓
半母音代用	ay	av

Vṛddhi	ai	au
	↓	↓
Vṛddhi 分解	a + e	a + o
	↓	↓
	a + a + i	a + a + u
	↓	↓
	ā + i	ā + u
	↓	↓
半母音代用	āy	āv

このような音の量の階梯は、動詞の原形 (語根) から語幹や派生形を作る過程でおこる。例えば、

1)　ここでいう音の量とは、発音するのに必要な時間の量を指すと考えればよい。

	平　韻	Guṇa	Vṛddhi
a	——	√pat (落ちる)	pātaya 使役語幹 (落す)
i	√vid (知る)	veda 男性名詞 (知識)	vaidya 形容詞 (知識ある)
u	√lul (動き回る)	lola 形容詞 (変わり易い)	laulya 中性名詞 (不安定)
ṛ	√bhṛ (担う)	bhara　形容詞 (担う)	bhāra 男性名詞 (担い)
ḷ	√kḷp (適する)	kalpa　形容詞 (適切な)	(ḷ の Vṛddhi なし)

【補 2】また、いくつかの語根では Saṃprasāraṇa と呼ばれる音の交替がある。a を伴う半母音がそれに相応する母音に変化すること (a は消滅) で、ya は i、va は u、ra は ṛ になることをいう。

第３章　連声法 (Sandhi)

連声 (Sandhi) とは発音を円滑に進めるための音の変化をいい、母音に関しては２つの母音が連続すること (hiatus) を回避し、子音では連続による同化を中心に行われる。このような連声はどのような言語でも発音上行われるものである。例えば日本語では「大きい (おおきい)」は「おーきい」、「山 (やま) + 寺 (てら)」が「やまでら」と発音されるような変化をいう。ただサンスクリットでは、音が連声によって変化した状態のまま、連続して書き留められるという特徴がある。例えば発音にしたがって、

kimidamasaṃgatamasminnādāvanyattathānyadante ca.

と続けて綴られた文は[1]、以下に示す連声規則をもとに単語ごとに分節し、

kim idam asaṃgatam asmin ādau anyad tathā anyad ante ca

のように文法解釈できる状態にする必要がある[2]。

【補】 ローマ字転写を用いる校訂本は、母音連声を除いて[3]、語末と語頭が外連声した状態でスペースを入れ、単語ごとに分節して表記する。例えば上記の文章は kim idam asaṃgatam asminn ādāv anyat tathānyad ante ca となる。しかし、本書で以下にあげる連声の規則では、便宜上、連結する２語間には ‿ を (合成語の場合は -)、分かつ場合には□を補う。

---

1)　この引用文は A. F. Stenzler の文法書を第 6 版 (1892 年) として改訂した R. Pischel によって加えられたものである。その出典は明らかではない。この引用は、サンスクリットが連声によって分節なく文章を構成することの例示を目的としていて、翻訳を必要としないかもしれないが、「これにおけるこの矛盾 (自家撞着) は何だ。はじめと終わりで (話が) 違っているではないか」と訳すことができる。Pischel 自身は、"was ist das hierbei Ungereimtes? Im Anfang (war es etwas) anderes und (etwas) anderes (ist es) am Ende." (1892年版)、"Was für ungereimtes Zeug (sprichst du) darüber? Im Anfang (war es etwas) anderes und (etwas) anderes (ist es) am Ende." (1902 年改訂版) と訳している。

2)　この文章に関係する連声規則は §§ 9, 14, 21, 25。

3)　校訂本によっては母音連声を表すために â / î / û / ê / ô などの文字を使って、母音連声を示すものがあるが、現在では一般的でない。

I　外連声

§8　外連声とは、文章中の単語間、あるいは合成語の構成における音の連結をいう。前者においては、語末が母音で終わり、次の語が子音(半母音を含む)ではじまる場合にのみ語を分かつ。

それ以外の、語末が母音で終わり、次の語が母音ではじまる場合、語末が子音で終わり、次の語が子音ではじまる場合、ならびに語末が子音で終わり、次の語が母音ではじまる場合は、以下の連声法にしたがって変化し、連続する。

非連声(単語間)	①　-母音□子音(半母音を含む)-
連　声	①　-母音‿母音-　②　-子音‿子音- ③　-子音‿母音-

1.　母音の外連声〔TSG §§ 11–12; MSGS 18–25〕

§9　前に位置する単語の語末と、続く単語の語頭が同種の単母音の場合、それらは結合して、その長母音となる。

①　-a / ā + a / ā- ⇨ -ā-	②　-i / ī + i / ī- ⇨ -ī-
③　-u / ū + u / ū- ⇨ -ū-	④　-ṛ + ṛ- ⇨ -ṝ-

na + asti + iha は nāstīha ([彼は] ここにいない)、dayā + ārdra は dayārdra (同情で涙ぐむ)、devī + iva は devīva (女神のように)、ripu + uras は ripūras (敵の胸)、kartṛ + ṛju は kartṝju (働き手として正直な)。

§10　語末の a や ā は直後に位置する平韻とともに Guṇa となり、Guṇa、Vṛddhi とともに Vṛddhi となる。

①　-a / ā + i / ī- ⇨ -e-	②　-a / ā + u / ū- ⇨ -o-	③　-a / ā + ṛ- ⇨ -ar-
④　-a / ā + e- ⇨ -ai-	⑤　-a / ā + o- ⇨ -au-	⑥　-a / ā + ai- ⇨ -ai-
⑦　-a / ā + au- ⇨ -au-		

kā + iyam は keyam (この女性は誰だ)、loka (世) + īśvara (主) は lokeśvara (世の主)、sahasā + utthāya は sahasotthāya (突然に起き上がって)、yathā + ṛtu は yathartu (季節に応じて)、tathā + eva は tathaiva (正にそのように)、mahā + oṣadhi は mahauṣadhi (大きな[効能をもつ]薬草)、eka +

aiśvarya は ekaiśvarya (君主政権)、manda + autsukya は mandautsukya (気の進まない)。

【備考】oṣṭha (唇) の前に位置する語末の a は合成語の場合に省くことも可能。adhara + oṣṭha は adharauṣṭha / adharoṣṭha (下唇)。

§ 11　i / ī、u / ū、ṛ / ṝ は他の母音の前に位置する場合に、それぞれの半母音 y、v、r となる。

①　-i / ī + 他の母音 - ⇨ -y‿ 他の母音 -
②　-u / ū + 他の母音 - ⇨ -v‿ 他の母音 -
③　-ṛ / ṝ + 他の母音 - ⇨ -r‿ 他の母音 -

bahūni + ahāni は bahūny‿ahāni (数日は)、astu + etat は astv‿etat (これがあるべき)、pitṛ + anuvartana は pitr-anuvartana (父にしたがうこと)。

§ 12　語末の e / o[1] の次に位置する a は脱落する。この場合、Avagraha (省字符) ' を用いる。

①　-e + a- ⇨ -e '-	②　-o + a- ⇨ -o '-

te + api は te 'pi (彼らもまた)、prabho + aham は prabho 'ham (王 [prabhu] よ、私は)。

§ 13　語頭の a 以外の母音の前に位置する e / o[1] は a となり、さらなる連声はしない[2]。

①　-e + a 以外の母音 - ⇨ -a □ a 以外の母音 -
②　-o + a 以外の母音 - ⇨ -a □ a 以外の母音 -

vane + āste は vana āste ([彼は] 林の中に座る)、nagare + iha は nagara iha (この城都に)、Viṣṇo + iti は Visna iti (ヴィシュヌよ、と)、prabho + ehi は prabha ehi (王 [prabhu] よ、来たれ)。

§ 14　語末の ai が母音の前に位置する場合、通常 ā となり、さらなる連

---

1)　aḥ が連声で o となる場合 (§ 32) を除くと、語末が o となるのは go (牡牛 § 75) の語幹と、u- 語幹の呼格 (= V.) にしか表れない。

2)　これをいわゆる「ダブル・サンディー」と呼ぶ。例えば上記の vane ＋ āste は vana āste となるが、さらに § 9 の連声規則にしたがって、vanāste となることはない。

声はない。au は通常は āv となる[1)]。

① -ai + 母音 - ⇨ -ā □母音 -	② -au + 母音 - ⇨ -āv‿ 母音 -

tasmai ṛṣabhaṃ dadāti は tasmā ṛṣabhaṃ dadāti (彼に牡牛を与える)、tau + ubhau + api は tāv‿ubhāv‿api (その両方とも)。

§ 15 名詞、動詞の両数語尾の末音 ī / ū / e、ならびに代名詞 adas の複数形 amī (§ 102) は、次に母音がくる場合にも連声することはない。cakṣuṣī ime (この両眼)、bāhū udyamya (両腕をあげて)、pādatale ubhe (両足の裏)。またこの場合、次に位置する a の脱落はおこらない。kuṇḍale avamucya (両 [方の] イヤリングを取り去って)。

1つの母音からなる間投詞、および aho、he は、続くどのような母音とも連声しない。ā Indra (あー、インドラよ)、aho Arjuna (おぉ、アルジュナよ)。

2. 子音の外連声

(1) 絶対語末の子音〔TSG §§ 13–14; MSGS 27–28〕

サンスクリットでは、特定の子音のみが絶対語末 (語の最終位置) に位置することが許される。子音の外連声は、その絶対語末の規則が適用されたそれぞれの語の語末と、次に位置する語の語頭との間におこる音の変化である。したがって子音の外連声の理解を速やかにするためには、まずその絶対語末の規則を知る必要がある。

絶対語末として許される子音は、口蓋音を除く破裂音の無声無気 k / ṭ / t / p と、鼻音 ṅ / ṇ / n / m と l および ḥ である。これら以外の子音が絶対語末に位置した場合、上記の中で対応する子音に置き換えなければならない。この中、ṇ に関連する連声規則は少なく (§ 25)、また語末の l も続くどのような音の前でも変化しない。それゆえこの２つの子音に関しては、連声規則として事実上の問題とはならない。

---

1) 実用性の乏しい細則によれば、-ai ＋母音 - ⇨ -ay‿ 母音 -、-au ＋母音 - ⇨ -ā □母音 - の場合もある。

§ 16　口蓋音を除く破裂音はすべて同系列の無声無気音に変換されて、k / ṭ / t / p となる。

①　-k / kh / g / gh ⇨ -k	②　-ṭ / ṭh / ḍ / ḍh ⇨ -ṭ
③　-t / th / d / dh ⇨ -t	④　-p / ph / b / bh ⇨ -p

§ 17　口蓋音が語末にある場合、c は喉音 k となり、j / ś / ṣ / h は喉音 k または反舌音 ṭ となる。

①　-c ⇨ -k　　②　-j / ś / ṣ / h ⇨ -k / ṭ

vāc は vāk (声)、sraj は srak (鬘)、devarāj は devarāṭ (天の王)、divaspṛś は divaspṛk (天に触れている)、viś は viṭ (人民)、tṛṣ は tṛṭ (渇き)、dadhṛṣ は dadhṛk (大胆な)、madhulih は madhuliṭ (蜂)。

§ 18　語根形 (例えば §§ 222, 237 参照) が、有声無気音 g / d / b ではじまり、有声有気音 gh / dh / bh、また h で終わり、上記の絶対語末の規則にしたがって変化する場合、その有気音は語頭に反映される。

①　$\sqrt{\text{g / d / b- ↔ -gh / dh / bh / h}}$ ⇨ $\sqrt{\text{gh / dh / bh- ↔ -k / t / p / ṭ}}$

go*duh* は go*dhuk* (酪農家)、uṣar*budh* は uṣar*bhut* (早起きな)。

§ 19　語末の r または s は ḥ となる。

①　-r / s ⇨ -ḥ

punar は punaḥ (再び)、tamas は tamaḥ (闇)。

§ 20　語末の子音は１つに限られ、曲用、活用などの変化によって２つ以上の子音が語末にくる場合、その第１の子音のみを残す。

①　- 子音 + 子音 (２つ以上) ⇨ - 最初の子音

bṛhant + s は bṛhan (大きい)、vāc + s は vāk (言葉)、devarāj + s は devarāṭ (神々の王) となる。また prāñc + s は鼻音の同化から prāṅk を経て prāṅ (東方の) となる。

⑵　子音の外連声 (語末の変化)〔TSG § 15; MSGS 31 ff.〕

子音の外連声を理解するためには、まず上記の絶対語末の規則がそれぞれの単語に適用され、さらにその上で、次に位置する単語の語頭との間で連声がおこっていると考えなければならない。したがって絶対語末として許される子音 k / ṭ / p と、特殊な同化を行う t、そして鼻音、ならびに ḥ の変化を知る必要がある。

§ 21　無声音 k / ṭ / p は無声音の前では変化せず、有声音の前で有声音となる。また鼻音 n / m の前で、g / ḍ / b あるいは ṅ / ṇ / m となる。

①　-k / ṭ / p + 無声音 - ⇨ 無変化
②　-k / ṭ / p + 有声音 - ⇨ -g / ḍ / b‿ 有声音 -
③　-k / ṭ / p + 鼻音 - ⇨ -g / ḍ / b‿ 鼻音 -
④　-k / ṭ / p + 鼻音 - ⇨ -ṅ / ṇ / m‿ 鼻音 -

dik (< diś) + deśa は dig-deśa (遠い地方)、ṣaṭ (< ṣaṣ) + gati は ṣaḍ-gati (六道)、kakup (< kakubh) + jaya は kakub-jaya (世界征服)、vāk (< vāc) + mātra は vāg-mātra / vāṅ-mātra (言葉だけ)、ṣaṭ (< ṣaṣ) + māsika は ṣaḍ-māsika / ṣaṇ-māsika (6 ヶ月ごとの) など。

§ 22　歯音 t は続く口蓋破裂音、反舌破裂音、および l と同化して、それぞれ c / j、ṭ / ḍ、l になる。

①　-t + c / ch- ⇨ -c‿c / ch-	②　-t + j / jh- ⇨ -j‿j / jh-
③　-t + ṭ / ṭh- ⇨ -ṭ‿ṭ / ṭh-	④　-t + ḍ / ḍh- ⇨ -ḍ‿ḍ / ḍh-
⑤　-t + l- ⇨ -l‿l-	

mahat + cāpam は mahac‿cāpam (大きな弓が)、abhavat + jaḍaḥ は abhavaj‿jaḍaḥ ([彼は] 失神した)、tat + ṭaṅka は taṭ-ṭaṅka (その鋤)、tat + ḍimbha は taḍ-ḍimbha (その赤ちゃん)、tat + labhate は tal‿labhate ([彼は] それを獲得する)。

§ 23　歯音 t は続く歯擦音 ś の前で c となり、続く ś は ch となる。

①　-t + ś- ⇨ -c‿ch-

aharat + śiraḥ は aharac‿chiraḥ ([彼は] 首を切断した)、tat + śrutvā は

tac‿chrutvā（それを聞いて）。

§ 24 上記 §§ 22, 23 以外の場合、歯音 t は § 21 と同じく無声音の前では変化せず、有声音の前で d となり、また鼻音 n / m の前で、d あるいは n となる。

①	-t + 無声音（§§ 22 / 23 を除く）- ⇨ - 無変化 ‿ 無声音		
②	-t + g / gh- ⇨ -d‿g / gh-	③	-t + d / dh- ⇨ -d‿d / dh-
④	-t + b / bh- ⇨ -d‿b / bh-	⑤	-t + n / m- ⇨ -d‿n / m-
⑥	-t + n / m- ⇨ -n‿n / m-		

tat + karoti は tat‿karoti（［彼は］それをする）、apatat + bhuvi は apatad‿bhuvi（［彼は］大地に平伏した）、āsīt + rājā は āsīd‿rājā（王がいた）、tat + niyama は tad-niyama / tan-niyama（その掟）、etat + mitra は etad-mitra / etan-mitra（この友だち）。

§ 25 m 以外の鼻音 ṅ / ṇ / n が語末に位置し、それが短母音に先だたれ、続く語が母音ではじまる場合、その鼻音は重複する。

①	- 短母音 ṅ / ṇ / n + 母音 - ⇨ - 短母音 ṅṅ / ṇṇ / nn‿ 母音 -

pratyaṅ + āsīnaḥ は pratyaṅṅ‿āsīnaḥ（西に向かって座る）、 tasmin + adrau は tasminn‿adrau（その山で）。

【補】これ以外で鼻音 ṅ と ṇ は変化せず、鼻音に関しては以下は n と m の連声規則を考慮すればよい。

§ 26 語末の n は有声の口蓋音 j / jh、反舌音 ḍ / ḍh、ならびに ś の前に位置する場合、同系列の鼻音となる。また、語頭の ś は ch となることも可能である。

①	n + j / jh ⇨ ñ‿j / jh	②	n + ḍ / ḍh ⇨ ṇ‿ḍ / ḍh-
③	-n + ś- ⇨ -ñ + ś / ch-		

tān + jantūn は tāñ‿jantūn（その人々を）、anekān + ḍombān は anekāṇ‿ḍombān（多くのドームバ人たちを）、tān + śaśāpa は tāñ‿śaśāpa / tāñ‿chaśāpa（［彼は］彼らを呪った）。

§ 27　n は l の前で l̐ (Anunāsika)〔IPA 表記 l̃〕となる。

①　-n + l- ⇨ -l̐‿l-

amuṣmin + loke は amuṣmil̐‿loke (あの世で)。

§ 28　語末の n と続く無声口蓋音 c / ch、反舌音 ṭ / ṭh、歯音 t / th との間には、それぞれの音に相応する歯擦音 ś / ṣ / s を挿入し、且つ n 自体は ṃ (Anusvāra) となる。

①　-n + c / ch- ⇨ -ṃś‿c / ch-	②　-n + ṭ / ṭh- ⇨ -ṃṣ‿ṭ / ṭh-
③　-n + t / th- ⇨ -ṃs‿t / th-	

varāhān + ca は varāhāṃś‿ca (そして猪たちを)、pāśān + chettum は pāśāṃś‿chettum (糸を切ること)、tān + ṭaṅkārān は tāṃṣ‿ṭaṅkārān (彼らの叫びを)、agaman + tataḥ は agamaṃs‿tataḥ ([彼らは] そこから去った)。

§ 29　語末の m は続く母音の前で変化せず、子音の前で ṃ (Anusvāra) となる。また、破裂音 / n / m の前では相応する鼻音になることも認められる。

①　-m + 母音 - ⇨ -m‿ 母音 -	②　-m + 子音 - ⇨ -ṃ □子音 -
③　-m + 破裂音 / n / m- ⇨ -ṅ / ñ / ṇ / n / m‿ 破裂音 / n / m-	

kim + karomi は kiṃ karomi / kiṅ‿karomi ([私は] 何をするのか)、svargam + jagāma は svargaṃ jagāma / svargañ‿jagāma ([彼は] 天界に行った)、bhadram + te は bhadraṃ te / bhadran‿te (汝に幸を)。

また、半母音 y / l / v の前では ṃ (Anusvāra)、あるいは鼻音化した半母音 y̐ / l̐ / v̐ (Anunāsika)〔IPA 表記 ỹ / l̃ / ṽ〕となる。

④　-m + y / l / v- ⇨ -ṃ □ y / l / v-	⑤　-m + y / l / v- ⇨ -y̐ / l̐ / v̐‿y / l / v-

grāmam + yāti は grāmaṃ / grāmay̐‿yāti ([彼 は] 村 へ 行 く)、tam + lokam は taṃ lokam / tal̐‿lokam (そ の 世 界 を)、śrūyatām + vacanam は śrūyatāṃ vacanam / śrūyatāv̐‿vacanam (言葉が聞かれるべき)。

§ 30　語末の ḥ は無声の口蓋音 c / ch、ならびに反舌音 ṭ / ṭh、歯音 t / th の前に位置する場合に、その音に相当する歯擦音 ś / ṣ / s となる。また、歯

擦音 ś / ṣ / s の前では変化しないが、同化も許される。無声の喉音 k / kh、唇音 p / ph の前では変化しない[1]。

① -ḥ + c / ch- ⇨ -ś‿c / ch-	② -ḥ + ṭ / ṭh- ⇨ -ṣ‿ṭ / ṭh-
③ -ḥ + t / th- ⇨ -s‿t / th-	
④ -ḥ + ś / ṣ / s- ⇨ -ḥ / (ś / ṣ / s)‿ś / ṣ / s-	

ājahruḥ + chattram は ājahruś‿chattram ([彼らは] 傘をもってきた)、kuṭhāraiḥ + ṭaṅkaiḥ ca は kuṭhāraiṣ‿ṭaṅkaiś‿ca (斧と鋤とで)、pituḥ + te は pitus‿te (あなたの父の)、arthaḥ + sidhyati は arthaḥ sidhyati / arthas‿sidhyati (目的が達成される)、haṃsāḥ + plavāḥ + kurarāḥ ca は haṃsāḥ plavāḥ kurarāś‿ca[2] (鵞鳥と家鴨と海鷲たちは)。

§ 31　a / ā 以外の母音に先立たれた語末の ḥ が、有声音の前に位置する場合は r となり、もしその有声音が r であれば、先立つ短母音は長母音となり、ḥ は消滅する。

① -a / ā 以外の母音 ḥ + 有声音 - ⇨ -a / ā 以外の母音 r‿ 有声音 -
② -a / ā 以外の母音 ḥ + r- ⇨ -a / ā 以外の母音 (短母音は長母音化) □ r-

mṛgaiḥ + bahubhiḥ + ākīrṇam + vanam は mṛgair‿bahubhir‿ākīrṇaṃ vanam (多くの鹿でいっぱいの森)、ceruḥ + ramyam + vanam は cerū ramyaṃ vanam ([彼らは] 美しい森を散策した)、saha + gopībhiḥ + rarāma は saha gopībhī rarāma ([彼は] 牧牛女たちと戯れた)。

間投詞 bhoḥ (< bhos) が有声音の前に位置する場合、語末の ḥ は消滅する。bho Āruṇe (おお、アールニ [Āruṇi] よ)、bho mitra (やぁ、友よ)、bho bhoḥ sabhāsadaḥ (おいおい、陪席たちよ)。

§ 32　語末の aḥ は有声子音または母音 a の前に位置する場合に o となる。後者の場合、語頭の a は脱落し、Avagraha (省字符) ' を用いる (§ 12)。それ以外の母音の前にくる場合は、a となる。

---

1)　k / kh の前での ẖ (Jihvāmūlīya) と、p / ph の前での ḫ (Upadhmānīya) が残る碑文や写本もある。

2)　Jihvāmūlīya と Upadhmānīya を用いる写本等では、haṃsāḫ plavāẖ kurarāś‿ca となる。

① -aḥ + 有声子音 - ⇨ -o □有声子音 - ② -aḥ + a- ⇨ -o ’-   ③ -aḥ + a 以外の母音 - ⇨ -a □ a 以外の母音 -

madīyaḥ + namaskāraḥ + vācyaḥ は madīyo namaskāro vācyaḥ (私の帰依が語られるべき)、gataḥ + araṇye は gato ’raṇye (§ 12 参照) (森の中に行った)、candraḥ + iva は candra iva (月のように)、ataḥ + ūrdhvam は ata ūrdhvam (今後)。

【備考】 代名詞の語幹 tad (彼、その) および etad (この) の主格 saḥ と eṣaḥ (§ 100) は a 以外のすべての母音、子音の前で sa、eṣa となる。a の前では so、eṣo となり、文章の結尾に位置する場合のみ saḥ、eṣaḥ となる。eṣa kālaḥ (この時)、sa bālaḥ (その子は)、eṣa dharmaḥ (この法は)、so ’bravīt (彼は言った)。

§ 33 語末の āḥ の ḥ はすべての有声音の前で脱落する。

① -āḥ + すべての有声音⇨ -ā □すべての有声音 -

devāḥ + ūcuḥ は devā ūcuḥ (神々が言った)、javanāḥ + dūtāḥ + gacchantu は javanā dūtā gacchantu (急ぎの伝令たちが行くべきだ)。

⑶ 子音の外連声 (語頭の変化)〔TSG § 16; MSGS 53–55〕

§ 34 語頭の h は前の語末子音 k / ṭ / t / p と連声して、有声有気音となる。語末子音は前述 (§§ 21, 24) のように有声無気音となる。

① -k / ṭ / t / p + h- ⇨ -g / ḍ / d / b‿gh / ḍh / dh / bh-

samyak + huta は samyag‿ghuta (正しく供えられた)、tat + hetu は tad-dhetu (その原因) など。

§ 35 語頭の ch は短母音 (任意に長母音)、接頭辞 ā、または前置詞 ā (～よりこちらに、～に至るまで)、否定詞 mā (～するな) の後ろに位置する場合は cch となる。

① - 短母音 (任意に長母音) + ch- ⇨ - 短母音 (任意に長母音) □ cch-   ② 接頭辞 ā- + ch- ⇨ ā-cch-   ③ 前置詞 ā / 否定詞 mā + ch- ⇨ ā / mā □ cch-

tava + chāyā は tava cchāyā (あなたの陰)、ā-chādita は ā-cchādita (覆われた)、mā + chaitsīt は mā cchaitsīt (離れるな)。

その他、語末の n が ś の前に位置する場合、その ś が ch となることも可能なことは§ 26 参照。

母音の外連声表

前に位置する語の語末母音									
-a / ā	**-i / ī**	**-u /ū**	**-ṛ / ṝ**	**-e**	**-ai***	**-o**	**-au**⁑		
-ā-	-ya-	-va-	-ra-	-e ’-	-ā □ a-	-o ’-	-āva-	**a-**	後ろに続く語の語頭母音
-ā-	-yā-	-vā-	-rā-	-a □ ā-	-ā □ ā-	-a □ ā-	-āvā-	**ā-**	
-e-	-ī-	-vi-	-ri-	-a □ i-	-ā □ i-	-a □ i-	-āvi-	**i-**	
-e-	-ī-	-vī-	-rī-	-a □ ī-	-ā □ ī-	-a □ ī-	-āvī-	**ī-**	
-o-	-yu-	-ū-	-ru-	-a □ u-	-ā □ u-	-a □ u-	-āvu-	**u-**	
-o-	-yū-	-ū-	-rū-	-a □ ū-	-ā □ ū-	-a □ ū-	-āvū-	**ū-**	
-ar-	-yṛ-	-vṛ-	-ṝ-	-a □ ṛ-	-ā □ ṛ-	-a □ ṛ-	-āvṛ-	**ṛ-**	
-ai-	-ye-	-ve-	-re-	-a □ e-	-ā □ e-	-a □ e-	-āve-	**e-**	
-ai-	-yai-	-vai-	-rai-	-a □ ai-	-ā □ ai-	-a □ ai-	-āvai-	**ai-**	
-au-	-yo-	-vo-	-ro-	-a □ o-	-ā □ o-	-a □ o-	-āvo-	**o-**	
-au-	-yau-	-vau-	-rau-	-a □ au-	-ā □ au-	-a □ au-	-āvau-	**au-**	

* 実用性の乏しい細則では、-ay_ 母音 - となる場合がある。

⁑ 実用性の乏しい細則では、-ā □ 母音 - となる場合がある。

子音の外連声表

前に位置する語の絶対語末										後ろに続く語の語頭
-k	**-ṭ**	**-t**	**-p**	**-ṅ**	**-n**	**-m**	**-ḥ**	**-aḥ**	**-āḥ**	
-k	-ṭ	-t	-p	-ṅ	-n	-ṃ / ṅ	-ḥ	-aḥ	-āḥ	**k / kh-**
-g	-ḍ	-d	-b	-ṅ	-n	-ṃ / ṅ	-r	-o	-ā	**g / gh-**
-k	-ṭ	-c	-p	-ṅ	-ṃś	-ṃ / ñ	-ś	-aś	-āś	**c / ch-**
-g	-ḍ	-j	-b	-ṅ	-ñ	-ṃ / ñ	-r	-o	-ā	**j / jh-**
-k	-ṭ	-ṭ	-p	-ṅ	-ṃṣ	-ṃ / ṇ	-ṣ	-aṣ	-āṣ	**ṭ / ṭh-**
-g	-ḍ	-ḍ	-b	-ṅ	-ṇ	-ṃ / ṇ	-r	-o	-ā	**ḍ / ḍh-**
-k	-ṭ	-t	-p	-ṅ	-ṃs	-ṃ / n	-s	-as	-ās	**t / th-**
-g	-ḍ	-d	-b	-ṅ	-n	-ṃ / n	-r	-o	-ā	**d / dh-**
-k	-ṭ	-t	-p	-ṅ	-n	-ṃ / m	-ḥ	-aḥ	-āḥ	**p / ph-**
-g	-ḍ	-d	-b	-ṅ	-n	-ṃ / m	-r	-o	-ā	**b / bh-**
-g / ṅ	-ḍ / ṇ	-d / n	-b / m	-ṅ	-n	-ṃ	-r	-o	-ā	鼻音 - **[n / m]**
-g	-ḍ	-d	-b	-ṅ	-n	-ṃ / y̐, v̐	-r	-o	-ā	**y / v-**
-g	-ḍ	-d	-b	-ṅ	-n	-ṃ	—[⁂]	-o	-ā	**r-**
-g	-ḍ	-l	-b	-ṅ	-l̐	-ṃ / l̐	-r	-o	-ā	**l-**
-k	-ṭ	-c(ch) -	-p	-ṅ	-ñ(ś / ch) -	-ṃ	-ḥ[⁑]	-aḥ[⁑]	-āḥ[⁑]	**ś-**
-k	-ṭ	-t	-p	-ṅ	-n	-ṃ	-ḥ[⁑]	-aḥ[⁑]	-āḥ[⁑]	**ṣ / s-**
-g(gh) -	-ḍ(ḍh) -	-d(dh) -	-b(bh) -	-ṅ	-n	-ṃ	-r	-o	-ā	**h-**
-g	-ḍ	-d	-b	-ṅ / ṅṅ[*]	-n / nn[*]	-m	-r	-a[⁑⁑]	-ā	母音 -

この表は絶対語末の ṇ と l を含まない (p. 12「(1) 絶対語末の子音」参照)。
また (　) 内は後ろに位置する語の語頭の変化。その他の場合は省略してある。

*　これらの鼻音の重複は短母音に先立たれる場合 (§ 25 参照)。

⁑　語末の ḥ に ś / ṣ / s- が続く場合、ḥ はそれらと同化も可能 (§ 30 参照)。

⁂　語末の ḥ が a / ā 以外の母音に先立たれた場合、ḥ は消滅し、先立つ短母音は長母音となる (§ 31 参照)。

⁑⁑　続く母音が a の場合、語頭の a は脱落し、Avagraha (省字符) ’ で表されて -o ’- となる (§ 32 ②参照)。

Ⅱ　内連声〔MSGS 56〕

§ 36　語根に接尾辞が加えられて語幹を作る場合、また語幹に人称語尾や格語尾が結合する場合、あるいは接頭辞によって語根が規定される場合、それらの語の間で生じる発音の変化を内連声という。ここでも主に外連声の規則 (§§ 9–35) が適用されるが、それらと相違する内連声特有の規則もある。以下には実質的に重要な規則のみをあげ、詳細はそれぞれの名詞や動詞の解説に委ねる。

1.　母音の内連声〔TSG § 17; MSGS 57–59〕

§ 37　i / ī、u / ū が単音節の語、または２つ以上の子音に先立たれて語末となる場合、それらは母音ではじまる語尾の前で iy、uv となる。

① -i / ī + 母音⇨ -iy + 母音
② -２つ以上の子音 i / ī + 母音⇨ ２つ以上の子音 -iy + 母音
③ -u / ū + 母音⇨ -uv + 母音
④ -２つ以上の子音 u / ū + 母音⇨ ２つ以上の子音 -uv + 母音

bhī + i は bhiyi (恐怖において)、bhū + i は bhuvi (大地に)、√sū + e は suve ([私は] 生む)、śaknu + anti は śaknuvanti ([彼らは] できる)。

§ 38　ir、iv、または ur は、後ろに子音がきたときに、多くの場合、母音が延長して īr / īv / ūr となる。

① -ir / iv / ur + 子音⇨ -īr / īv / ūr + 子音

gir + bhiḥ は gīrbhiḥ (言葉をもって)、√div + yati は dīvyati ([彼は] 遊ぶ)、dhur + s は dhūḥ (車軸)。

is が有声音の前で ir となる場合も (§ 31)、この規則が適用される。āśis + bhiḥ は āśīrbhiḥ (願いによって)。

§ 39　語根末の ṝ は母音ではじまる接尾辞の前で大抵 ir となり、子音の前では īr となる。また、唇音に続く ṝ は母音ではじまる接尾辞の前で ur、子音の前で ūr となる。

①　√-ṝ + 母音⇨ √-ir + 母音	②　√-ṝ + 子音⇨ √-īr + 子音
③　√-唇音 ṝ + 母音⇨ √-唇音 ur + 母音	④　√-唇音 ṝ + 子音⇨ √-唇音 ūr + 子音

√kṝ + ati は kirati ([彼らは] まき散らす)、√kṝ + na は kīrṇa (まき散らされた)、√pṝ + ati は pipurati ([彼らは] 満たす)、√pṝ + maḥ は pipūrmaḥ ([私たちは] 満たす)。

§ 40　e、ai、o、au が母音、または y にてはじまる接尾辞の前に位置する場合、それぞれ ay、āy、av、āv となる。

①　-e / ai / o / au + 接尾辞 (母音 / y-) ⇨ 　　-ay / āy / av / āv + 接尾辞 (母音 / y-)

ne + ana は nayana (眼)、je + ya は jayya (征服されるべき)、gai + aka は gāyaka (吟唱者)、go + ā は gavā (牡牛によって)、go + ya は gavya (牛に関する)、nau + i は nāvi (船において)。

2.　子音の内連声〔TSG §§ 18–20; MSGS 60–69〕

§ 41　語根または語幹末に位置する子音は、母音、半母音、鼻音ではじまる接尾辞、語尾の前では外連声を適用せず、変化しないことを通常とする。それ以外の接尾辞や語尾、特に pada 語尾 (pada-endings) と呼ばれる格語尾 (bhyām / bhiḥ / bhyaḥ / su) の前では外連声にしたがって連声する。

①　- 子音 + 接尾辞 / 語尾 (母音 / 半母音 / 鼻音) ⇨ 　　無変化 + 接尾辞 / 語尾
②　- 子音 + それ以外の接尾辞 / pada 語尾 ⇨ 　　外連声化 + 接尾辞 / pada 語尾

marut + e は marute (風のために)、vāc + ya は vācya (言われるべき)、√vac (言う) は vacmi ([私は] 言う)、marut + bhyaḥ は marudbhyaḥ (諸の風 [神] によって)。

§ 42　j で終わる語根には、t の前にある場合は k となるものと、ṣ となるものがある。

①　√-j + t- ⇨ √-k + t-	②　√-j + t- ⇨ √-ṣ + ṭ-

√yuj + ta は yukta (つながれた)、√sṛj + ta は sṛṣṭa (作り上げられた)。

§ 43　有声有気音は、続く t または th の前で有声無気音となり、その t または th は有声有気音の dh となる。

①　- 有声有気音 + t / th- ⇨ - 有声無気音 + dh-

√labh + ta は labdha (獲得された)、rundh (7√rudh) + thaḥ は runddhaḥ ([あなたたち 2 人は] 拒む)。

§ 44　反舌音の後ろに位置する歯音 (歯破裂音 / 鼻音 n) は、通常は反舌音となる。

①　- 反舌音 + 歯音 - ⇨ - 反舌音 + 反舌音

√iṣ + ta は iṣṭa (望まれた)、√dviṣ + dhi は dviḍḍhi ([あなたは] 憎め)、√īḍ + te は īṭṭe ([彼は] 讃める)、ṣaṭ + nām は ṣaṇṇām (6つの)。

§ 45　c または j の後ろで n は ñ となる。

①　-c / j + n- ⇨ -c / j + ñ-

yāc + nā は yācñā (物乞い)、yaj + na は yajña (祭式)。

また、語根末の n または m は、子音ではじまる接尾辞の前でしばしば消滅する。それらが消滅しない場合、n / m は子音または v の前で n となり、歯擦音の前で ṃ (Anusvāra) となる。

②　√-n / m + 子音 - ⇨ √- + 子音 -
③　√-n / m + 子音 / v- ⇨ √-n + 子音 / v-
④　√-n / m + 歯擦音 - ⇨ √-ṃ + 歯擦音 -

√han + ta は hata (殺された)、√gam + ta は gata (行った)、√han + tum は hantum (殺すこと)、√gam + tum は gantum (行くこと)、jagam + vas は jaganvas (行った)、√man + syate は maṃsyate ([彼は] 考えるだろう)、√kṣam + syate は kṣaṃsyate ([彼は] 耐えるだろう)。

§ 46　語中の n が ṛ / ṝ / r / ṣ のいずれかに先行され、またその間に介在可能な母音 / 喉音 / 唇音 / y / v / h / ṃ (Anusvāra) を含む場合でも、母音 /

n / m / y / v のいずれかへ続くときには、その n は反舌音 ṇ に変化する。

先行音	介在可能な音	n	n に続く音
ṛ / ṝ / r / ṣ	母音 / 喉音 / 唇音 / y / v / h / ṃ (複数の介在も可能)	⇩ ṇ	母音 / n / m / y / v

kar + ana は karaṇa (行為)、brahman + ya は brahmaṇya (敬虔な)、Pūṣan + vat は pūṣaṇvat (プーシャンに守られた)、√grah + nāti は gṛhṇāti ([彼は] つかむ)。

【備考】接頭辞 niḥ、parā、pari、pra に先だたれた接頭辞 ni、ならびに大概の語根の n は反舌音 ṇ となる。pra + ni + patati は praṇipatati ([彼は] 落ちる)、niḥ + nīta は nirṇīta (決定された)、pra + namati は praṇamati ([彼は] 頭を下げる)。

§ 47　ś が、t の前にある場合に ṣ となり、t は ṭ となる。

①　-ś + t- ⇨ -ṣ + ṭ-

√dṛś + ta = dṛṣṭa (見られた)。

§ 48　語中の s が a / ā を除く母音、または k / r / (l)[1] のいずれかに先行され、またその間に介在可能な ṃ (Anusvāra)、あるいは ḥ (Visarga) を含む場合でも、ṛ を除く母音 / t / th / n / m / y / v のいずれかへ続くときには、その s は反舌音 ṣ に変化する。

先行音	介在可能な音	s	s に続く音
母音 (a / ā を除く) / k / r / (l)	ṃ / ḥ	⇩ ṣ	母音 (ṛ を除く) / t / th / n / m / y / v

dhanus + as は dhanuṣaḥ (弓の)、dhanūṃs + i は dhanūṃṣi ([複数の] 弓は)、dhanus (> dhanuḥ) + su は dhanuḥṣu / dhanuṣṣu ([複数の] 弓において)、

1)　先行音としての l はあくまでも理論上のことで、実際に l に続く s の音があるかどうかは疑問である。

√vac (vak) + syati は vakṣyati ([彼は] 言うだろう)、gir + su は gīrṣu ([複数の] 呼び声の中で)。

【備考】i / u で終わる接頭辞の後ろで、s は大抵 ṣ となる。abhi + seka は abhiṣeka (灌頂)、anu + sthita は anuṣṭhita (見習った)、ni + sīdati は niṣīdati ([彼は] 座る)。しかし anu + smarati は anusmarati ([彼は] 念じる)、vi + smita は vismita (驚かされた) などの例外もある。

【備考 2】 接頭辞 ud の後ろで語根 √sthā ならびに √stambh は語頭の s を消失する。ud-sthātum は utthātum (立ち上がること)、ud-stambhita は uttambhita (樹立された)。

【備考 3】語根内の ā に続く語末の s は、有声子音ではじまる語尾の前で消滅する。√ās + dhve は ādhve ([あなたたちは] 座る)、√śās + dhi は śādhi ([あなたは] 命じよ)。

§ 49 語根末の h が歯無声音 t / th、あるいは有声有気音 dh の前に位置する場合、連声して ḍh / gdh となる。前者の場合、その前に位置する短母音 (ṛ を除く) は延長され、続く音は消滅する。

①	√-(ṛ を除く母音) h + t / th / dh- ⇨ -(長母音化) ḍh-
②	√-h + t / th / dh- ⇨ -g + dh-

√lih + ta は līḍha (舐められた)、√lih + dhve は līḍhve ([あなたたちは] 舐める)、√dṛh + ta は dṛḍha (強固な)、√duh + ta は dugdha (搾られた)、√duh + thaḥ は dugdhaḥ ([あなたたち 2 人は] 搾る)、√duh + dhi は dugdhi ([あなたは] 搾れ)。

【備考】語末の h は由来する有声有気音に影響されて連声をおこすと考えられている (cf. WSG 160a, 222)。しかしその区分は画然とせず、しばしば混乱する。例えば √mih から ni-meghamāna (放尿しながら)、megha (雲) などが派生する一方で、過去受動分詞 (Ps. pass. pt.) は mīḍha となる。また √muh (迷う) の Ps. pass. pt. には mugdha と mūḍha (幼稚な、愚鈍な) の両形がある。

【備考 2】√nah は nadh に由来するため、nah + ta は naddha (結ばれた)、nah + tum は naddhum (結ぶこと) となる。また特例として、√vah + ta は ūḍha (運ばれた)、√vah + tum は voḍhum (運ぶこと)、√sah + tum は soḍhum (征服す

ること)、√ruh + ta は rūḍha (成長した)、√ruh + tum は roḍhum (成長すること) などがある。

第４章　名称詞の曲用

I　曲用の概説〔TSG § 21; MSGS 70〕

サンスクリットにおいて広義の名詞 (noun) は、狭義の名詞に当たる実名詞 (substantive) と形容詞 (adjective) を含み、それらの間には明確な境界がない[1)]。したがって両者を合わせもつ広義の場合、『実習梵語学』で使われる「名称詞」という用語を踏襲する。

§ 50　サンスクリットの名称詞の曲用 (Declension) は性 (gender)、数 (number)、そして格 (case) によって規定される。

実名詞には男性名詞 (masculine = m.)、女性名詞 (feminine = f.)、中性名詞 (neuter = n.) の区別がある。神、人、動物などは原則的にその性にしたがうが、実名詞全般にわたる明確な区分の理論があるわけではない。必ず辞書によって性を確認し、その曲用に準ずるべきである。形容詞は修飾語として被修飾語、あるいは叙述語として主語の性にしたがい、男性変化、中性変化、女性変化をとる[2)]。

数には単数 (singular = sg.)、両数 (dual = du.)、複数 (plural = pl.) がある。この中、両数は「２頭の馬」のように数として２つのものを表すと同時に、「両手」、「両足」のような一対のものも示す。 m. du. はその男性と対応する女性とのペアを示す場合もある。pitarau (両親は)、śvaśurau (義理の両親は)、putrau (娘と息子は) など[3)]。

【補】尊敬の意味をこめて相手を pl. で表すことがある。śrutaṃ bhavadbhiḥ (貴殿によって聞かれた)。また王様の言葉や、威張った言葉づかいで威厳を示す

1)　サンスクリットでは形容詞やそれに相当する語を名詞として扱うことができる。例えば形容詞 sudarśana (美しい) が名詞化して男性変化した場合、「美しい男」、中性変化では「美しいもの」、女性変化では「美しい女」となる。

2)　以下、解説に性の表記が必要な場合、形容詞の男性変化には [m.]、中性変化には [n.]、女性変化には [f.] を用いて、男性名詞 m.、中性名詞 n.、女性名詞 f. と区別する。

3)　これは同じ格変化をもつ２つ以上の語の１つだけを残す省略法 (ekaśeṣa 並列合成語) に基づいている。mātā ca pitā ca > mātā-pitarau > pitarau となる。

場合には、自分自身に pl. を用いる。sāpi … asmadvacanaṃ na śroṣyati (彼女もまた … オレ様の言葉を聞かないだろう)。

【補 2】pl. のみで使用される名詞もある。ap (f. 水 § 92)、prāṇa (m. 生命)、varṣā (f. 雨季)、dāra (m. 妻) など。

格には主格、対格、具格、為格、従格、属格、処格、呼格の８つがある。

① 主格 (Nominative = N.) は主語、あるいは述語に用いられる。主語の場合、日本語の格助詞の「～は、～が」を用いて訳し、述語の場合は日本語の助動詞「～です」などを補なったものに相当する。

② 対格 (Accusative = Ac.) は動詞の目的語、あるいは方向などを示す格で、「～を」、「～に」、「～へ」に相当する。

③ 具格 (Instrumental = I.) は動作者、用具や手段、原因となるもの (by ～)、また同伴や結合するもの (with ～) にあたる。概して日本語の「～によって」、「～とともに」に相当する。

④ 為格 (Dative = D.) は利害のあるものや目的となるものを示し (for)、間接目的語としても使用される。概して日本語の「～ために」、「～に」に相当する。また述語的用法 (Predicative D.) として、「～である」、「～となる」、「～に適する」、「～に導く」などの結果を表す (TSG p. 276 参照)。

⑤ 従格 (Ablative = Ab.) は分離の起点を表し (from ～)、原因や理由 (by ～)、比較 (than ～) など、日本語の「～から」、「～より」に相当する。

⑥ 属格 (Genitive = G.) は属性を表すための所属や所有の本体 (of ～) を示す。概して日本語の「～の」、「～にとって」に相当する。また、絶対属格 (G. absolute) として使用される場合がある。一般には人を示す名称詞と、現在分詞の２つの属格の間に主語と述語の関係が成り立ち、「～が … しているにもかかわらず」、「～が … している間に」という副文を作る。例えば、paśyatas tasya (逐語訳 : 見ている彼にとって) が「彼が見ている間に」となる (TSG p. 289; MSGS 205 参照)。

⑦ 処格 (Locative = L.) は位置する場所や時間 (at, in, on, etc. ～) を表し、概して日本語の「～において」に相当する。また、絶対処格 (L. absolute) として使用される場合、２つの処格の間に主語と述語の関係が成り立ち、

状況、条件などを表す副文となる。例えば、mūle hate（逐語訳：断たれた根において）が「根が断たれた時に」となる（TSG p. 284; MSGS 205 参照）。

⑧　呼格（Vocative = V.）は主格の派生形で、呼びかけの場合に使う。日本語訳ではよく「～よ」と表される。

【補 3】上記の格は特定の動詞、形容詞、副詞、前置詞などと関係し、また副詞化するものなど、実際にはより複雑である。それらの細則は統語論（Syntax）に委ねざるを得ないが（TSG 付録 A、MSGS 190 ff.、SSS §§ 38 ff. など）、まずは上記の日本語格助詞を念頭に置くことで、それぞれの格自体がもつ使用範囲をおおよそ理解することができる。

§ 51　名称詞の語幹は語末に母音がくるものと、子音がくるものがあり、それにしたがって母音語幹（§§ 53 ff.）、子音語幹（§§ 76 ff.）の２種類の曲用に大別できる。後者はさらに曲用に際して、基本的に語幹自体に変化のない１語幹名称詞（§§ 76 ff.）と、一定の格形において語幹に変動のおこる多語幹名称詞（§§ 81 ff.）に分けられるが、その曲用は厳格に格語尾の使用をもって行われる規則変化を基本とする。

§ 52　格語尾〔TSG § 22; MSGS 71〕

<table>
<tr><th></th><th colspan="2">単数（sg.）</th><th colspan="2">両数（du.）</th><th colspan="2">複数（pl.）</th></tr>
<tr><th></th><th>m. / f.</th><th>n.</th><th>m. / f.</th><th>n.</th><th>m. / f.</th><th>n.</th></tr>
<tr><td>主格（N.）</td><td>-s</td><td>—</td><td rowspan="2">-au</td><td rowspan="2">-ī</td><td rowspan="2">-as</td><td rowspan="2">-i</td></tr>
<tr><td>対格（Ac.）</td><td>-am</td><td>= N.</td></tr>
<tr><td>具格（I.）</td><td colspan="2">-ā</td><td colspan="2" rowspan="3">-bhyām</td><td colspan="2">-bhis</td></tr>
<tr><td>為格（D.）</td><td colspan="2">-e</td><td colspan="2" rowspan="2">-bhyas</td></tr>
<tr><td>従格（Ab.）</td><td colspan="2" rowspan="2">-as</td></tr>
<tr><td>属格（G.）</td><td colspan="2" rowspan="2">-os</td><td colspan="2">-am</td></tr>
<tr><td>処格（L.）</td><td colspan="2">-i</td><td colspan="2">-su</td></tr>
<tr><td>呼格（V.）</td><td>— / = N.</td><td>= N.</td><td colspan="2">= N.</td><td colspan="2">= N.</td></tr>
</table>

sg. m. f. では V. は大抵語幹を用いるが、N. を用いることもある。du. / pl. V. は必ず N. に同じ。

【備考】接尾辞 taḥ (< tas) はさまざまな名称詞に加えられて Ab. 相当の語を作り、the second Ab. とも呼ばれる。caura (盗賊) は cauratah、vāri (水) は vāritaḥ、rājan (王) は rājataḥ となる。また形容する場合、sarvato bhayāt （すべての恐怖から) のようにも使用される[1]。また、接尾辞 tra は代名詞などに加えられて L. 相当語を作る。tatra sthāne (その場所に)。§ 249 ① , ② 参照。

II　母音で終わる語幹の曲用〔TSG § 26.II〕

(1)　a- 語幹と ā- 語幹〔TSG § 26.1–3; MSGS 97〕

§ 53　母音で終わる語幹はそれぞれ特徴のある変化をなし、格語尾も上記の基本形にしたがわない異例の語尾をもつ[2]。中でも a- 語幹は特殊な曲用をする。

<table>
<tr><th colspan="4">a- 語幹 : aśva (馬)</th></tr>
<tr><th colspan="4">m.</th></tr>
<tr><th></th><th>sg.</th><th>du.</th><th>pl.</th></tr>
<tr><td>N.</td><td>aśvaḥ</td><td rowspan="2">aśvau</td><td>aśvāḥ</td></tr>
<tr><td>Ac.</td><td>aśvam</td><td>aśvān</td></tr>
<tr><td>I.</td><td>aśvena</td><td rowspan="3">aśvābhyām</td><td>aśvaiḥ</td></tr>
<tr><td>D.</td><td>aśvāya</td><td rowspan="2">aśvebhyaḥ</td></tr>
<tr><td>Ab.</td><td>aśvāt</td></tr>
<tr><td>G.</td><td>aśvasya</td><td rowspan="2">aśvayoḥ</td><td>aśvānām</td></tr>
<tr><td>L.</td><td>aśve</td><td>aśveṣu</td></tr>
<tr><td>V.</td><td>aśva</td><td>= N.</td><td>= N.</td></tr>
</table>

1)　sarvataḥ は数にこだわらない。sg. sarvasmāt / pl. sarvebhyaḥ に同じ。

2)　規定された言語というサンスクリットの特質に重きを置く文法書では、曲用に関しても規則性のある子音語幹の解説をした後、母音語幹へと進むものがある (TSG § 22; MSGS 74 footnote 3 参照)。しかし、大多数の名称詞は a- 語幹に属し、他の語幹から移行する傾向もある。そのため、多くの文法書は実際の運用の観点から、母音の曲用の解説を先にはじめる。

§ 54　中性 dāna (布施) は、sg. N. が dānam、du. N. / Ac. / V. が dāne、pl. N. / Ac. / V. が dānāni となり、それ以外は男性変化に同じ。

§ 55　上記の a- 語幹に対応する女性語幹は、ā- 語幹となる。

ā- 語幹 : kanyā (少女)

f.

<table>
<tr><th></th><th>sg.</th><th>du.</th><th>pl.</th></tr>
<tr><td>N.</td><td>kanyā</td><td rowspan="2">kanye</td><td rowspan="2">kanyāḥ</td></tr>
<tr><td>Ac.</td><td>kanyām</td></tr>
<tr><td>I.</td><td>kanyayā</td><td rowspan="3">kanyābhyām</td><td>kanyābhiḥ</td></tr>
<tr><td>D.</td><td>kanyāyai</td><td rowspan="2">kanyābhyaḥ</td></tr>
<tr><td>Ab.</td><td rowspan="2">kanyāyāḥ</td></tr>
<tr><td>G.</td><td rowspan="2">kanyayoḥ</td><td>kanyānām</td></tr>
<tr><td>L.</td><td>kanyāyām</td><td>kanyāsu</td></tr>
<tr><td>V.</td><td>kanye</td><td>= N.</td><td>= N.</td></tr>
</table>

【補】この ā- 語幹の曲用の中、sg. D. -ai、Ab. / G. -āḥ、L. -ām は女性語尾 (feminine endings) と名付けられ、女性名詞に特有な語尾として、その他の女性語幹でも任意に使用されることがある。

§ 56　ambā (f. 母) の sg. V. には amba を用いる。

§ 57　a- 語幹の形容詞には代名詞の曲用 (§§ 100, 103) にしたがうものがある。

演習 1

演習 1 〜 6 (p. 64 まで) は名称詞の文で構成されているので、日本語では「〜がある」、「〜である」などを補って訳す。また、接続詞や副詞などの不変化詞に関しては、語形変化などの規則がないから、語彙集の訳だけでなく、各自で第 9 章を先に参考されたい。なお、実習のために、以下の演習問題には校訂本のような単語間のスペースを敢えて入れず、サンスクリット本来の書写状態 (デーヴァナーガリー文字の校訂本の状態) にしてある。

1. krodho mūlamanarthānām ‖
2. saṃtoṣa eva puruṣasya paraṃ nidhānam ‖
3. calaṃ hi yauvanaṃ nityaṃ mānuṣeṣu viśeṣataḥ ‖
4. na śauryeṇa vinā jayaḥ ‖
5. mūle hate[1] hataṃ sarvam ‖
6. yathā vṛkṣastathā phalam ‖
7. sarvāṇi bhūtāni sukhe ratāni ‖
8. na lobhādadhiko doṣo na dānādadhiko guṇaḥ ‖
9. aśvaḥ kṛśo ’pi śobhāyai[2] puṣṭo ’pi na punaḥ kharaḥ ‖
10. sarveṣu peyeṣu jalaṃ pradhānam ‖
11. lubdhebhyaḥ sarvato[3] bhayaṃ dṛṣṭam ‖

[1] 絶対処格 (§ 50 ⑦)。[2] D. の述語的用法 (§ 50 ④)。[3] § 52【備考】。

⑵ i- 語幹と u- 語幹〔TSG § 27; MSGS 98–99〕

§ 58 i- 語幹と u- 語幹の男性 (m.) 変化は以下のごとくである。i- 語幹 sg. L. の変化に注意すれば、他は両語幹とも共通の構造をもつ。

<table>
<tr><th></th><th colspan="3">i- 語幹： ahi (蛇)</th><th colspan="3">u- 語幹： paśu (獣)</th></tr>
<tr><th></th><th colspan="3">m.</th><th colspan="3">m.</th></tr>
<tr><th></th><th>sg.</th><th>du.</th><th>pl.</th><th>sg.</th><th>du.</th><th>pl.</th></tr>
<tr><td>N.</td><td>ahiḥ</td><td rowspan="2">ahī</td><td>ahayaḥ</td><td>paśuḥ</td><td rowspan="2">paśū</td><td>paśavaḥ</td></tr>
<tr><td>Ac.</td><td>ahim</td><td>ahīn</td><td>paśum</td><td>paśūn</td></tr>
<tr><td>I.</td><td>ahinā</td><td rowspan="3">ahibhyām</td><td>ahibhiḥ</td><td>paśunā</td><td rowspan="3">paśubhyām</td><td>paśubhiḥ</td></tr>
<tr><td>D.</td><td>ahaye</td><td rowspan="2">ahibhyaḥ</td><td>paśave</td><td rowspan="2">paśubhyaḥ</td></tr>
<tr><td>Ab.</td><td rowspan="2">aheḥ</td><td rowspan="2">paśoḥ</td></tr>
<tr><td>G.</td><td rowspan="2">ahyoḥ</td><td>ahīnām</td><td rowspan="2">paśvoḥ</td><td>paśūnām</td></tr>
<tr><td>L.</td><td>ahau</td><td>ahiṣu</td><td>paśau</td><td>paśuṣu</td></tr>
<tr><td>V.</td><td>ahe</td><td>= N.</td><td>= N.</td><td>paśo</td><td>= N.</td><td>= N.</td></tr>
</table>

§ 59 女性語幹の例 stuti (称讃) または dhenu (牝牛) はともに上記 § 58

に準じて変化する。ただ、sg. I. は stutyā / dhenvā、pl. Ac. は stutīḥ / dhenūḥ となる。また、sg. D. / Ab. / G. / L. は女性語尾 (§ 55【補】) を使用しての曲用も可能となる。

§ 60　i- 語幹と u- 語幹の中性 (n.) 変化は sg. N. / Ac. / V. と pada 語尾の前を除いて -n- が挿入され[1]、以下のごとく共通の構造をもつ。

<table>
<tr><th></th><th colspan="3">i- 語幹：　vāri (水)</th><th colspan="3">u- 語幹：　madhu (蜂蜜酒)</th></tr>
<tr><td></td><td colspan="3">n.</td><td colspan="3">n.</td></tr>
<tr><td></td><td>sg.</td><td>du.</td><td>pl.</td><td>sg.</td><td>du.</td><td>pl.</td></tr>
<tr><td>N.</td><td rowspan="2">vāri</td><td rowspan="2">vāriṇī</td><td rowspan="2">vārīṇi</td><td rowspan="2">madhu</td><td rowspan="2">madhunī</td><td rowspan="2">madhūni</td></tr>
<tr><td>Ac.</td></tr>
<tr><td>I.</td><td>vāriṇā</td><td rowspan="3">vāribhyām</td><td>vāribhiḥ</td><td>madhunā</td><td rowspan="3">madhubhyām</td><td>madhubhiḥ</td></tr>
<tr><td>D.</td><td>vāriṇe</td><td rowspan="2">vāribhyaḥ</td><td>madhune</td><td rowspan="2">madhubhyaḥ</td></tr>
<tr><td>Ab.</td><td rowspan="2">vāriṇaḥ</td><td rowspan="2">madhunaḥ</td></tr>
<tr><td>G.</td><td rowspan="2">vāriṇoḥ</td><td>vārīṇām</td><td rowspan="2">madhunoḥ</td><td>madhūnām</td></tr>
<tr><td>L.</td><td>vāriṇi</td><td>vāriṣu</td><td>madhuni</td><td>madhuṣu</td></tr>
<tr><td>V.</td><td>= N.</td><td>= N.</td><td>= N.</td><td>= N.</td><td>= N.</td><td>= N.</td></tr>
</table>

§ 61　i- 語幹、または u- 語幹の形容詞が中性変化する場合、sg. D. / Ab. / G. / L. および du. G. / L. において、上記の中性変化以外に対応する男性変化を用いることもできる。

§ 62　sakhi (友) の 変 化 は、sg. N. が sakhā、Ac. が sakhāyam、I. が sakhyā、D. が sakhye、Ab. / G. が sakhyuḥ、L. が sakhyau、V. が sakhe、du. N. / Ac. / V. が sakhāyau、pl. N. が sakhāyaḥ となる。

§ 63　pati は「主」の意味で使用される場合と、合成語の後分に位置する場合は ahi の変化 (§ 58) に準ずる。「夫」の意味で使用される場合は、sg. I. が patyā、D. が patye、Ab. / G. が patyuḥ、L. が patyau となる。du. / pl. は ahi の変化 (§ 58) にしたがう。

1)　i- 語幹に関しては、in- 語幹　balin ([n.] 力もち § 79) が sg. V. に balin も許すこと以外で共通する。

§ 64　中性名詞の akṣi (眼)、asthi (骨)、dadhi (発酵乳)、sakthi (腿) は du. N. / Ac. / V. 以外では、母音ではじまる語尾の前で an- 語幹を用いる。sg. I. は akṣṇā、D. は akṣṇe、Ab. / G. は akṣṇaḥ、L. は akṣṇi / akṣaṇi、V. は akṣi / akṣe、du. G. / L. は akṣṇoḥ、pl. G. は akṣṇām (§ 86) となる。しかし、du. N. / Ac. / V. は akṣiṇī となる。

§ 65　女性名詞 dyu (= div) (天) は次のように変化する。

	dyu (天) f.		
	sg.	du.	pl.
N.	dyauḥ	divau	divaḥ
Ac.	divam*		
I.	divā	dyubhyām	dyubhiḥ
D.	dive		dyubhyaḥ
Ab.	divaḥ		
G.		divoḥ	divām
L.	divi		dyuṣu
V.	= N.	= N.	= N.

* まれに dyām となることがある。

⑶　ī- 語幹と ū- 語幹〔TSG § 28; MSGS 100〕

§ 66　女性名詞の ī- 語幹、ū- 語幹には、単音節の場合と多音節の場合の２種の曲用がある。単音節の語幹は両者共通の構造で以下のように変化する。

	ī- 語幹 (単音節) :　dhī (思慮)			ū- 語幹 (単音節) :　bhū (大地)		
	f.			f.		
	sg.	du.	pl.	sg.	du.	pl.
N.	dhīḥ	dhiyau	dhiyaḥ	bhūḥ	bhuvau	bhuvaḥ
Ac.	dhiyam			bhuvam		

I.	dhiyā	dhībhyām	dhībhiḥ	bhuvā	bhūbhyām	bhūbhiḥ
D.	dhiye dhiyai*		dhībhyaḥ	bhuve bhuvai*		bhūbhyaḥ
Ab.	dhiyaḥ dhiyāḥ*			bhuvaḥ bhuvāḥ*		
G.		dhiyoḥ	dhiyām dhīnām*		bhuvoḥ	bhuvām bhūnām*
L.	dhiyi dhiyām*		dhīṣu	bhuvi bhuvām*		bhūṣu
V.	= N.	= N.	= N.	= N.	= N.	= N.

* は女性語尾。

§ 67　これら単音節の女性名詞が形容詞となる合成語の後分になる場合も、上記の曲用に準ずる。例えば sudhī (聡明な) の [m.] / [f.] sg. N. / V. は sudhīḥ となる。しかし [m.] の D. ～ L. では女性語尾の使用が許されない。

§ 68　strī (女) の変化は sg. N. が strī、Ac. が striyam / strīm、I. が striyā、D. が striyai、Ab. / G. が striyāḥ、L. が striyām、V. が stri、pl. Ac. が striyaḥ / strīḥ、G. が strīṇām となる。

§ 69　多音節の女性 ī- 語幹、ū- 語幹は以下のように変化し、ī- 語幹 sg. N. 以外は両者共通の構造をもつ。

	ī- 語幹 (多音節) :　nadī (河)			ū- 語幹 (多音節) :　vadhū (花嫁)		
	f.			f.		
	sg.	du.	pl.	sg.	du.	pl.
N.	nadī	nadyau	nadyaḥ	vadhūḥ	vadhvau	vadhvaḥ
Ac.	nadīm		nadīḥ	vadhūm		vadhūḥ
I.	nadyā	nadībhyām	nadībhiḥ	vadhvā	vadhūbhyām	vadhūbhiḥ
D.	nadyai		nadībhyaḥ	vadhvai		vadhūbhyaḥ
Ab.	nadyāḥ			vadhvāḥ		
G.		nadyoḥ	nadīnām		vadhvoḥ	vadhūnām
L.	nadyām		nadīṣu	vadhvām		vadhūṣu
V.	nadi	= N.	= N.	vadhu	= N.	= N.

§ 70 lakṣmī (吉祥) の sg. N. は lakṣmīḥ となる。

演習 2

1. agnerapatyaṃ prathamaṃ hiraṇyam ||
2. śatrau sāntvaṃ pratīkāraḥ ||
3. vahnireva vahnerbheṣajam ||
4. adhāryā setunā gaṅgā ||
5. upadeśo hi mūrkhāṇāṃ prakopāya na śāntaye ||
6. śatrorapi guṇā grāhyā doṣā vācyā gurorapi ||
7. saṃpatteśca vipatteśca daivameva hi kāraṇam ||
8. akāle durlabho mṛtyuḥ striyā vā puruṣeṇa vā ||
9. dharmeṇa hīnāḥ paśubhiḥ samānāḥ ||
10. asaṃtoṣaḥ śriyo mūlam ||
11. nityamāsyaṃ śuci strīṇām ||
12. vṛddhasya taruṇī viṣam ||
13. jaye dharitryāḥ purameva sāram ||
14. na hi nāryo vinerṣyayā ||
15. striyo nisargādeva paṇḍitāḥ ||

⑷ tṛ- 語幹と ṛ- 語幹〔TSG § 29; MSGS 101〕

§ 71 tṛ にて終わる動作者名詞 (Nomen agentis = Nom. ag.) には母音の階梯による３つの語幹があり、tār / tar / tṛ となる。女性語幹は trī (§ 69)。

<table>
<tr><th></th><th colspan="6">tṛ- 語幹 (動作者名詞) :　dātṛ (施主)　(f. dātrī)</th></tr>
<tr><th></th><th colspan="3">m.</th><th colspan="3">n.</th></tr>
<tr><th></th><th>sg.</th><th>du.</th><th>pl.</th><th>sg.</th><th>du.</th><th>pl.</th></tr>
<tr><td>N.</td><td>dātā</td><td rowspan="2">dātārau</td><td>dātāraḥ</td><td rowspan="2">dātṛ</td><td rowspan="2">dātṛṇī</td><td rowspan="2">dātṝṇi</td></tr>
<tr><td>Ac.</td><td>dātāram</td><td>dātṝn</td></tr>
</table>

<table>
<tr><td>I.</td><td>dātrā</td><td rowspan="3">dātṛbhyām</td><td>dātṛbhiḥ</td><td>dātṛṇā
= m.</td><td rowspan="3">= m.</td><td>= m.</td></tr>
<tr><td>D.</td><td>dātre</td><td rowspan="2">dātṛbhyaḥ</td><td>dātṛṇe
= m.</td><td rowspan="2">= m.</td></tr>
<tr><td>Ab.</td><td rowspan="2">dātuḥ</td><td rowspan="2">dātṛṇaḥ
= m.</td></tr>
<tr><td>G.</td><td rowspan="2">dātroḥ</td><td>dātṝṇām</td><td rowspan="2">dātṛṇoḥ
= m.</td><td>= m.</td></tr>
<tr><td>L.</td><td>dātari</td><td>dātṛṣu</td><td>dātṛṇi
= m.</td><td>= m.</td></tr>
<tr><td>V.</td><td>dātaḥ (<°ar)</td><td>= N.</td><td>= N.</td><td>dātṛ
= m.</td><td>= N.</td><td>= N.</td></tr>
</table>

中性名詞は母音ではじまる語尾の前で n を挿入する。また、sg. / du. / pl. の N. / Ac. / V. を除いて m. の曲用を用いることができる。

【補】男性語幹 kroṣṭṛ（ジャッカル）は、sg. I. / L.、ないし du. G. / L. で語幹 kroṣṭu を併用できる。また、pada 語尾の前、pl. G. では後者のみを使用する。

§ 72　親族を表す親族名詞の語幹も (t)ṛ にて終わる。その性質上、中性語幹の曲用はない。

(t)ṛ- 語幹（親族名詞）:　pitṛ（父）

m.

<table>
<tr><td></td><td>sg.</td><td>du.</td><td>pl.</td></tr>
<tr><td>N.</td><td>pitā</td><td rowspan="2">pitarau</td><td>pitaraḥ</td></tr>
<tr><td>Ac.</td><td>pitaram</td><td>pitṝn</td></tr>
<tr><td>I.</td><td>pitrā</td><td rowspan="3">pitṛbhyām</td><td>pitṛbhiḥ</td></tr>
<tr><td>D.</td><td>pitre</td><td rowspan="2">pitṛbhyaḥ</td></tr>
<tr><td>Ab.</td><td rowspan="2">pituḥ</td></tr>
<tr><td>G.</td><td rowspan="2">pitroḥ</td><td>pitṛṇam</td></tr>
<tr><td>L.</td><td>pitari</td><td>pitṛṣu</td></tr>
<tr><td>V.</td><td>pitaḥ (<°ar)</td><td>= N.</td><td>= N.</td></tr>
</table>

同様に bhrātṛ（兄弟）、jāmātṛ（娘婿 / 義兄弟）、devṛ（夫の兄弟）もこの曲用にしたがう。

【補】m. du. はその男性と対応する女性とのペアを示すことがあるが (§ 50 参

照)、親族名詞にも多くの用例を見る。pitarau (両親は)、bhrātarau (姉 / 妹と兄 / 弟) など。

女性語幹は pl. Ac. の語尾を -s とする以外で上記の男性変化と同じ。したがって mātṛ (母) の pl. Ac. は mātṝḥ となる。duhitṛ (娘)、nanandṛ / nanāndṛ (夫の姉妹)、yātṛ (夫の兄弟の妻) もこの曲用にしたがう。

§ 73 親族に関係する男性名詞 naptṛ (孫) は動作者名詞の男性変化 (§ 71) に準じて変化する。sg. Ac. は naptāram、du. N. / Ac. / V. は naptārau、pl. N. は naptāraḥ、pl. Ac. は naptṝn となる。女性名詞 svasṛ (姉妹) も同様に変化するが、pl. Ac. は svasṝḥ となる。

§ 74 男性名詞 nṛ (人) は親族名詞の男性変化 (§ 72) にしたがう。ただし、pl. G. は nṛṇām / nṝṇām 両方の曲用が可能となる。

【補】古典サンスクリットにおいて上記の語幹 nṛ は一般に pl. だけに使用され、他は a- 語幹 nara で補われる。

演習 3

1. bhartā nāma paraṃ nāryā bhūṣaṇam ||
2. duhitā kṛpaṇaṃ param ||
3. dardurā yatra vaktārastatra maunaṃ hi śobhanam ||
4. vidhirucchṛṅkhalo nṛṇām ||
5. jāmāturduhitā balam ||
6. vṛthā vaktuḥ śramaḥ sarvo nirvicāre nareśvare[1] ||
7. jyeṣṭho bhrātā pitṛsamo[2] mṛte pitari[1] ||
8. apriyasya tu pathyasya vaktā śrotā ca durlabhaḥ ||
9. amṛtaṃ durlabhaṃ nṝṇāṃ devānām udakaṃ tathā |
   pitṝṇāṃ durlabhaḥ putrastakraṃ śakrasya durlabham ||

[1] 絶対処格 (§ 50 ⑦)。[2] 合成語 (§ 235)。

⑸ 二重母音語幹〔TSG § 30; MSGS 102〕

§ 75 ai / o / au で終わる語幹

<table>
<tr><th></th><th colspan="3">ai- 語幹： rai (財産)</th><th colspan="3">o- 語幹： go (牛)</th></tr>
<tr><th></th><th colspan="3">m.</th><th colspan="3">m. f.</th></tr>
<tr><th></th><th>sg.</th><th>du.</th><th>pl.</th><th>sg.</th><th>du.</th><th>pl.</th></tr>
<tr><td>N.</td><td>rāḥ</td><td rowspan="2">rāyau</td><td rowspan="2">rāyaḥ</td><td>gauḥ</td><td rowspan="2">gāvau</td><td>gāvaḥ</td></tr>
<tr><td>Ac.</td><td>rāyam</td><td>gām</td><td>gāḥ</td></tr>
<tr><td>I.</td><td>rāyā</td><td rowspan="3">rābhyām</td><td>rābhiḥ</td><td>gavā</td><td rowspan="3">gobhyām</td><td>gobhiḥ</td></tr>
<tr><td>D.</td><td>rāye</td><td rowspan="2">rābhyaḥ</td><td>gave</td><td rowspan="2">gobhyaḥ</td></tr>
<tr><td>Ab.</td><td rowspan="2">rāyaḥ</td><td rowspan="2">goḥ</td></tr>
<tr><td>G.</td><td rowspan="2">rāyoḥ</td><td>rāyām</td><td rowspan="2">gavoḥ</td><td>gavām</td></tr>
<tr><td>L.</td><td>rāyi</td><td>rāsu</td><td>gavi</td><td>goṣu</td></tr>
<tr><td>V.</td><td>= N.</td><td>= N.</td><td>= N.</td><td>= N.</td><td>= N.</td><td>= N.</td></tr>
</table>

<table>
<tr><th></th><th colspan="3">au- 語幹： nau (船)</th></tr>
<tr><th></th><th colspan="3">f.</th></tr>
<tr><th></th><th>sg.</th><th>du.</th><th>pl.</th></tr>
<tr><td>N.</td><td>nauḥ</td><td rowspan="2">nāvau</td><td rowspan="2">nāvaḥ</td></tr>
<tr><td>Ac.</td><td>nāvam</td></tr>
<tr><td>I.</td><td>nāvā</td><td rowspan="3">naubhyām</td><td>naubhiḥ</td></tr>
<tr><td>D.</td><td>nāve</td><td rowspan="2">naubhyaḥ</td></tr>
<tr><td>Ab.</td><td rowspan="2">nāvaḥ</td></tr>
<tr><td>G.</td><td rowspan="2">nāvoḥ</td><td>nāvām</td></tr>
<tr><td>L.</td><td>nāvi</td><td>nauṣu</td></tr>
<tr><td>V.</td><td>= N.</td><td>= N.</td><td>= N.</td></tr>
</table>

【補】この女性語幹 nau は母音語幹の中で最も規則的な曲用を守っており、記憶することによって以下の子音語幹の規則変化の理解を助ける。

Ⅲ　子音語幹の曲用〔TSG § 23.I; MSGS 74.I〕

子音語幹に属する名称詞は、曲用全体をとおして語幹の変動がない 1 語幹名称詞と、一定の格において語幹の変動がある多語幹のものに分類できるが、基本的には上記 § 52 に示した規則変化をする。

【補】格語尾が加わる場合におこる連声法を適用すれば、基本的に規則変化が行われていることが理解できる。 sg. N. m. / f. では絶対語末の規則にしたがって s の脱落があり (§ 20)、また、ゆるされる子音に変換される (§§ 16–17)。母音ではじまる語尾の前で語幹末子音は変化せず、pada 語尾の前では外連声の規則が適用される (§ 41)。時に sg. N. は特別な形を用い、V. と一致しないこともある。それゆえ、N. / Ac. (必要ならば V.) の形、ならびに母音ではじまる語尾と pada 語尾として bh ではじまる両方の語尾の形を含む I. (必要ならば su の語尾での形として pl. L.) に注目すればよい。

1. **1 語幹の名称詞**〔TSG § 23.I.A; MSGS 75–76〕

(1) 子音語幹〔TSG § 23.I.A.1–7; MSGS 77–82〕

§ 76 男性語幹と女性語幹

<table>
<tr><th></th><th colspan="3">t- 語幹 : marut (風)</th><th colspan="3">ś- 語幹 : diś (方向)</th></tr>
<tr><th></th><th colspan="3">m.</th><th colspan="3">f.</th></tr>
<tr><th></th><th>sg.</th><th>du.</th><th>pl.</th><th>sg.</th><th>du.</th><th>pl.</th></tr>
<tr><td>N.</td><td>marut</td><td rowspan="2">marutau</td><td rowspan="2">marutaḥ</td><td>dik</td><td rowspan="2">diśau</td><td rowspan="2">diśaḥ</td></tr>
<tr><td>Ac.</td><td>marutam</td><td>diśam</td></tr>
<tr><td>I.</td><td>marutā</td><td rowspan="3">marudbhyām</td><td>marudbhiḥ</td><td>diśā</td><td rowspan="3">digbhyām</td><td>digbhiḥ</td></tr>
<tr><td>D.</td><td>marute</td><td rowspan="2">marudbhyaḥ</td><td>diśe</td><td rowspan="2">digbhyaḥ</td></tr>
<tr><td>Ab.</td><td rowspan="2">marutaḥ</td><td rowspan="2">diśaḥ</td></tr>
<tr><td>G.</td><td rowspan="2">marutoḥ</td><td>marutām</td><td rowspan="2">diśoḥ</td><td>diśām</td></tr>
<tr><td>L.</td><td>maruti</td><td>marutsu</td><td>diśi</td><td>dikṣu</td></tr>
<tr><td>V.</td><td>= N.</td><td>= N.</td><td>= N.</td><td>= N.</td><td>= N.</td><td>= N.</td></tr>
</table>

§ 77 中性語幹の pl. N. / Ac. / V. は語幹末の破裂音の前にそれに対応する鼻音を挿入する。語幹末子音が歯擦音、あるいは h の場合、ṃ を挿入する。jagat (世界) pl. N. / Ac. / V. は jaganti、同様に hṛd(心) は hṛndi、asṛj (血)

は asṛñji、saras (池) は sarāṃsi。

<table>
<tr><th colspan="4">t- 語幹：　jagat (世界)</th></tr>
<tr><td></td><td colspan="3">n.</td></tr>
<tr><td></td><td>sg.</td><td>du.</td><td>pl.</td></tr>
<tr><td>N.</td><td rowspan="2">jagat</td><td rowspan="2">jagatī</td><td rowspan="2">jaganti</td></tr>
<tr><td>Ac.</td></tr>
<tr><td>I.</td><td>= m.</td><td rowspan="3">= m.</td><td>= m.</td></tr>
<tr><td>D.</td><td>= m.</td><td rowspan="2">= m.</td></tr>
<tr><td>Ab.</td><td rowspan="2">= m.</td></tr>
<tr><td>G.</td><td rowspan="2">= m.</td><td>= m.</td></tr>
<tr><td>L.</td><td>= m.</td><td>= m.</td></tr>
<tr><td>V.</td><td>= N.</td><td>= N.</td><td>= N.</td></tr>
</table>

§ 78　r にて終わる女性名詞 gir (声) と pur (街) の sg. N. は gīḥ, pūḥ (§ 38)、du. I. は gīrbhyām. pūrbhyām、pl. L. は gīrṣu, pūrṣu (§ 48) となる。

⑵　in / min / vin- 語幹〔TSG § 23.I.A.8; MSGS 87〕

§ 79　in / min / vin- 語幹は、男性変化において sg. N. が ī (sg. V. は in)、中性変化では sg. N. / Ac. / V. が i (V. は任意に in)、pl. N. / Ac. / V. が īni、また pada 語尾の前では i となる[1]。女性変化はそれぞれ ī- 語幹の変化 (inī) にしたがう。

<table>
<tr><th colspan="7">in- 語幹：　balin (力もち)　(f. balinī)</th></tr>
<tr><td></td><td colspan="3">m.</td><td colspan="3">n.</td></tr>
<tr><td></td><td>sg.</td><td>du.</td><td>pl.</td><td>sg.</td><td>du.</td><td>pl.</td></tr>
<tr><td>N.</td><td>balī</td><td rowspan="2">balinau</td><td rowspan="2">balinaḥ</td><td rowspan="2">bali</td><td rowspan="2">balinī</td><td rowspan="2">balīni</td></tr>
<tr><td>Ac.</td><td>balinam</td></tr>
</table>

1)　この中性変化は sg. V. に valin も許すこと以外で i- 語幹 n. に共通する (§ 60 参照)。

I.	balinā	balibhyām	balibhiḥ	= m.	= m.	= m.
D.	baline		balibhyaḥ	= m.		= m.
Ab.	balinaḥ			= m.		
G.		balinoḥ	balinām		= m.	= m.
L.	balini		baliṣu	= m.		= m.
V.	balin	= N.	= N.	bali / balin	= N.	= N.

⑶ as / is / us- 語幹〔TSG § 23.I.A.9; MSGS 83〕

§ 80 as / is / us にて終わる語幹の多くは中性名詞で、pl. N. / Ac. / V. が āṃsi / īṃsi / ūṃsi となり、pada 語尾の bh の前では o / ir / ur となり、su の前では aḥsu (assu) / iḥṣu (iṣṣu) / uḥṣu (uṣṣu) となる。また、多少存在する as- 語幹の男性名詞 candramas (月)、vedhas (崇拝者) などや、女性名詞 apsaras (妖精)、uṣas (曙) など、あるいは合成語の後分として形容詞となったものは、sg. / du. / pl. N. / Ac. と du. / pl. V. を除いて中性変化に同じ。

	as- 語幹： 中性名詞 manas (心)			as- 語幹： 形容詞 sumanas (良心的な)		
	n.			m. f.		
	sg.	du.	pl.	sg.	du.	pl.
N.	manaḥ	manasī	manāṃsi	sumanāḥ	sumanasau	sumanasaḥ
Ac.				sumanasam		
I.	manasā	manobhyām	manobhiḥ	= n.	= n.	= n.
D.	manase		manobhyaḥ	= n.		= n.
Ab.	manasaḥ			= n.		
G.		manasoḥ	manasām		= n.	= n.
L.	manasi		manaḥsu manassu	= n.		= n.
V.	= N.	= N.	= N.	sumanaḥ	= N.	= N.

同様に is- 語幹 jyotis (n. 光) は、N. / Ac. / V. が sg. jyotiḥ, du. jyotiṣī, pl. jyotīṃṣi、I. が sg. jyotiṣā, du. jyotirbhyām, pl. jyotirbhiḥ となる。us- 語幹 cakṣus (n. 眼) は、N. / Ac. / V. が sg. cakṣuḥ, du. cakṣuṣī, pl. cakṣūṃṣi、I. が sg. cakṣuṣā, du. cakṣurbhyām, pl. cakṣurbhiḥ となる。しかし、これら is / us- 語幹が、例えば bṛhajjyotis (大いに輝く)、dīrghāyus (長寿の) のように合成語の後分として男性、女性変化する場合、sg. N. で as- 語幹 (例えば suman*ā*ḥ) のように長母音を用いず、m. / n. / f. ともに sg. N. は bṛhajjyotiḥ、dīrghāyuḥ となる。

【備考】女性名詞 āśis (祝福) の s は語根に属するため、sg. N. は āśīḥ、Ac. は āśiṣam、pada 語尾の前でも āśīr となる (§ 38)。

演習 4

1. sarvaḥ padasthasya suhṛdbandhurāpadi durlabhaḥ ||
2. na śūrāya pradātavyā kanyā khalu vipaścitā ||
3. yathā cittaṃ tathā vāco yathā vācastathā kriyāḥ ||
4. sarvavidāṃ samāje vibhūṣaṇaṃ maunamapaṇḍitānām ||
5. durgrāhyaḥ pāṇinā vāyurduḥsparśaḥ pāṇinā śikhī ||
6. kṣamā rūpaṃ tapasvinaḥ ||
7. prāyeṇa sādhuvṛttīnām asthāyinyo vipattayaḥ ||
8. niyato dehināṃ mṛtyuranityaṃ khalu jīvitam ||
9. na khalu vayastejaso hetuḥ ||
10. na vaidyaḥ prabhurāyuṣaḥ ||
11. auṣadhaṃ na gatāyuṣām ||
12. bhāryāyāḥ sundaraḥ snigdho veśyāyāḥ sundaro dhanī |
    śrīdevyāḥ sundaraḥ śūro bhāratyāḥ sundaraḥ sudhīḥ ||

2. 多語幹の名称詞〔TSG § 24; MSGS 73, 84〕

多語幹の名称詞は 2 語幹 (強語幹、弱語幹) と 3 語幹 (強語幹、中語幹、弱語幹) に分かれ、それらが用いられる性、数、格は基本的に一定している。

<table>
<tr><td colspan="4">2語幹の場合</td><td colspan="4">3語幹の場合</td></tr>
<tr><td rowspan="4">強語幹</td><td rowspan="3">m.</td><td>sg.</td><td>N. / Ac. / V.</td><td colspan="4" rowspan="4">2語幹に同じ</td></tr>
<tr><td>du.</td><td>N. / Ac. / V.</td></tr>
<tr><td>pl.</td><td>N. / V.</td></tr>
<tr><td>n.</td><td>pl.</td><td>N. / Ac. / V.</td></tr>
<tr><td rowspan="6">弱語幹</td><td colspan="3" rowspan="6"></td><td rowspan="5">中語幹</td><td rowspan="2">m.</td><td>du.</td><td>I. / D. / Ab.**</td></tr>
<tr><td>pl.</td><td>I. / D. / Ab. / L.**</td></tr>
<tr><td rowspan="3">n.</td><td>sg.</td><td>N. / Ac. / V. / (L.)*</td></tr>
<tr><td>du.</td><td>(N. / Ac. / V.)* / I. / D. / Ab.**</td></tr>
<tr><td>pl.</td><td>I. / D. / Ab. / L.**</td></tr>
<tr><td colspan="4"></td></tr>
</table>

* これら ( ) 内の格における中語幹の使用も許される。

** これらの格は pada 語尾をもつ。

【補】多語幹の曲用においては、時に sg. N. は特別な形を、sg. L. は中語幹を用い、また sg. N. と V. が一致しないことがある。それゆえ、強語幹の代表として m. sg. N. / Ac. (必要な場合には V. と pl. N.)、弱語幹の代表として sg. I. (必要な場合には L. と pl. Ac.)、bh ではじまる pada 語尾を伴う形として pl. I.、su を伴う形として pl. L. に注意が必要となる。

A　2語幹の名称詞〔TSG § 25〕

(1)　at- 語幹〔TSG § 25 [2語幹の名詞].1–2; MSGS 85–86〕

§ 81　為他言 (Parasmaipada) の現在分詞、未来分詞は接尾辞 ant で強語幹を作り、at で弱語幹を作る。中性変化、du. N. / Ac. / V. での強語幹の使用をめぐって3種に分類できる。

①　bodhat (√budh 現在分詞) に代表され、強語幹を用いるもの。

②　adat (√ad 現在分詞) に代表され、弱語幹を用いるもの。

③　tudat (√tud 現在分詞) に代表され、両者の使用が可能なもの。

【備考】この中性変化、du. N. / Ac. / V. の語形は女性語幹と共通する。

最も基本規則にしたがう②を代表として表記する文法書もあるが、便を図って『実習梵語学』と同じ③ tudat を例に取る。

at- 語幹： tudat √tud (打つ) 現在分詞　強 tudant / 弱 tudat
(f. tudantī / tudatī)

<table>
<tr><th></th><th colspan="3">m.</th><th colspan="3">n.</th></tr>
<tr><th></th><th>sg.</th><th>du.</th><th>pl.</th><th>sg.</th><th>du.</th><th>pl.</th></tr>
<tr><td>N.</td><td>tudan</td><td rowspan="2">tudantau</td><td>tudantaḥ</td><td rowspan="2">tudat</td><td rowspan="2">tudatī
tudantī</td><td rowspan="2">tudanti</td></tr>
<tr><td>Ac.</td><td>tudantam</td><td>tudataḥ</td></tr>
<tr><td>I.</td><td>tudatā</td><td rowspan="3">tudadbhyām</td><td>tudadbhiḥ</td><td>= m.</td><td rowspan="3">= m.</td><td>= m.</td></tr>
<tr><td>D.</td><td>tudate</td><td rowspan="2">tudadbhyaḥ</td><td>= m.</td><td rowspan="2">= m.</td></tr>
<tr><td>Ab.</td><td rowspan="2">tudataḥ</td><td rowspan="2">= m.</td></tr>
<tr><td>G.</td><td rowspan="2">tudatoḥ</td><td>tudatām</td><td rowspan="2">= m.</td><td>= m.</td></tr>
<tr><td>L.</td><td>tudati</td><td>tudatsu</td><td>= m.</td><td>= m.</td></tr>
<tr><td>V.</td><td>= N.</td><td>= N.</td><td>= N.</td><td>= N.</td><td>= N.</td><td>= N.</td></tr>
</table>

§ 82　重字する語根から作られた現在分詞、未来分詞の語幹は弱語幹を用いてすべての曲用を行う。dadat (施す) の男性変化 sg. N. は dadat、du. N. は dadatau、pl. N. は dadataḥ となる。ただ、中性変化 pl. N. / Ac. / V. では dadati / dadanti の両方の使用が可能となる。

§ 83　形容詞 mahat (大なる) の強語幹は mahānt となり、男性変化では sg. N. は mahān、Ac. は mahāntam、V. は mahan、du. N. / Ac. は mahāntau、pl. N. は mahāntaḥ となる。中性変化では pl. N. / Ac. / V. が mahānti となる。

§ 84　mat- または vat- 語幹の形容詞[1]、2 人称の敬称代名詞 bhavat では、男性変化 sg. N. のみ mān と vān となり、その他の強語幹では mant と vant が用いられる。

⑵　īyas- 語幹〔TSG § 25 [2 語幹の名詞].3; MSGS 88〕

§ 85　比較級の形容詞を作る īyas (§ 96) は、強語幹 īyāṃs、弱語幹 īyas

1)　形容詞から派生した同形の名詞も含む。abhīśumat (adj. 光線をもつ / m. 太陽)、hanumat (adj. [強い] 顎をもつ / m. 猿将の名) など。

で曲用し、pada 語尾の前の連声は as- 語幹 (§ 80) に同じ。女性語幹は弱語幹から作られる。

<table>
<tr><th colspan="7">īyas- 語幹： garīyas (より重い)　比較級形　強 garīyāṃs / 弱 garīyas
(f. garīyasī)</th></tr>
<tr><th></th><th colspan="3">m.</th><th colspan="3">n.</th></tr>
<tr><th></th><th>sg.</th><th>du.</th><th>pl.</th><th>sg.</th><th>du.</th><th>pl.</th></tr>
<tr><td>N.</td><td>garīyān</td><td rowspan="2">garīyāṃsau</td><td>garīyāṃsaḥ</td><td rowspan="2">garīyaḥ</td><td rowspan="2">garīyasī</td><td rowspan="2">garīyāṃsi</td></tr>
<tr><td>Ac.</td><td>garīyāṃsam</td><td>garīyasaḥ</td></tr>
<tr><td>I.</td><td>garīyasā</td><td rowspan="3">garīyobhyām</td><td>garīyobhiḥ</td><td>= m.</td><td rowspan="3">= m.</td><td>= m.</td></tr>
<tr><td>D.</td><td>garīyase</td><td rowspan="2">garīyobhyaḥ</td><td>= m.</td><td rowspan="2">= m.</td></tr>
<tr><td>Ab.</td><td rowspan="2">garīyasaḥ</td><td rowspan="2">= m.</td></tr>
<tr><td>G.</td><td rowspan="2">garīyasoḥ</td><td>garīyasām</td><td rowspan="2">= m.</td><td>= m.</td></tr>
<tr><td>L.</td><td>garīyasi</td><td>garīyaḥsu
garīyassu</td><td>= m.</td><td>= m.</td></tr>
<tr><td>V.</td><td>garīyan</td><td>= N.</td><td>= N.</td><td>= N.</td><td>= N.</td><td>= N.</td></tr>
</table>

B　3 語幹の名称詞

(1)　an / man / van- 語幹〔TSG § 25 [3 語幹の名詞].1; MSGS 90–92〕

§ 86　an / man / van- 語幹は一般に強、中、弱の 3 語幹をもつ。女性語幹は弱語幹に ī を加えて曲用する。

<table>
<tr><th></th><th colspan="3">an- 語幹： rājan (王)
強 rājān / 中 rāja(n) / 弱 rājñ
(f. rājñī)</th><th colspan="3">man- 語幹： nāman (名前)
強 nāmān / 中 nāma(n) / 弱 nāmn
(f. nāmnī)</th></tr>
<tr><th></th><th colspan="3">m.</th><th colspan="3">n.</th></tr>
<tr><th></th><th>sg.</th><th>du.</th><th>pl.</th><th>sg.</th><th>du.</th><th>pl.</th></tr>
<tr><td>N.</td><td>rājā</td><td rowspan="2">rājānau</td><td>rājānaḥ</td><td rowspan="2">nāma</td><td rowspan="2">nāmnī
nāmanī</td><td rowspan="2">nāmāni</td></tr>
<tr><td>Ac.</td><td>rājānam</td><td>rājñaḥ</td></tr>
</table>

I.	rājñā	rājabhyām	rājabhiḥ	= m.	= m.	= m.
D.	rājñe		rājabhyaḥ	= m.		= m.
Ab.	rājñaḥ			= m.		
G.		rājñoḥ	rājñām		= m.	= m.
L.	rājñi rājani		rājasu	= m.		= m.
V.	rājan	= N.	= N.	nāma nāman	= N.	= N.

van- 語幹も上記と同様に変化する。

§ 87　man または van にて終わる語幹で子音が先立つ場合、2 語幹となる。

	子音 + man- 語幹 :　ātman (我) 強 ātmān / 弱 ātma(n) (f. ātmanī)			子音 + man- 語幹 :　brahman (梵) 強 brahmān / 弱 brahma(n) (f. brahmaṇī)		
	m.			n.		
	sg.	du.	pl.	sg.	du.	pl.
N.	ātmā	ātmānau	ātmānaḥ	brahma	brahmaṇī	brahmāṇi
Ac.	ātmānam		ātmanaḥ			
I.	ātmanā	ātmabhyām	ātmabhiḥ	= m.	= m.	= m.
D.	ātmane		ātmabhyaḥ	= m.		= m.
Ab.	ātmanaḥ			= m.		
G.		ātmanoḥ	ātmanām		= m.	= m.
L.	ātmani		ātmasu	= m.		= m.
V.	ātman	= N.	= N.	brahma brahman	= N.	= N.

§ 88　特例として maghavan (インドラ) は強語幹 maghavān、中語幹 maghavan、弱語幹 maghon となる。yuvan (若い) は、強語幹 yuvān、中語幹 yuvan、弱語幹 yun、また śvan (犬) は強語幹 śvān、中語幹 śvan、弱語幹 śun となる。

中性名詞 ahan (日) は強語幹に ahān、中語幹は ahar に由来する ahas、弱語幹に ahn を用いる。sg. N. / Ac. / V. は ahaḥ、pl. は ahāni、du. N. / Ac. / V. は ahnī / ahanī となる。pl. I. は ahobhiḥ、L. は ahaḥsu / ahassu となる。

han (殺す) は古形の ghan に由来し、合成語の後分として格変化する場合、m. sg. N. が hā、n. pl. N. / Ac. / V. のみ強語幹 hān となり、中語幹は ha(n)、弱語幹は ghn となる。brahmahan (婆羅門を殺す) の sg. N. は brahmahā、Ac. は brahmahaṇam、I. は brahmaghnā、pl. I. は brahmahabhiḥ となる。

⑵ vas- 語幹〔TSG § 25 [3 語幹の名詞].2; MSGS 89〕

§ 89 為他言 (Parasmaipada) の完了分詞を作る vas- 語幹は、強語幹が vāṃs、中語幹が vat、弱語幹が uṣ の 3 語幹で構成される。女性語幹は弱語幹から作られ uṣī となる。(§ 208 参照)。

<table>
<tr><td></td><td colspan="6">vas- 語幹： tutudvas √tud (打つ) 完了分詞
強 tutudvāṃs / 中 tutudvat / 弱 tutuduṣ (f. tutuduṣī)</td></tr>
<tr><td></td><td colspan="3">m.</td><td colspan="3">n.</td></tr>
<tr><td></td><td>sg.</td><td>du.</td><td>pl.</td><td>sg.</td><td>du.</td><td>pl.</td></tr>
<tr><td>N.</td><td>tutudvān</td><td rowspan="2">tutudvāṃsau</td><td>tutudvāṃsaḥ</td><td rowspan="2">tutudvat</td><td rowspan="2">tutuduṣī</td><td rowspan="2">tutudvāṃsi</td></tr>
<tr><td>Ac.</td><td>tutudvāṃsam</td><td>tutuduṣaḥ</td></tr>
<tr><td>I.</td><td>tutuduṣā</td><td rowspan="3">tutudvadbhyām</td><td>tutudvadbhiḥ</td><td>= m.</td><td rowspan="3">= m.</td><td>= m.</td></tr>
<tr><td>D.</td><td>tutuduṣe</td><td rowspan="2">tutudvadbhyaḥ</td><td>= m.</td><td rowspan="2">= m.</td></tr>
<tr><td>Ab.</td><td rowspan="2">tutuduṣaḥ</td><td rowspan="2">= m.</td></tr>
<tr><td>G.</td><td rowspan="2">tutuduṣoḥ</td><td>tutuduṣām</td><td rowspan="2">= m.</td><td>= m.</td></tr>
<tr><td>L.</td><td>tutuduṣi</td><td>tutudvatsu</td><td>= m.</td><td>= m.</td></tr>
<tr><td>V.</td><td>tutudvan</td><td>= N.</td><td>= N.</td><td>= N.</td><td>= N.</td><td>= N.</td></tr>
</table>

⑶ ac- 語幹[1]〔TSG § 25 [3 語幹の名詞].3; MSGS 93〕

§ 90 方角を表す形容詞を主とする ac- 語幹は、強と弱の 2 語幹で曲用するものと、強、中、弱の 3 語幹で曲用するものの 2 種類がある。女性語幹はどちらも弱語幹から作られる。前者は形容詞 prāc に代表される。

1) 辞書では一般に、強語幹を見出し語にする。

ac- 語幹：　prāc (東の / 前の)　強 prāñc / 弱 prāc　(f. prācī)

	m. sg.	m. du.	m. pl.	n. sg.	n. du.	n. pl.
N.	prāṅ	prāñcau	prāñcaḥ	prāk	prācī	prāñci
Ac.	prāñcam		prācaḥ			
I.	prācā	prāgbhyām	prāgbhiḥ	= m.	= m.	= m.
D.	prāce		prāgbhyaḥ	= m.		= m.
Ab.	prācaḥ			= m.		
G.		prācoḥ	prācām		= m.	= m.
L.	prāci		prākṣu	= m.		= m.
V.	= N.	= N.	= N.	= N.	= N.	= N.

同様に avāc (南の / 下の) などがある。

後者、３語幹で曲用するものは、形容詞 pratyac に代表される。

ac- 語幹：　pratyac (西の / 後ろの)　強 pratyañc / 中 pratyac / 弱 pratīc
(f. pratīcī)

	m. sg.	m. du.	m. pl.	n. sg.	n. du.	n. pl.
N.	pratyaṅ	pratyañcau	pratyañcaḥ	pratyak	pratīcī	pratyañci
Ac.	pratyañcam		pratīcaḥ			
I.	pratīcā	pratyagbhyām	pratyagbhiḥ	= m.	= m.	= m.
D.	pratīce		pratyagbhyaḥ	= m.		= m.
Ab.	pratīcaḥ			= m.		
G.		pratīcoḥ	pratīcām		= m.	= m.
L.	pratīci		pratyakṣu	= m.		= m.
V.	= N.	= N.	= N.	= N.	= N.	= N.

同様に、udac (北方の / 上の)、viśvac (全方向の) などがある。

また、tiryac (横の) の弱語幹は tiraśc (f. tiraścī) となり、sg. I. は tiraścā となる。

⑷　その他特殊な語幹〔TSG § 25 [3 語幹の名詞].4; MSGS 91.1, 96〕

§ 91　path (m. 道) ならびに math (m. 撹拌棒) は、強語幹 panthān / manthān、中語幹 pathi / mathi、弱語幹 path / math で曲用する。sg. N. は panthāḥ / manthāḥ、Ac. は panthānam / manthānam、I. は pathā / mathā、du. N. は panthānau / manthānau、pl. N. は panthānaḥ / manthānaḥ、Ac. は pathaḥ / mathaḥ、I. は pathibhiḥ / mathibhiḥ となる。

§ 92　ap (f. 水) は複数形のみで曲用する。N. は āpaḥ、Ac. は apaḥ、I. は adbhiḥ、D. / Ab. は adbhyaḥ、G. は apām、L. は apsu となる。

§ 93　puṃs (m. 男) は、強語幹 pumāṃs、中語幹 pum、弱語幹 puṃs で曲用し、sg. N. は pumān、Ac. は pumāṃsam、I. は puṃsā、V. は puman、pl. N. は pumāṃsaḥ、Ac. は puṃsaḥ、I. は puṃbhiḥ、L. は puṃsu となる。

§ 94　anaḍuh (m. 牡牛) の強語幹が anaḍvāh、中語幹が anaḍut、弱語幹が anaḍuh となる。sg. N. は anaḍvān、V. は anaḍvan となる。Ac. では sg. が anaḍvāham、du. が anaḍvāhau、pl. が anaḍuhaḥ となる。I. では sg. が anaḍuhā、du. が anaḍudbhyām、pl. が anaḍudbhiḥ となる。

演習 5

1. mahānto hi durdharṣāḥ sāgarā iva ||
2. tyāgo guṇo vittavatāṃ vittaṃ tyāgavatāṃ guṇaḥ ||
3. mahīyāṃsaḥ prakṛtyā mitabhāṣiṇaḥ ||
4. niḥsārasya padārthasya prāyeṇāḍambaro mahān ||
5. yathā rājā tathā prajāḥ ||
6. jātasya hi dhruvo mṛtyurdhruvaṃ janma mṛtasya ca ||
7. na rājñā saha mitratvaṃ na sarpo nirviṣaḥ kvacit ||
8. na rājānaṃ vinā rājyaṃ balavatsvapi mantriṣu[1] ||
9. ākiṃcanyaṃ dhanaṃ viduṣām ||
10. avidvāṃścaiva vidvāṃśca brāhmaṇo daivataṃ mahat ||
11. nopekṣitavyo vidvadbhiḥ śatruralpo 'pyavajñayā ||

[1] 絶対処格 (§ 50 ⑦)。

Ⅳ　比較法[1]〔TSG §§ 31–32; MSGS 103〕

§ 95　接尾辞 tara ならびに tama は、原級となるあらゆる形容詞の語幹に直接に加えられ、それぞれ比較級、最上級を作る。２語幹の場合には弱語幹に、３語幹の場合には中語幹に加えられる。dīrgha (長い) は dīrghatara (より長い)、dīrghatama (最も長い) となり、nītimat (思慮深い) は nītimattara (より思慮深い)、nītimattama (最も思慮深い) となる (§ 84)。vidvas (知識を修めた) は vidvattara (より知識を修めた)、vidvattama (最も知識を修めた) となる。この接尾辞 tara / tama は形容詞以外の語、名詞、数詞、副詞にも付加される。

【補】この２つの接尾辞の前では外連声の規則が適用される。

§ 96　比較級の接尾辞 īyas (より〜)、ならびに最上級の接尾辞 iṣṭha (最も〜) は多くの形容詞の Guṇa 化した語根的原級[2]に直接加えられる。また、この原級の語の多くは u または ra で終わる。laghu (軽い) は laghīyas / laghiṣṭha、kṣipra (速い) は kṣepīyas / kṣepiṣṭha、dūra (遠い) は davīyas / daviṣṭha など。

子音と子音の間に位置する ṛ は ra で Guṇa 化する場合がある。mṛdu (軟らかい) は mradīyas / mradiṣṭha、pṛthu (広い) は prathīyas / prathiṣṭha など。また、語根的原級が長母音で終わる場合、比較級 īyas は yas となる。bhūri (多い) は bhūyas / bhūyiṣṭha。また、最上級 iṣṭha が ṣṭha となる場合もある。priya (可愛い) は preyas / preṣṭha。

語源的な原級を失っている場合もある。śreyas (よりよい) / śreṣṭha (最もよい)、kanīyas (より若い) / kaniṣṭha (最も若い)、jyāyas (より年上の) / jyeṣṭha (最も年上の) など。

§ 97　接尾辞 tara と tama は比較級 īyas または最上級 iṣṭha にさらに加えられる場合がある。garīyastara、śreṣṭhatara、śreṣṭhatama など。

---

1)　比較級と最上級の使用範囲は厳密な区分が難しい。比較級は比較対象なしに「非常に」などの強調に使われることがある。

2)　語根的原級とは接尾辞的要素を取り去って、１音節としたものをいう。pāpa > pāp、mahat > mah、balin > bal。

V　代名詞

§ 98　代名詞は人称代名詞、指示代名詞、関係代名詞、疑問代名詞など、多くの種類をもつ。同一の曲用の中に複数の語基があり、また、指示代名詞、関係代名詞、疑問代名詞はそれらに特有の格語尾をもつ。なお代名詞は基本的に V. の形をもたない (cf. MPGS p. 124. Obs.)。

1.　人称代名詞〔TSG § 34; MSGS 109〕

1人称 (1st.)、2人称 (2nd.) は特別な形をもち、本人と面前の関係者という特徴から性の区別がない。数によって語基を異にするが、合成語の前分として無変化で使われる形、1st. sg. が mad、pl. は asmad、2nd. sg. が tvad、pl. は yuṣmad をもって語基とする[1]。mat-putra (私の息子)、yuṣmad-artham (あなたたちのために)、それらはそれぞれ Ab. の形で表れる。

<table>
<tr><th></th><th colspan="3">1人称　sg. mad / pl. asmad</th><th colspan="3">2人称　sg. tvad / pl. yuṣmad</th></tr>
<tr><td></td><td colspan="3">—</td><td colspan="3">—</td></tr>
<tr><td></td><td>sg.</td><td>du.</td><td>pl.</td><td>sg.</td><td>du.</td><td>pl.</td></tr>
<tr><td>N.</td><td>aham</td><td rowspan="2">āvām</td><td>vayam</td><td>tvam</td><td rowspan="2">yuvām</td><td>yūyam</td></tr>
<tr><td>Ac.</td><td>mām</td><td>asmān</td><td>tvām</td><td>yuṣmān</td></tr>
<tr><td>I.</td><td>mayā</td><td rowspan="3">āvābhyām</td><td>asmābhiḥ</td><td>tvayā</td><td rowspan="3">yuvābhyām</td><td>yuṣmābhiḥ</td></tr>
<tr><td>D.</td><td>mahyam</td><td>asmabhyam</td><td>tubhyam</td><td>yuṣmabhyam</td></tr>
<tr><td>Ab.</td><td>mat</td><td>asmat</td><td>tvat</td><td>yuṣmat</td></tr>
<tr><td>G.</td><td>mama</td><td rowspan="2">āvayoḥ</td><td>asmākam</td><td>tava</td><td rowspan="2">yuvayoḥ</td><td>yuṣmākam</td></tr>
<tr><td>L.</td><td>mayi</td><td>asmāsu</td><td>tvayi</td><td>yuṣmāsu</td></tr>
<tr><td>V.</td><td>—</td><td>—</td><td>—</td><td>—</td><td>—</td><td>—</td></tr>
</table>

また、人称代名詞は付帯詞となって、直前の語に付帯する語形で以下の

1)　これは文法家の規定によるもので、そこには du. に関して言及されていない。(cf. WSG 492b, 494)。事実上の語基は、1st. が āva、2nd. が yuva となる。

格にのみ使用される。その性質上、文頭や韻文の行頭には位置しない[1]。

<table>
<tr><th></th><th colspan="3">1 人称　付帯詞</th><th colspan="3">2 人称　付帯詞</th></tr>
<tr><th></th><th colspan="3">—</th><th colspan="3">—</th></tr>
<tr><th></th><th>sg.</th><th>du.</th><th>pl.</th><th>sg.</th><th>du.</th><th>pl.</th></tr>
<tr><td>Ac.</td><td>mā</td><td rowspan="3">nau</td><td rowspan="3">naḥ</td><td>tvā</td><td rowspan="3">vām</td><td rowspan="3">vaḥ</td></tr>
<tr><td>D.</td><td rowspan="2">me</td><td rowspan="2">te</td></tr>
<tr><td>G.</td></tr>
</table>

2 人称の敬称代名詞 bhavat (貴殿) の曲用については § 84 参照。pl. もしばしば sg. として使用される。また主語になる場合、動詞は 3 人称を用いる。

2.　**指示代名詞**〔TSG § 38; MSGS 110 ff.〕

§ 99　上記以外の代名詞は n. sg. N. / Ac. 形を語基とし、合成語に表れる。tat-puruṣa (彼の侍者)、ado-maya (あれを含める)、idaṃ-prakāram (この方法で) など。格変化には固有の語尾をもつ。m. sg. D. は -smai、Ab. は -smāt、L. は -smin、f. sg. D. は -syai、Ab. / G. は -syāḥ、L. は -syām、m. pl. N. は -e、m. / n. / f. G. は -sām となる。

⑴　指示代名詞 tad / etad〔TSG § 38.2–3; MSGS 110〕

§ 100　第 3 人称の指示代名詞 tad (彼 / 彼女 / その)。

<table>
<tr><th></th><th colspan="6">tad (彼 / 彼女)</th></tr>
<tr><th></th><th colspan="3">m.</th><th colspan="3">f.</th></tr>
<tr><th></th><th>sg.</th><th>du.</th><th>pl.</th><th>sg.</th><th>du.</th><th>pl.</th></tr>
<tr><td>N.</td><td>saḥ*</td><td rowspan="2">tau</td><td>te</td><td>sā</td><td rowspan="2">te</td><td rowspan="2">tāḥ</td></tr>
<tr><td>Ac.</td><td>tam</td><td>tān</td><td>tām</td></tr>
</table>

1)　ca / vā / ha / aha / eva の直前、あるいは単独の V. の直後にも位置しないが、文法的に厳格でない作品では守られない。

<table>
<tr><td>I.</td><td>tena</td><td rowspan="3">tābhyām</td><td>taiḥ</td><td>tayā</td><td rowspan="3">= m.</td><td>tābhiḥ</td></tr>
<tr><td>D.</td><td>tasmai</td><td rowspan="2">tebhyaḥ</td><td>tasyai</td><td rowspan="2">tābhyaḥ</td></tr>
<tr><td>Ab.</td><td>tasmāt</td><td rowspan="2">tasyāḥ</td></tr>
<tr><td>G.</td><td>tasya</td><td rowspan="2">tayoḥ</td><td>teṣām</td><td rowspan="2">= m.</td><td>tāsām</td></tr>
<tr><td>L.</td><td>tasmin</td><td>teṣu</td><td>tasyām</td><td>tāsu</td></tr>
<tr><td>V.</td><td>—</td><td>—</td><td>—</td><td>—</td><td>—</td><td>—</td></tr>
</table>

* sg. N. の saḥ の形に関しては § 32 の【備考】を参照。

n. は sg. N. / Ac. が tat、du. N. / Ac. が te、pl. N. / Ac. が tāni となる以外は m. と同じ。

身近なものを示す etad (これ) も上記にしたがう。sg. N. は m. eṣaḥ、f. eṣā、n. etat。

⑵ 指示代名詞 idam〔TSG § 38.4; MSGS 111〕

§ 101 指示代名詞 idam (これ) も身近な範囲を示し、1 人称と密接に関係する。ayaṃ janaḥ (この人) = aham (私) を表す場合がある。

<table>
<tr><td></td><td colspan="6">idam (これ)</td></tr>
<tr><td></td><td colspan="3">m.</td><td colspan="3">f.</td></tr>
<tr><td></td><td>sg.</td><td>du.</td><td>pl.</td><td>sg.</td><td>du.</td><td>pl.</td></tr>
<tr><td>N.</td><td>ayam</td><td rowspan="2">imau</td><td>ime</td><td>iyam</td><td rowspan="2">ime</td><td rowspan="2">imāḥ</td></tr>
<tr><td>Ac.</td><td>imam</td><td>imān</td><td>imām</td></tr>
<tr><td>I.</td><td>anena</td><td rowspan="3">ābhyām</td><td>ebhiḥ</td><td>anayā</td><td rowspan="3">= m.</td><td>ābhiḥ</td></tr>
<tr><td>D.</td><td>asmai</td><td rowspan="2">ebhyaḥ</td><td>asyai</td><td rowspan="2">ābhyaḥ</td></tr>
<tr><td>Ab.</td><td>asmāt</td><td rowspan="2">asyāḥ</td></tr>
<tr><td>G.</td><td>asya</td><td rowspan="2">anayoḥ</td><td>eṣām</td><td rowspan="2">= m.</td><td>āsām</td></tr>
<tr><td>L.</td><td>asmin</td><td>eṣu</td><td>asyām</td><td>āsu</td></tr>
<tr><td>V.</td><td>—</td><td>—</td><td>—</td><td>—</td><td>—</td><td>—</td></tr>
</table>

n. は sg. N. / Ac. が idam、du. N. / Ac. が ime、pl. N. / Ac. が imāni となる

以外は m. と同じ。

⑶　指示代名詞 adas〔TSG § 38.5; MSGS 112〕

§ 102　指示代名詞 adas (あれ) は idam に対立し、距離の離れた範囲のものを示す。また、周知のこと、有名なことをふまえても使用される。

<table>
<tr><th colspan="7">adas (あれ)</th></tr>
<tr><th></th><th colspan="3">m.</th><th colspan="3">f.</th></tr>
<tr><th></th><th>sg.</th><th>du.</th><th>pl.</th><th>sg.</th><th>du.</th><th>pl.</th></tr>
<tr><td>N.</td><td>asau</td><td rowspan="2">amū</td><td>amī*</td><td>= m.</td><td rowspan="2">= m.</td><td rowspan="2">amūḥ</td></tr>
<tr><td>Ac.</td><td>amum</td><td>amūn</td><td>amūm</td></tr>
<tr><td>I.</td><td>amunā</td><td rowspan="3">amūbhyām</td><td>amībhiḥ</td><td>amuyā</td><td rowspan="3">= m.</td><td>amūbhiḥ</td></tr>
<tr><td>D.</td><td>amuṣmai</td><td rowspan="2">amībhyaḥ</td><td>amuṣyai</td><td rowspan="2">amūbhyaḥ</td></tr>
<tr><td>Ab.</td><td>amuṣmāt</td><td rowspan="2">amuṣyāḥ</td></tr>
<tr><td>G.</td><td>amuṣya</td><td rowspan="2">amuyoḥ</td><td>amīṣām</td><td rowspan="2">= m.</td><td>amūṣām</td></tr>
<tr><td>L.</td><td>amuṣmin</td><td>amīṣu</td><td>amuṣyām</td><td>amūṣu</td></tr>
<tr><td>V.</td><td>—</td><td>—</td><td>—</td><td>—</td><td>—</td><td>—</td></tr>
</table>

* amī の連声については § 15 参照。

n. は sg. N. / Ac. が adaḥ、pl. N. / Ac. が amūni となる以外は m. と同じ。

⑷　指示代名詞 enad〔TSG § 38.6; MSGS 112.a〕

enad (彼 / 彼女 / それ) はもともと付帯詞であったが、古典期にその性格が薄れたために、sg. Ac. / I.、du. Ac. / G. / L.、pl. Ac. のみに使用される。

<table>
<tr><th colspan="5">enad (彼 / 彼女 / それ)</th></tr>
<tr><th></th><th></th><th>m.</th><th>n.</th><th>f.</th></tr>
<tr><td rowspan="2">sg.</td><td>Ac.</td><td>enam</td><td>enat</td><td>enām</td></tr>
<tr><td>I.</td><td colspan="2">enena</td><td>enayā</td></tr>
</table>

du.	Ac.	enau	ene	
	G., L.	enayoḥ		= m.
pl.	Ac.	enān	enāni	enāḥ

【補】指示代名詞が示す対象と話者との距離感覚は、言語によって多少の違いがある。サンスクリットの場合、文法家の規定によれば、idam は身近にある対象を指し、etad はさらに近くにある対象、adas は距離の離れた対象、tad は視界の外にある対象を示す[1]。しかし、実際にはこれらの区別が守られているわけではない。

(5) 関係代名詞 yad / 疑問代名詞 kim〔TSG §§ 39–40; MSGS 113–114〕

§ 103 これ以外のすべての代名詞も § 100 の曲用にしたがう。したがって、関係代名詞 yad の sg. N. は m. が yaḥ、f. が yā、n. が yat となり、疑問代名詞 kim の sg. N. は m. が kaḥ、f. が kā、n. が kim となる。

	関係代名詞 yad			疑問代名詞 kim		
	m.			m.		
	sg.	du.	pl.	sg.	du.	pl.
N.	yaḥ	yau	ye	kaḥ	kau	ke
Ac.	yam		yān	kam		kān
I.	yena	yābhyām	yaiḥ	kena	kābhyām	kaiḥ
D.	yasmai		yebhyaḥ	kasmai		kebhyaḥ
Ab.	yasmāt			kasmāt		
G.	yasya	yayoḥ	yeṣām	kasya	kayoḥ	keṣām
L.	yasmin		yeṣu	kasmin		keṣu
V.	—	—	—	—	—	—

1) idam astu saṃnikṛṣṭaṃ samīpataravarti caitado rūpam | adas astu viprakṛṣṭaṃ tad iti paro'kṣe vijānīyāt ‖ また、idamaḥ pratyakṣarūpaṃ とするものもあり、その場合 idam は現前の対象を指すことになる。

<table>
<tr><th></th><th colspan="3">f.</th><th colspan="3">f.</th></tr>
<tr><th></th><th>sg.</th><th>du.</th><th>pl.</th><th>sg.</th><th>du.</th><th>pl.</th></tr>
<tr><td>N.</td><td>yā</td><td rowspan="2">ye</td><td rowspan="2">yāḥ</td><td>kā</td><td rowspan="2">ke</td><td rowspan="2">kāḥ</td></tr>
<tr><td>Ac.</td><td>yām</td><td>kām</td></tr>
<tr><td>I.</td><td>yayā</td><td rowspan="3">= m.</td><td>yābhiḥ</td><td>kayā</td><td rowspan="3">= m.</td><td>kābhiḥ</td></tr>
<tr><td>D.</td><td>yasyai</td><td rowspan="2">yābhyaḥ</td><td>kasyai</td><td rowspan="2">kābhyaḥ</td></tr>
<tr><td>Ab.</td><td rowspan="2">yasyāḥ</td><td rowspan="2">kasyāḥ</td></tr>
<tr><td>G.</td><td rowspan="2">= m.</td><td>yāsām</td><td rowspan="2">= m.</td><td>kāsām</td></tr>
<tr><td>L.</td><td>yasyām</td><td>yāsu</td><td>kasyām</td><td>kāsu</td></tr>
<tr><td>V.</td><td>—</td><td>—</td><td>—</td><td>—</td><td>—</td><td>—</td></tr>
</table>

n. は sg. N. / Ac. が yat / kim、du. N. / Ac. が ye / ke、pl. N. / Ac. が yāni / kāni となる以外は m. と同じ。

3.　不定代名詞〔TSG § 41; MSGS 119〕

§ 104　疑問代名詞 kim に不変化詞 cit (< cid)、cana、または api を加えて不定代名詞を作る。kaś cit / kaś　cana / ko 'pi (誰かが / あるものが)、kena cit / kena cana / kenāpi (誰かによって / あるものによって) となる。また、これらの不変化詞は疑問詞一般に付加されて、それぞれに不定の意味をもたせる。kathaṃ cit / kathaṃ cana / katham api (何とかして)、kva cit / kva cana / kvāpi (あるところで)、kadā cit / kadā cana / kadāpi (ある時) となる[1)]。

4.　代名詞的形容詞〔TSG § 42; MSGS 120〕

また、代名詞の曲用にしたがう形容詞 anya (他の) も上記 yad の格変化をする。sg. N. は、m. anyaḥ、f. anyā、n. anyat。また、itara (その他の)、ekatama (複数中の 1 つの)、2 つの内のどちらか 1 つを示す tatara / yatara / katara、3 つ以上の中のどれか 1 つを示す tatama / yatama / katama もこの

1)　これらの不変化詞を kaścit / kaścana のように分書しないものもある。

曲用にしたがう。

§ 105 sarva / viśva (すべての) は、kim の曲用にしたがい n. sg. N. / Ac. が -t ではなく、-m となる。同様に eka (sg. 1つの、pl. 若干の)、ekatara (どちらか 1つの)、ubhaya (両方の) もこれにしたがう。

【補】ubhaya (f. ubhayī) は sg. / pl. のみで曲用し、代わりに ubha が du. のみで名詞変化する。

§ 106 例外として m. / n. sg. Ab. / L.、ならびに m. pl. N. において名称詞の曲用を用いる場合もある。例えば adhara (下の)、antara (中の)、apara (他の)、avara (後ろの / 西の)、uttara (上の / 北の)、dakṣiṇa (右の / 南の)、para (次の / 他の)、pūrva (前の / 東の)、sva (自の) など。

Ⅵ 数詞

数詞には基数詞と序数詞があり、どちらも名詞として (substantively)、または形容詞として (adjectively) 用いられる。

1. 基数詞〔TSG § 44; MSGS 104〕

基数詞は以下のような語幹になる。

1	eka	11	ekādaśa	20	viṃśati	1,000	sahasra
2	dvi	12	dvādaśa	30	triṃśat	10,000	ayuta
3	tri	13	trayodaśa	40	catvāriṃśat	100,000	lakṣa
4	catur	14	caturdaśa	50	pañcāśat	1,000,000	prayuta niyuta
5	pañca*	15	pañcadaśa	60	ṣaṣṭi		
6	ṣaṣ	16	ṣoḍaśa	70	saptati	10,000,000	koṭi
7	sapta*	17	saptadaśa	80	aśīti		
8	aṣṭa*	18	aṣṭādaśa	90	navati		
9	nava*	19	navadaśa	100	śata		
10	daśa*			200	dve śate dviśata		
				300	trīṇi śatāni triśata		

＊インドの伝統的な文法はこれらの語幹を pañcan / saptan / aṣṭan / navan / daśan と規定し、nāman の曲用にしたがうとするが、実際の変化は表に示した語幹で行われる。

§ 107　2 / 3 / 8 の数は 10 / 20 / 30 に連続する場合は dvā、trayas、aṣṭā となり、80 / 100 / 1,000 に連続する場合は dvi、tri、aṣṭa となる。40 より 70 までと 90 とに連続する場合は両者のどちらも用いることができる。22 dvāviṃśati、33 trayastriṃśat、28 aṣṭāviṃśati、82 dvyaśīti、103 triśata、1008 aṣṭasahasra となる。

19 / 29 / 39 などは ūna（マイナス）あるいは ekona（マイナス 1）を前に加えて表現する場合がある。ūnaviṃśati / ekonaviṃśati（20 － 1 = 19）、ūnatriṃśat / ekonatriṃśat（30 － 1 = 29）、ūnacatvāriṃśat / ekonacatvāriṃśat（40 － 1 = 39）となる。

【補】韻文での数字の表し方はあまり規則にしばられない。また散文でも aṣṭasahasra（1008 / 8000）など、もともとアクセントで＋と×の区別をしていたものが書写され、混同する場合がある。MSGS 104.d; WSG 481a 参照。

(1)　基数詞 eka / dvi / tri / catur〔TSG § 45; MSGS 105〕

§ 108　eka（1）は代名詞的形容詞 sarva（§ 105）の変化にしたがう。dvi（2）は dva の両数（a / ā- 語幹 du. §§ 53–55）として変化する。

<table>
<tr><th></th><th colspan="3">eka (1)</th><th colspan="2">dvi (2)</th></tr>
<tr><th></th><th colspan="3">sg.</th><th colspan="2">du.</th></tr>
<tr><th></th><th>m.</th><th>n.</th><th>f.</th><th>m.</th><th>n. / f.</th></tr>
<tr><td>N.</td><td>ekaḥ</td><td rowspan="2">ekam</td><td>ekā</td><td rowspan="2">dvau</td><td rowspan="2">dve</td></tr>
<tr><td>Ac.</td><td>ekam</td><td>ekām</td></tr>
<tr><td>I.</td><td colspan="2">ekena</td><td>ekayā</td><td colspan="2" rowspan="3">dvābhyām</td></tr>
<tr><td>D.</td><td colspan="2">ekasmai</td><td>ekasyai</td></tr>
<tr><td>Ab.</td><td colspan="2">ekasmāt</td><td rowspan="2">ekasyāḥ</td></tr>
<tr><td>G.</td><td colspan="2">ekasya</td><td colspan="2" rowspan="2">dvayoḥ</td></tr>
<tr><td>L.</td><td colspan="2">ekasmin</td><td>ekasyām</td></tr>
<tr><td>V.</td><td>= N.</td><td>= N.</td><td>= N.</td><td>= N.</td><td>= N.</td></tr>
</table>

tri（3）と catur（4）は次のように複数変化となる。

	tri (3)			catur (4)		
	pl.			pl.		
	m.	n.	f.	m.	n.	f.
N.	trayaḥ	trīṇi	tisraḥ	catvāraḥ	catvāri	catasraḥ
Ac.	trīn			caturaḥ		
I.	tribhiḥ		tisṛbhiḥ	caturbhiḥ		catasṛbhiḥ
D.	tribhyaḥ		tisṛbhyaḥ	caturbhyaḥ		catasṛbhyaḥ
Ab.						
G.	trayāṇām		tisṛṇām	caturṇām		catasṛṇām
L.	triṣu		tisṛṣu	caturṣu		catasṛṣu
V.	= N.	= N.	= N.	= N.	= N.	= N.

⑵ 基数詞 pañca / ṣaṣ / sapta / aṣṭa / nava / daśa〔TSG § 45; MSGS 106〕

§ 109 pañca (5) / sapta (7) / nava (9) / daśa (10) ならびにこれらの数にて終わる数詞はすべて pañca の例に準じて曲用する。ṣaṣ (6) と aṣṭa (8) も以下のように曲用する。

	pañca (5) / sapta (7) / nava (9) / daśa (10)	ṣaṣ (6)	aṣṭa (8)
	pl.	pl.	pl.
	m. / n. / f.	m. / n. / f.	m. / n. / f.
N.	pañca / sapta / etc.	ṣaṭ	aṣṭa aṣṭau
Ac.			
I.	pañcabhiḥ / saptabhiḥ / etc.	ṣaḍbhiḥ	aṣṭabhiḥ / aṣṭābhiḥ
D.	pañcabhyaḥ / saptabhyaḥ / etc.	ṣaḍbhyaḥ	aṣṭabhyaḥ / aṣṭābhyaḥ
Ab.			
G.	pañcānām / saptānām / etc.	ṣaṇṇām	aṣṭānām
L.	pañcasu / saptasu / etc.	ṣaṭsu	aṣṭasu / aṣṭāsu
V.	= N.	= N.	= N.

⑶　基数詞の用法〔TSG § 46; MSGS 106.c〕

§ 110　1 から 19 は形容詞的に用いられ、形容される名詞の性、数、格を取る。tisṛbhiḥ kanyābhiḥ (3 人の少女によって)。20 より 99 に至る数は sg. の女性名詞、100 / 1,000 / 10,000 / 100,000 / 1,000,000 は sg. の中性名詞、10,000,000 は i- 語幹 sg. の女性名詞として扱われ、それらに関係する名詞は同格となるか、あるいは pl. G. となる[1]。ṣaṣṭyāṃ varṣeṣu / ṣaṣṭyāṃ varṣāṇām (60 年間) など。

2.　序数詞〔TSG § 47; MSGS 107〕

§ 111　序数詞は以下のようになる。

1st	prathama	11th	ekādaśa	20th	viṃśatitama / viṃśa
2nd	dvitīya	12th	dvādaśa	30th	triṃśattama / triṃśa
3rd	tṛtīya	13th	trayodaśa	40th	catvāriṃśattama / catvāriṃśa
4th	caturtha / turīya	14th	caturdaśa	50th	pañcāśattama / pañcāśa
5th	pañcama	15th	pañcadaśa	60th	ṣaṣṭitama
6th	ṣaṣṭha	16th	ṣoḍaśa	70th	saptatitama
7th	saptama	17th	saptadaśa	80th	aśītitama
8th	aṣṭama	18th	aṣṭādaśa	90th	navatitama
9th	navama	19th	navadaśa	100th	śatatama
10th	daśama			1000th	sahasratama

【補】分数を表す場合も序数詞 (20 以上は短形) を使う。また、基数詞に -bhāga / aṃśa (部分) m. を加えた合成語で表すこともできる。aśītibhāgaṃ gṛhṇīyāt ([彼は] 80 分の 1 を取るだろう)。それ以外に ardha (½)、pāda (¼) も使われる。ardhatṛtīya は 2½ (半分を 3 番目としてもつ) となる。ardhatrayodaśabhir bhikṣuśataiḥ (1250 人の比丘とともに)。SSS § 301 参照。ま

1)　また数詞が形容詞化して pl. で変化する場合 pañcāśadbhir bāṇaiḥ (50 本の矢によって) や、数詞とともに合成語を作る場合 varṣaśate (100 年に) もある。

た、倍数は基数詞に -guṇa を加えて表す。dviguṇa (2 倍の / 2 重の)。

3. 数の副詞〔TSG § 48; MSGS 108〕

§ 112 数詞は回数、種類や状態、配分を表す副詞となる。

回数		種類 / 状態		配分	
1 回	sakṛt	1 種類で	ekadhā	1 つずつ	ekaśaḥ
2 回	dviḥ	2 種類で	dvidhā dvedhā	2 つずつ	dviśaḥ
3 回	triḥ	3 種類で	tridhā tredhā	3 つずつ	triśaḥ
4 回	catuḥ	4 種類で	caturdhā	4 つずつ	caturśaḥ
5 回	pañcakṛtvaḥ*	5 種類で	pañcadhā	5 つずつ	pañcaśaḥ

* 5 回以上では -kṛtvas を付加した合成語を用いる。

演習 6

1. balīyaḥ sarvato[1] diṣṭaṃ puruṣasya viśeṣataḥ ||
2. vyādhitasyauṣadhaṃ pathyaṃ nīrujastu kimauṣadhaiḥ ||
3. sarvatra saṃpadastasya saṃtuṣṭaṃ yasya mānasam ||
4. āpatsu kiṃ viṣādena saṃpattau vismayena kim ||
5. dārāḥ sutāśca sulabhā dhanamekaṃ durlabhaṃ loke ||
6. manasi parituṣṭe[2] ko 'rthavānko daridraḥ ||
7. śrutiḥ smṛtiśca viprāṇāṃ nayane dve prakīrtite ||
8. kiṃ tasya dānaiḥ kiṃ tīrthaiḥ kiṃ tapobhiḥ kimadhvaraiḥ |
   hṛdistho yasya bhagavānmaṅgalāyatanaṃ hariḥ ||
9. guṇavānvā parajanaḥ svajano nirguṇo 'pi vā |
   nirguṇaḥ svajanaḥ śreyānyaḥ paraḥ para eva saḥ ||

[1] 比較級にしたがう Ab. (§ 52【備考】)。[2] 絶対処格 (§ 50 ⑦)。

第５章　動詞の活用

I　動詞総説

1.　人称と言〔TSG § 57; MSGS 121–122〕

動詞は基本的に語根 (root)、あるいはそれと同等とされるものに接尾辞を加えて語幹 (stem) を作り、それに人称語尾が付加されて機能する。その人称語尾は、数、人称、言 (態) によって規定される。数は名称詞と同じく単数 (sg.)、両数 (du.)、複数 (pl.) の３種があり、人称は１人称 (1st.)、２人称 (2nd.)、３人称 (3rd.) に分類される。

語幹 (√ / 語根同等語 + 接尾辞) + 人称語尾

§ 113　言 (voice) には為他言 (Parasmaipada = [P]) と為自言 (Ātmanepada = [Ā]) の２つの言、および受動言 (passive) の別がある。受動言は [Ā] の語尾を用いる (§ 185)。

【備考】多くの動詞は [P] / [Ā] の両言で活用し、少数の動詞はどちらかの言で活用する。本来、[P] は字のごとく他人の為にする動作を表し、[Ā] は自分の為にする動作を表す。例えば子供のために本を読む場合は [P] にしたがって活用し、自分のために読む場合には [Ā] にしたがって活用する。使役活用法 (§§ 194 ff.) においてこの区別が明瞭に認められることが多いが、この本来の区別は決して守られず、文法上の規則となっている場合が多い。例えば √as (ある) は [P] にのみ活用するが、[Ā] のもつ意味を含有する (cf. TSG § 57)。

2.　動詞の組織〔TSG § 59; MSGS 122〕

§ 114　動詞の組織はそれらを形成する語幹に基づいて、現在組織 (Present system)、アオリスト組織 (Aorist system)、完了組織 (Perfect system)、未来組織 (Future system) の４種に分類される。

§ 115　この中、現在組織には直説法 (Indicative)、願望法 (Optative)、

命令法[1](Imperative) の３種類の法 (mood) がある。直説法は現在、アオリスト、完了、未来のそれぞれの組織に備えられ、願望法は現在組織とアオリスト組織にあり、それぞれ願望法、祈願法と呼ばれる。命令法は現在組織のみにある。これらを第１次 (= 主) 活用動詞と呼ぶ。

	組織 (system)	法 (mood)		語尾
I	現在組織 (Present system) [現在語幹に基づく]	直説法 (Indicative)	現在 (Present = Pres.)	第１語尾
			過去 (Imperfect = Impf.)	第２語尾
		願望法 (Optative = Opt.)		第２語尾
		命令法 (Imperative = Impv.)		命令法語尾
II	アオリスト組織 (Aorist system) [アオリスト語幹に基づく]	直説法アオリスト (Indicative Aorist = Aor.)		第２語尾
		祈願法 (Precative = Prec.)		第２語尾
III	完了組織 (Perfect system) [完了語幹に基づく]	直説法完了 (Indicative Perfect = Pf.)		完了語尾
IV	未来組織 (Future system) [未来語幹に基づく]	直説法未来 (Indicative Future = Fut.)		第１語尾
		条件法 (Conditional = Cond.)		第２語尾

§ 116　これ以外にも第２次 (= 派生) 活用動詞と呼ばれる受動言 (Passive voice = pass. §§ 185 ff.)、使役活用法 (Causative conjugation = caus. §§ 194 ff.)、意欲活用法 (Desiderative conjugation = Des. §§ 199 ff.)、強意活用法 (Intensive conjugation = Int. § 203) がある。また、準動詞となる分詞 (participle = pt. §§ 205 ff.)、不定詞 (Infinitve = Inf. § 213)、絶対詞 (Gerund = Gd. §§ 214 ff.) が動詞の組織に関係する。

3. 人称語尾〔TSG § 60; MSGS 131〕

§ 117　人称語尾は第１語尾 (直説法現在 / 直説法未来) と第２語尾 (直説法過去 / 願望法 / 直説法アオリスト / 祈願法 / 条件法) の２種類に分類さ

1)　命令法の１人称は古典サンスクリットでは失われた古語の仮定法の名残である。

れる。命令法は大部分において特別な語尾変化、直説法完了は完全に特別な語尾変化をもつ (§ 166)。

		第１語尾		第２語尾＊		命令法語尾	
		[P]	[Ā]	[P]	[Ā]	[P]	[Ā]
sg.	1st.	mi	e	m〔I〕 am〔II〕	i	āni	ai
	2nd.	si	se	s	thās	—〔I〕 dhi / hi〔II〕	sva
	3rd.	ti	te	t	ta	tu	tām
du.	1st.	vas	vahe	va	vahi	āva	āvahai
	2nd.	thas	ethe〔I〕 āthe〔II〕	tam	ethām〔I〕 āthām〔II〕	＝第２語尾	＝第２語尾
	3rd.	tas	ete〔I〕 āte〔II〕	tām	etām〔I〕 ātām〔II〕	＝第２語尾	＝第２語尾
pl.	1st.	mas	mahe	ma	mahi	āma	āmahai
	2nd.	tha	dhve	ta	dhvam	＝第２語尾	＝第２語尾
	3rd.	nti〔I〕 anti〔II〕	nte〔I〕 ate〔II〕	n〔I〕 an / ur〔II〕	nta〔I〕 ata〔II〕	ntu〔I〕 antu〔II〕	ntām〔I〕 atām〔II〕

(〔I〕は第１種動詞、〔II〕は第２種動詞の語尾変化)

＊　願望法では 1st. sg. [Ā] が a、3rd. pl. [P] が ur、[Ā] が ran となる。その他は § 121 参照。

4.　オーグメントと重字〔TSG § 58; MSGS 128–129〕

§ 118　過去の時制を表す直説法過去 (Impf.)、アオリスト (Aor.)、条件法 (Cond.) にはオーグメント (Augment) の a が語幹の語頭に付加される。その場合、語根にある語頭の母音はこの a と結合して Vṛddhi 化する。√i (行く) の 3rd. sg. Impf. [P] は ait、√ukṣ (潤す) は aukṣat となる。またこのオーグメントの a を伴わない Aor. が否定詞 mā (〜するな) とともに用いられて、命令的に禁止を意味する。

【補】Impf.、Aor.、Cond. の特徴であるオーグメントの a は過去の時制を表すサインとして付加されていることを知る必要がある (WSG 586)。例えば Cond. は過去における未来の出来事となる (§ 184)。また、叙事詩などの文献では Impf. でオーグメントの a がしばしば省略されることがある。

§ 119 第３類動詞、完了 (Perfect)、意欲 (Desiderative)、強意 (Intensive)、ならびにアオリストの一部の活用は重字音節を語根に加えた重字語幹 (Reduplicated stem) によって行われる。その重字音節の規則は、

① 有気音はそれに相応する無気音で重字音節を作る。

ch ⇨ c	th ⇨ t	dh ⇨ d	ph ⇨ p	bh ⇨ b

√chid (絶つ) の Pf. は cicheda、√dhā (置く) の Pres. は dadhāmi、√phal (裂く) の Pf. は paphāla、√bhī (怖れる) の Pres. は bibhemi となる。

② 喉音は相当する口蓋音にて重字音節を作る。

k / kh ⇨ c	g / gh / h ⇨ j

√khan (掘る) の Pf. は cakhāna、√gam (行く) の Pf. は jagāma、√hā (捨てる) の Pres. は jahāmi となる。

③ 語根が複数の子音ではじまる場合、最初の、あるいは上記のようなそれに代るべき子音によって重字音節を作る。√dru (走る) の Pf. は dudrāva、√kruś (叫ぶ) の Pf. は cukrośa となる。

④ 上記③において連続する最初の子音が歯擦音の場合、２番目に位置する無気音、あるいはそれに代るべき子音によって重字する。√spṛś (触れる) の Pf. は pasparśa、√sthā (留まる) の Pf. は tastha、√skand (跳ぶ) の Pf. は caskanda となる。

⑤ 重字音節における母音は多くの場合 a が用いられるが、語根が i / u 系列の場合、それに対応する傾向がある。ただしこの重字音節の母音に関しては明確な規則がなく、それぞれの該当箇所での説明を必要とする。√krī (買う) の Pf. は cikrāya、√kup (怒る) の Pf. は cukopa など。

Ⅱ 第１次活用法

1. 現在組織〔TSG § 62; MSGS 123–124〕

現在組織の中で、直説法現在 (Pres.) は基本的に現在の一般的事実、現実を表し、また、過去 (小詞 sma を伴うこともある) や想定内の (近い)

未来にも用いられる。直説法過去 (Impf.) は厳密には話者を目撃者とするその日以前の出来事について使用されるが、特に文法の知識を誇示する古典期の作品以外、一般には守られていない。願望法 (Opt.) は願望、可能、規制、仮定など広い範囲で使用される。命令法 (Impv.) の３人称 (3rd.) は第三者に対する命令、勧奨 (Let him / them) を、また１人称 (1st.) は話者の意志、勧奨 (Let me / us) を表現する。命令の意味がうすれ、願望、希望を意味する場合には Opt. と抵触する。

§ 120　現在組織における動詞は、現在語幹の作り方にしたがって２種、10 類に分けられる。第１種 (thematic conjugation) は１、４、６、10 類に分類されるが、すべて a で終わる語幹をもち、共通の活用をする。それ以外の２、３、５、７、８、９類をまとめて第２種 (athematic conjugation) と呼ぶ。

A　第１種活用〔TSG § 63; MSGS 125〕

§ 121　第１種活用に属する各類に共通することは、

① 語幹は a にて終わる。この a は m または v ではじまる語尾の前で延長される。

② 2nd. sg. Impv. [P] は語幹をそのまま用いて語尾変化をもたない。

③ [Ā] の語尾 āthe / āte / āthām / ātām は願望法以外ではそれぞれ ethe / ete / ethām / etām となる。これらの語尾、または他の e ではじまる語尾の前で、語幹の a は省略される。

④ 願望法の語尾は常に ī を標識とする。この ī は語幹の a と連声して -e- となる。

(1)　第１類〔TSG § 63.I; MSGS 125.1〕

第１類は動詞の活用の中で最も一般的な形式で、他の類から移行したものも多い。語根に a を加えて語幹を作る。語根が母音で終わるか、あるいは単子音をしたがえる短母音をもつ場合、その母音は Guṇa 化 (§ 7) して音の量を強める (a はそれ自身が Guṇa)。ただし短母音に複数の子音が続いている場合、あるいは単子音で終わっても長母音に先立たれる場合は変化しない。

【補】このように短母音に2つ以上の子音が続く場合、また長母音(二重母音を含む)に1つ以上の子音が続く場合、その音節を長音節(guru = heavy syllable)と呼ぶ。それに対して、短音節(laghu = light syllable)は短母音と子音が1つの場合をいう[1)]。(第11章参照)。

① √-(母音) + a + 語尾 ⇨ √-(Guṇa 化) + a + 語尾

√nī (導く) は naya、√bhū (なる) は bhava、√sṛ (流れる) は sara、√gai (歌う) は gāya (§ 40)。

② √-(短音節) + a + 語尾 ⇨ √-(Guṇa 化) + a + 語尾

√ruh (成長する) は roha、√vṛdh (育つ) は vardha、√pat (落ちる) は pata となる。

③ √-(長音節) + a + 語尾 ⇨ √ 無変化 + a + 語尾

√krīḍ (戯れる) は krīḍa、√nind (嘲る) は ninda、√mūrch (失神する) は mūrcha となる。

⑵ 第6類〔TSG § 63.II; MSGS 125.2〕

第6類は第1類と同様に語根に接尾辞 a を加えて語幹を作るが、語根の母音は Guṇa 化しない。

① √ + a + 語尾 ⇨ √ 無変化 + a + 語尾

√tud (打つ) は tuda、√diś (示す) は diśa となる。

1) ここでいう音節とは音韻として一定の時間の長さをもつ分節単位で、モーラ(mora)という。ラテン語の韻律用語モラ(mŏra)に由来する英語。日本語では「拍」と呼ばれるが、実際はそれぞれの言語によってその音長に関する規定が異なる。日本語が1拍とする場合、基本的に子音と母音の仮名1文字に相応するが、サンスクリットの1音節(1mora)は母音と続く子音を単位として文字に相応しない。§ 264 参照。

⑶　第４類〔TSG § 63.III; MSGS 125.3〕

第４類は語根に接尾辞 ya を加えて語幹を作る。

【補】この第４類には状態や心理作用を表す動詞が含まれる (TSG § 63.III 参照)。

①　√ + ya + 語尾 ⇨ √ 無変化 + ya + 語尾

√tuṣ (満足する) は tuṣya、√nah (結ぶ) は nahya、√man (考える) は manya など。

⑷　第 10 類〔TSG § 63.IV; MSGS 125.4〕

第 10 類は語根に接尾辞 aya を加えて語幹を作る。語根末の母音、また a が単子音にはさまれて語根末にくる場合、Vṛddhi 化して音の量を強める。語根末の単子音をしたがえる短母音 i / u / ṛ は Guṇa 化する。それ以外、長音節を形成する母音は変化しない。

【補】この語幹は現在組織の活用だけでなく、アオリスト (§ 155) ならびに受動言 (§ 187) を除くその他の活用全般にわたって維持され、また過去受動分詞 (§ 210) を除く分詞においても維持される。

①　√-(語末母音) + aya + 語尾 ⇨ √-(Vṛddhi 化) + aya + 語尾
②　√-(単子音 - a - 単子音) + aya + 語尾 ⇨ √-(単子音 - ā - 単子音) + aya + 語尾
③　√-(i / u / ṛ - 単子音) + aya + 語尾 ⇨ √-(Guṇa 化 - 単子音) + aya + 語尾
④　√-(長音節) + aya + 語尾 ⇨ √ 無変化 + aya + 語尾

√taḍ (打つ) は tāḍaya、√cur (盗む) は coraya、√cint (考える) は cintaya など。

【備考】本来の第 10 類は、実際には同じ aya によって作られた名称詞由来動詞の語幹 (§ 204)、あるいは使役活用法 (§§ 194 ff.) によって作られた語幹との区別が曖昧になっていく。

⑸　第１種動詞の基本活用

§ 122　これら第１種動詞の基本活用例として１類から √ruh の表を次ページにあげる。第４類、第６類、第 10 類の語幹もこの活用にしたがう。

第 1 種 (1 / 4 / 6 / 10 類) 動詞基本活用表

第 1 類　√ruh (成長する)　語幹 roha

	[P]			[Ā]		
	sg.	du.	pl.	sg.	du.	pl.
直説法現在 (Pres.)						
1st.	rohāmi	rohāvaḥ	rohāmaḥ	rohe	rohāvahe	rohāmahe
2nd.	rohasi	rohathaḥ	rohatha	rohase	rohethe	rohadhve
3rd.	rohati	rohataḥ	rohanti	rohate	rohete	rohante
直説法過去 (Impf.)						
1st.	aroham	arohāva	arohāma	arohe	arohāvahi	arohāmahi
2nd.	arohaḥ	arohatam	arohata	arohathāḥ	arohethām	arohadhvam
3rd.	arohat	arohatām	arohan	arohata	arohetām	arohanta
願望法 (Opt.)						
1st.	roheyam	roheva	rohema	roheya	rohevahi	rohemahi
2nd.	roheḥ	rohetam	roheta	rohethāḥ	roheyāthām	rohedhvam
3rd.	rohet	rohetām	roheyuḥ	roheta	roheyātām	roheran
命令法 (Impv.)						
1st.	rohāṇi	rohāva	rohāma	rohai	rohāvahai	rohāmahai
2nd.	roha	rohatam	rohata	rohasva	rohethām	rohadhvam
3rd.	rohatu	rohatām	rohantu	rohatām	rohetām	rohantām

演習 7

1. na hi jalaukasāmaṅge jalaukā lagati ||
2. yo yadvapati bījaṃ hi labhate so 'pi tatphalam ||
3. daivameva paraṃ manye pauruṣaṃ tu nirarthakam ||
4. na hi nimbātsravetkṣaudram ||
5. antakāle hi bhūtāni muhyantīti purāśrutiḥ ||
6. yadeva rocate yasmai bhavet tattasya sundaram ||
7. hanūmānabdhimataradduṣkaraṃ kiṃ mahātmanām ||
8. tadabhāgyaṃ dhanasyaiva yannāśrayati sajjanam ||
9. nāryaḥ piśācikā iva haranti hṛdayāni mugdhānām ||
10. sa khalvayaskāntamaṇeranubhāvo yadayo dravati ||
11. na gardabho gāyati śikṣito 'pi ||
12. ye dharmā hetuprabhavā hetuṃ teṣāṃ tathāgato hyavadat ||
13. yatra tvaṃ tatra hi vayaṃ tatsukhaṃ yatra vai bhavān |
    nagaraṃ tadbhavānyatra sa svargo yatra no nṛpaḥ ||
14. bhūyāṃsaṃ labhate kleśaṃ yā gaurbhavati durduhā |
    atha yā suduhā rājannaiva tāṃ vitudantyapi[1] ||
15. dvāvimau na virājete[1] viparītena karmaṇā |
    gṛhasthaśca nirārambhaḥ kāryavāṃścaiva bhikṣukaḥ ||

[1] vi-√ (§ 229)。

B 第1種活用の不規則語幹〔MSGS 133〕

§ 123 第1類、第4類、第6類の若干の語根は特殊な形の語幹を作る。

	語根	語幹	語根	語幹
①	6√iṣ (求める)	iccha	6√ṛ (移す)	ṛccha
	1√gam (行く)	gaccha	1√yam (抑制する)	yaccha

②	1√kram (歩む)	krāma (krama [Ā])	1√cam (すする)	cāma
	1√guh (覆う)	gūha		
③	4√tam (気絶する)	tāmya	4√bhram (徘徊する)	bhrāmya
	4√śam (静まる)	śāmya	4√śram (疲れる)	śrāmya
	4√mad (喜ぶ)	mādya		
④	4√jan (生まれる)	jāya		
⑤	6√prach (問う)	pṛccha	4√vyadh (貫く)	vidhya
	1√sad (座る)	sīda	ni-4√śo (鋭くする)	ni-śya
	ava-4√so (解放する)	ava-sya		
⑥	6√kṛt (切る)	kṛnta	6√muc (放つ)	muñca
	6√lip (塗る)	limpa	6√lup (破る)	lumpa
	6√vid (見出す)	vinda	6√sic (注ぐ)	siñca
⑦	1√daṃś (咬む)	daśa	4√bhraṃś (落ちる)	bhraśya
	4√rañj (赤くなる)	rajya	1√sañj (固執する)	saja
⑧	6√dṛ (尊敬する)	driya	6√pṛ (忙しくする)	priya
	6√mṛ (死ぬ)	mriya	6√kṝ (まき散らす)	kira
⑨	1√ghrā (嗅ぐ)	jighra	1√pā (飲む)	piba
	1√sthā (留まる)	tiṣṭha		

【備考】1√dṛś (見る) は Pres. / Impf. [P] / [Ā] に用いられない。√paś (見る) を

これに代用する。語幹は paśya となり、この語はただ現在語幹にのみ用いられる。上記⑤の √śo ならびに √so の代りに √śā および √sā を用いることもある。

演習 8

1. vidyayā sārdhaṃ mriyeta na vidyāmūṣare vapet ||
2. atṛṇe patito vahniḥ svayamevopaśāmyati ||
3. hiṃsrāṇāṃ purato vāso na sukhāyopajāyate ||
4. na khalu vyāpāramantareṇa kalitāpi śuktirmuñcati mauktikāni ||
5. buddhaṃ śaraṇaṃ gacchāmi dharmaṃ ca bhikṣusaṃghaṃ ca ||
6. calatyekena pādena tiṣṭhatyekena buddhimān ||
7. ā mṛtyoḥ śriyamanvicchennaināṃ manyeta durlabhām ||
8. dināddinaṃ gacchati kānta yauvanam ||
9. cirakālaṃ poṣito 'pi daśatyeva bhujaṃgamaḥ ||
10. he dāridrya namastubhyaṃ siddho 'haṃ tvatprasādataḥ |
    paśyāmyahaṃ jagatsarvaṃ na māṃ paśyati kaścana ||
11. anāratam pratidiśaṃ pratideśaṃ jale sthale |
    jāyante ca mriyante ca budbudā iva vāriṇi ||

C 第2種活用〔TSG § 64; MSGS 126〕

§ 124 第1種活用に反して、強語幹と弱語幹の2語幹をもって活用するのが第2種活用である。語根に直接人称語尾を加える第2類、重字語幹に直接人称語尾を加える第3類、特定の接尾辞を加える第5類と第8類と第9類、そして語根内に挿入辞 (infix) を加える第7類に分類される。これらの各類が活用において共通することは、

① 強語幹と弱語幹の区別がある。

② 2nd. sg. Impv. [P] の語尾は母音で終わる語根または語幹の場合に -hi、子音で終わる語根または語幹 (第9類を除く) の場合に -dhi となる。3√hu (供養する) の juhudhi は例外。

③　第１種活用の [Ā] の語尾 pl. Pres. -ante / Impf. -anta / Impv. -antām の代わりに、第２種活用ではそれぞれ -ate / -ata / -atām を用いる。

④　Opt. は [P] の標識として yā、[Ā] の標識として ī をもつ。この ī は母音の前で īy となる。

	[P]			[Ā]		
	sg.	du.	pl.	sg.	du.	pl.
1st.	-yām	-yāva	-yāma	-īya	-īvahi	-īmahi
2nd.	-yāḥ	-yātam	-yāta	-īthāḥ	-īyāthām	-īdhvam
3rd.	-yāt	-yātām	-yuḥ	-īta	-īyātām	-īran

§ 125　第２種活用において強語幹を用いる活用は共通し、次の３種類となる。

①　sg. Pres. / Impf. [P]

②　1st. sg. / du. / pl. Impv. [P], [Ā]

③　3rd. sg. Impv. [P]

その他はすべて弱語幹を用いる。

⑴　第２類〔TSG § 65; MSGS 127.1, 134.A〕

§ 126　第２類は語根に直接語尾を加えて活用する。強語幹の多くは語根母音の Guṇa 化、時には Vṛddhi 化で作られる。√ās / √īś など、長母音ではじまる長音節をもつ語根は語幹に強弱の区別をもたない。

①　√ Guṇa 化 (= 強語幹) + 語尾
②　√(= 弱語幹) + 語尾
③　√ 長母音ではじまる長音節 (強 / 弱なし) + 語尾

第２類動詞の基本活用例として √dviṣ の表を次ページにあげる。

§ 127　また、第２類に属する動詞には √as (ある) などのいくつかを除くと、決して使用頻度が高い重要なものが多いとはいえない。√as はいわゆる英語の be 動詞にあたる存在動詞で、本来 [P] として活用するが、複合未来 (Perph. Fut. § 183) において助動詞的に使用される場合には [Ā] と

第２類動詞基本活用表

第２類　√dviṣ（憎む）　強 dveṣ / 弱 dviṣ						
	[P]			[Ā]		
	sg.	du.	pl.	sg.	du.	pl.
直説法現在 (Pres.)						
1st.	dveṣmi	dviṣvaḥ	dviṣmaḥ	dviṣe	dviṣvahe	dviṣmahe
2nd.	dvekṣi	dviṣṭhaḥ	dviṣṭha	dvikṣe	dviṣāthe	dviḍḍhve
3rd.	dveṣṭi	dviṣṭaḥ	dviṣanti	dviṣṭe	dviṣāte	dviṣate
直説法過去 (Impf.)						
1st.	adveṣam	adviṣva	adviṣma	adviṣi	adviṣvahi	adviṣmahi
2nd.	adveṭ	adviṣṭam	adviṣṭa	adviṣṭhāḥ	adviṣāthām	adviḍḍhvam
3rd.	adveṭ	adviṣṭām	adviṣan adviṣuḥ*	adviṣṭa	adviṣātām	adviṣata
願望法 (Opt.)						
1st.	dviṣyām	dviṣyāva	dviṣyāma	dviṣīya	dviṣīvahi	dviṣīmahi
2nd.	dviṣyāḥ	dviṣyātam	dviṣyāta	dviṣīthāḥ	dviṣīyāthām	dviṣīdhvam
3rd.	dviṣyāt	dviṣyātām	dviṣyuḥ	dviṣīta	dviṣīyātām	dviṣīran
命令法 (Impv.)						
1st.	dveṣāṇi	dveṣāva	dveṣāma	dveṣai	dveṣāvahai	dveṣāmahai
2nd.	dviḍḍhi	dviṣṭam	dviṣṭa	dvikṣva	dviṣāthām	dviḍḍhvam
3rd.	dveṣṭu	dviṣṭām	dviṣantu	dviṣṭām	dviṣātām	dviṣatām

＊　同様に ā で終わる語根でも任意に -uḥ (<-ur) を用いることができる。例えば、√yā（行く）は ayān / ayuḥ となる。

しても活用する。

√as (ある)　強 as / 弱 s						
	[P]			[Ā]		
	sg.	du.	pl.	sg.	du.	pl.
直説法現在 (Pres.)						
1st.	asmi	svaḥ	smaḥ	he	svahe	smahe
2nd.	asi	sthaḥ	stha	se	sāthe	dhve
3rd.	asti	staḥ	santi	ste	sāte	sate
直説法過去 (Impf.)						
1st.	āsam	āsva	āsma	āsi	āsvahi	āsmahi
2nd.	āsīḥ	āstam	āsta	āsthāḥ	āsāthām	ādhvam
3rd.	āsīt	āstām	āsan	āsta	āsātām	āsata
願望法 (Opt.)						
1st.	syām	syāva	syāma	sīya	sīvahi	sīmahi
2nd.	syāḥ	syātam	syāta	sīthāḥ	sīyāthām	sīdhvam
3rd.	syāt	syātām	syuḥ	sīta	sīyātām	sīran
命令法 (Impv.)						
1st.	asāni	asāva	asāma	asai	asāvahai	asāmahai
2nd.	edhi	stam	sta	sva	sāthām	dhvam
3rd.	astu	stām	santu	stām	sātām	satām

§ 128　また、√i (行く) も重要である。単独では [P] で活用するが、接頭辞を伴って [Ā] で活用する場合、例えば adhi-√i (adhī) は、母音ではじまる語尾の前 (Pres. 1st. sg.、2nd. / 3rd. du.、3rd. pl.、Opt. all、Impv. 1st. sg.、all du.、1st. / 3rd. pl.) で、弱語幹が adhīy、強語幹が adhyay となる。また、Impf. ではオーグメントの a が付加されるので、母音ではじまる語尾の前 (1st. sg.、2nd. / 3rd. du.、3rd. pl.) で adhyaiy となる。

	√i (行く)　強 e / 弱 i, (y)			adhi-√i (学ぶ)　強 °e / 弱 °i, (y)		
	[P]			[Ā]		
	sg.	du.	pl.	sg.	du.	pl.
直説法現在 (Pres.)						
1st.	emi	ivaḥ	imaḥ	adhīye	adhīvahe	adhīmahe
2nd.	eṣi	ithaḥ	itha	adhīṣe	adhīyāthe	adhīdhve
3rd.	eti	itaḥ	yanti	adhīte	adhīyāte	adhīyate
直説法過去 (Impf.)						
1st.	āyam	aiva	aima	adhyaiyi	adhyaivahi	adhyaimahi
2nd.	aiḥ	aitam	aita	adhyaithāḥ	adhyaiyāthām	adhyaidhvam
3rd.	ait	aitām	āyan	adhyaita	adhyaiyātām	adhyaiyata
願望法 (Opt.)						
1st.	iyām	iyāva	iyāma	adhīyīya	adhīyīvahi	adhīyīmahi
2nd.	iyāḥ	iyātam	iyāta	adhīyīthāḥ	adhīyīyāthām	adhīyīdhvam
3rd.	iyāt	iyātām	iyuḥ	adhīyīta	adhīyīyātām	adhīyīran
命令法 (Impv.)						
1st.	ayāni	ayāva	ayāma	adhyayai	adhyayāvahai	adhyayāmahai
2nd.	ihi	itam	ita	adhīṣva	adhīyāthām	adhīdhvam
3rd.	etu	itām	yantu	adhītām	adhīyātām	adhīyatām

§ 129　√an (呼吸する)、√rud (泣く)、√śvas (呼吸する)、√svap (眠る) に加えられるべき語尾が、y 以外の子音ではじまる場合、語幹の末尾に i を挿入し、Impf. 2nd. / 3rd. sg. [P] の場合は a または ī を挿入する。Pres. sg. は rodimi, rodiṣi, roditi、pl. は rudimaḥ, ruditha, rudanti、Opt. は rudyām, etc.、Impv. sg. は rodāni, rudihi, roditu、Impf. sg. は arodam, arodaḥ / arodīḥ, arodat / arodīt となる。

また、もともと重字を伴って形成された語根 √jakṣ (食べる) や、√cakās (< √cakṣ 輝く)、jāgṛ (< √gṛ 目覚める)、daridrā (< √drā 貧窮する)

は３類動詞の活用にしたがい、Impf. 3rd. pl. をそれぞれ ajakṣuḥ、acakāsuḥ、adaridruḥ とする。

§ 130 √brū（言う）の強語幹は子音ではじまる語尾の前で bravī となる。Pres. [P] は sg. が bravīmi, bravīṣi, bravīti、pl. が brūmaḥ, brūtha, bruvanti、Impv. は bravāṇi, brūhi, bravītu、Impf. は abravam / abruvam, abravīḥ, abravīt となる。[Ā] は sg. が bruve, brūṣe, brūte、3rd. pl. は bruvate となる。

√īś（支配する）[Ā] と √īḍ（称讃する）[Ā] の語幹は Pres. と Impv. の 2nd. sg. の語尾（-se / sve）、pl. の語尾（-dhve / dhvam）の前で結合母音 -i- を挿む。例えば √īś では、Pres. は sg. が īśe, īśiṣe, īṣṭe、pl. が īśmahe, īśidhve, īśate、Impv. は sg. が īśai, īśiṣva, īṣṭām、pl. が īśāmahai, īśidhvam, īśatām となる。

§ 131 u で終わる語根の強語幹は、子音ではじまる語尾の前で Vṛddhi となる。√yu（繋ぐ）の Pres. sg. [P] は yaumi, yauṣi, yauti、Impf. は ayavam, ayauḥ, ayaut、3rd. pl. は ayuvan、Impv. は yavāni, yuhi, yautu となる。また、√stu（称讃する）は上記 √brū の活用にしたがって、強語幹を stavī とすることも可能である。例えば Pres. sg. [P] は staumi / stavīmi, stauṣi / stavīṣi, stauti / stavīti となる。√ru（吠える）も同様。

§ 132 √śī（横たわる）[Ā] の語幹は、常に Guṇa で強められた形をとる。また Pres. / Impf. / Impv. 3rd. pl. では語尾との間に -r- が挿入され、-rate / rata / ratām の語尾をもつ。Pres. は sg. が śaye, śeṣe, śete、pl. が śemahe, śedhve, śerate、Impf. は sg. が aśayi, aśethāḥ, aśeta、3rd. pl. は aśerata、Impv. は sg. が śayai, śeṣva, śetām、3rd. pl. は śeratām となる。

§ 133 √sū（生む）[Ā] は強語幹をもたない。したがって 1st. sg. Impv. は suvai となる。

§ 134 √vaś（求める）[P] の弱語幹はすべて uś となる。強語幹をとる Pres. sg. は vaśmi, vakṣi, vaṣṭi となり、弱語幹の 3rd. pl. では uśanti となる。

§ 135 √śās（命じる）[P] は Impv. 2nd. sg.（śā-dhi）を除いて、子音ではじまる語尾の前で弱語幹を śiṣ とする。母音ではじまる語尾をもつ Pres. / Impf. / Impv. 3rd. pl. は § 126 にしたがう。Pres. は sg. が śāsmi, śāssi, śāsti、 pl. が śiṣmaḥ, śiṣṭha, śāsati、Impf. は sg. が aśāsam, aśāḥ /aśāt, aśāt、pl. が aśiṣma, aśiṣṭa, aśāsuḥ、Opt. は śiṣyām, etc.、Impv. は sg. が śāsāni, śādhi (§ 48【備考 3】), śāstu、pl. が śāsāma, śiṣṭa, śāsatu となる。

√duh (搾る) は強語幹を doh、弱語幹を duh とするが、古形 gh に由来する h の内連声規則 (§ 49)、また語根形の絶対語末の規則 (§ 18) にしたがって形を変えることに注意を要する。Pres. sg. [P] は dohmi, dhokṣi (§ 18), dogdhi (§ 49)、pl. は duhmaḥ, dugdha, duhanti、Pres. sg. [Ā] は duhe, dhukṣe (§ 18), dugdhe (§ 49)、pl. は duhmahe, dhugdhve (§ 18), duhate となる。

√lih (舐める) の Pres. sg. [P] は lehmi, lekṣi, leḍhi (§ 49)、pl. は lihmaḥ, līḍha, lihanti、sg. [Ā] は lihe, likṣe, līḍhe、pl. は lihmahe, līḍhve, lihate となる。

§ 136　√han (殺す) は古形 ghan (§ 88) に由来し、その弱語幹は t あるいは th ではじまる語尾の前で ha (§ 45)、母音ではじまる語尾の前で ghn となる。Impv. 2nd. sg. [P] は jahi となる。Pres. sg. [P] は hanmi, haṃsi (§ 45), hanti、du. は hanvaḥ, hathaḥ, hataḥ、pl. は hanmaḥ, hatha, ghnanti、Impf. は sg. が ahanam, ahan, ahan、pl. が ahanma, ahata, aghnan、Opt. sg. が hanyām, etc.、Impv. は sg. が hanāni, jahi, hantu、pl. が hanāma, hata, ghnantu となる。

【補】その他、この第２類で重要な動詞には √ad (食べる) [P]、√ās (座る) [Ā]、√īr (動かす) [Ā]、√ūrṇu (包む)、√cakṣ (見る) [Ā]、√mṛj (ぬぐう) [P]、√yā (行く) [P]、√vac (言う) [P]、√vid (知る) [P] などがある (TSG note 52 参照)。

演習 9

1. śyenaḥ kapotānattīti sthitireṣā sanātanī ||
2. tyajata mānamalaṃ bata vigrahairna punareti gataṃ caturaṃ vayaḥ ||
3. nāsau dharmo yatra no satyamasti ||
4. sadbhireva sahāsīta ||
5. dhanyāste pṛthivīpālāḥ sukhaṃ ye niśi śerate ||

6. guṇī guṇaṃ vetti na vetti nirguṇaḥ ‖
7. pīḍākaramamitrāṇāṃ yatsyātkartavyameva tat ‖
8. yaṃ daṃṣṭrayā spṛśati taṃ kila hanti sarpaḥ ‖
9. gaccha gacchasi cetkānta panthānaḥ santu te śivāḥ ‖
10. paśuradya hṛto rājanpranaṣṭastava durnayāt |
 arakṣitāraṃ rājānaṃ ghnanti doṣā nareśvara ‖
11. kamale kamalā śete haraḥ śete himālaye |
 kṣīrābdhau ca hariḥ śete manye matkuṇaśaṅkayā ‖
12. patatu nabhaḥ sphuṭatu mahī calantu girayo milantu vāridhayaḥ |
 adharottaramastu jagatkā hānirvītarāgasya ‖

⑵ 第３類〔TSG § 66; MSGS 127.2, 129–130, 134.B〕

§ 137 第３類に属する語根は少なく、基本的に語根末が母音のものに限られる。語根は重字によって現在語幹を作り、強語幹は語幹末の母音をGuṇa 化して強める。

① 重字音節 + √ Guṇa 化 (= 強語幹) + 語尾
② 重字音節 + √(= 弱語幹) + 語尾

3rd. pl. Pres. / Impv. [P] は ati / atu の語尾をもつ。また、3rd. pl. Impf. [P] では語尾 -an に代わって -ur を用いる。

§ 138 第３類動詞の語根が重字するにあたり、語根の母音を短くして重字に用いられる。その場合、ṛ / ṝ は i に入れ替わる。√hu (供える) は juhu、√bhī (怖れる) は bibhī、√dhā (置く) は dadhā、√pṝ (満たす) は pipṝ、√bhṛ (担う) は bibhṛ となる。

§ 139 第３類動詞の基本活用例として √hu の表を次ページにあげる。

§ 140 √dā (与える)、√dhā (置く) の弱語幹は dad、dadh となる。ただ、2nd. sg. Impv. [P] は dehi、dhehi。また、後者 dadh は t / th / dhv / s ではじまる語尾の前で絶対語末の法則 (§ 18) が適用される。√dhā の Pres. [P] は sg. が dadhāmi, dadhāsi, dadhāti、pl. が dadhmaḥ, dhattha, dadhati、[Ā] は sg. が dadhe, dhatse, dhatte、pl. が dadhmahe, dhaddhve, dadhate となる。

第３類動詞基本活用表

第３類　√hu（供える）　強 juho / 弱 juhu						
	[P]			[Ā]		
	sg.	du.	pl.	sg.	du.	pl.
直説法現在（Pres.）						
1st.	juhomi	juhuvaḥ	juhumaḥ	juhve	juhuvahe	juhumahe
2nd.	juhoṣi	juhuthaḥ	juhutha	juhuṣe	juhvāthe	juhudhve
3rd.	juhoti	juhutaḥ	juhvati	juhute	juhvāte	juhvate
直説法過去（Impf.）						
1st.	ajuhavam	ajuhuva	ajuhuma	ajuhvi	ajuhuvahi	ajuhumahi
2nd.	ajuhoḥ	ajuhutam	ajuhuta	ajuhuthāḥ	ajuhvāthām	ajuhudhvam
3rd.	ajuhot	ajuhutām	ajuhavuḥ	ajuhuta	ajuhvātām	ajuhvata
願望法（Opt.）						
1st.	juhuyām	juhuyāva	juhuyāma	juhvīya	juhvīvahi	juhvīmahi
2nd.	juhuyāḥ	juhuyātam	juhuyāta	juhvīthāḥ	juhvīyāthām	juhvīdhvam
3rd.	juhuyāt	juhuyātām	juhuyuḥ	juhvīta	juhvīyātām	juhvīran
命令法（Impv.）						
1st.	juhavāni	juhavāva	juhavāma	juhavai	juhavāvahai	juhavāmahai
2nd.	juhudhi	juhutam	juhuta	juhuṣva	juhvāthām	juhudhvam
3rd.	juhotu	juhutām	juhvatu	juhutām	juhvātām	juhvatām

§ 141　√mā (量る) [Ā] は重字音節に i を用いる。弱語幹は子音の語尾の前で mimī となり、母音の語尾の前で mim となる。Pres. は mime, mimīṣe, mimīte、3rd. pl. は mimate、1st. Impf. は amimi、3rd. は amimīta、3rd. pl. は amimata となる。

§ 142　√hā (去る) [P] の弱語幹は子音の語尾の前で jahi または jahī となる。母音ではじまる語尾の前、もしくは Opt. の場合は jah となる。Pres. は sg. が jahāmi, jahāsi, jahāti、pl. が jahimaḥ / jahīmaḥ, jahitha / jahītha, jahati、Impf. 1st. sg. は ajahām、3rd. pl. は ajahuḥ、Opt. は jahyām, etc.、Impv. sg. は jahāni, jahihi / jahīhi / jahāhi, jahātu、pl. は jahāma, jahīta, jahatu となる。

⑶　第 5 類〔TSG § 67; MSGS 127.4, 134.C〕

§ 143　第 5 類は語根に no を加えて強語幹を作り、nu を加えて弱語幹を作る。

①	√ + no (= 強語幹) + 語尾
②	√ + nu / n (= 弱語幹) + 語尾

§ 144　√su (搾る) の強語幹は suno, 弱語幹は sunu となる。母音で終わる語根は v または m ではじまる語尾の前で弱語幹を作る nu を n とすることができる。Pres. 1st. du. [P] は sunuvaḥ / sunvaḥ、pl. は sunumaḥ / sunmaḥ、Pres. 1st. du. [Ā] は sunuvahe / sunvahe、pl. は sunumahe / sunmahe となる。Impf. も同様。2nd. sg. Impv. [P] は語尾をもたず sunu となる。また母音ではじまる語尾の前で nv となる。Pres. 3rd. pl. [P] の sunvanti など。

この √su の表を第 5 類動詞の基本活用例として次ページにあげる。

ただし、子音で終わる語根では u を省くことができず、Pres. 3rd. pl. [P] では語尾 -anti の前でその u を uv に変化して nuv とする。このような語根の 2nd. sg. Impv. [P] の語尾は -hi が用いられる。√āp (得る) は Pres. 1st. du. [P] が āpnuvaḥ、pl. が āpnumaḥ、3rd. pl. Pres. は āpnuvanti (§ 37)。2nd. sg. Impv. [P] は āpnuhi となる。

第 5 類動詞基本活用表

第 5 類　√su (搾る)　強 suno / 弱 sunu

	[P]			[Ā]		
	sg.	du.	pl.	sg.	du.	pl.
直説法現在 (Pres.)						
1st.	sunomi	sunuvaḥ sunvaḥ	sunumaḥ sunmaḥ	sunve	sunuvahe sunvahe	sunumahe sunmahe
2nd.	sunoṣi	sunuthaḥ	sunutha	sunuṣe	sunvāthe	sunudhve
3rd.	sunoti	sunutaḥ	sunvanti	sunute	sunvāte	sunvate
直説法過去 (Impf.)						
1st.	asunavam	asunuva asunva	asunuma asunma	asunvi	asunuvahi asunvahi	asunumahi asunmahi
2nd.	asunoḥ	asunutam	asunuta	asunuthāḥ	asunvāthām	asunudhvam
3rd.	asunot	asunutām	asunvan	asunuta	asunvātām	asunvata
願望法 (Opt.)						
1st.	sunuyām	sunuyāva	sunuyāma	sunvīya	sunvīvahi	sunvīmahi
2nd.	sunuyāḥ	sunuyātam	sunuyāta	sunvīthāḥ	sunvīyāthām	sunvīdhvam
3rd.	sunuyāt	sunuyātām	sunuyuḥ	sunvīta	sunvīyātām	sunvīran
命令法 (Impv.)						
1st.	sunavāni	sunavāva	sunavāma	sunavai	sunavāvahai	sunavāmahai
2nd.	sunu	sunutam	sunuta	sunuṣva	sunvāthām	sunudhvam
3rd.	sunotu	sunutām	sunvantu	sunutām	sunvātām	sunvatām

⑷　第８類〔TSG § 68; MSGS 127.5, 134.E〕

§ 145　第８類は語根に o を加えて強語幹を作り、u を加えて弱語幹を作る。その u は v あるいは m ではじまる語尾の前で省くことができる。

①　√ + o (= 強語幹) + 語尾
②　√ + u / — (= 弱語幹) + 語尾

この類に属する語根は非常に少なく、√kṛ 以外はすべて n を語末とする語根である。√tan (拡げる) は強語幹が tano、弱語幹が tanu となる。したがって実際の活用における変化形は第５類と共通し、前ページにあげた活用表を代用できる。

§ 146　この第８類においては、n の語根末をもたない √kṛ (なす) が最も重要な語根となる。強語幹は karo、弱語幹は kuru となり、弱語幹は m / y / v ではじまる語尾の前で kur となる。

第８類　√kṛ (なす)　強 karo / 弱 kuru, kur

	[P]			[Ā]		
	sg.	du.	pl.	sg.	du.	pl.
直説法現在 (Pres.)						
1st.	karomi	kurvaḥ	kurmaḥ	kurve	kurvahe	kurmahe
2nd.	karoṣi	kuruthaḥ	kurutha	kuruṣe	kurvāthe	kurudhve
3rd.	karoti	kurutaḥ	kurvanti	kurute	kurvāte	kurvate
直説法過去 (Impf.)						
1st.	akaravam	akurva	akurma	akurvi	akurvahi	akurmahi
2nd.	akaroḥ	akurutam	akuruta	akuruthāḥ	akurvāthām	akurudhvam
3rd.	akarot	akurutām	akurvan	akuruta	akurvātām	akurvata
願望法 (Opt.)						
1st.	kuryām	kuryāva	kuryāma	kurvīya	kurvīvahi	kurvīmahi
2nd.	kuryāḥ	kuryātam	kuryāta	kurvīthāḥ	kurvīyāthām	kurvīdhvam
3rd.	kuryāt	kuryātām	kuryuḥ	kurvīta	kurvīyātām	kurvīran

命令法 (Impv.)

1st.	karavāṇi	karavāva	karavāma	karavai	karavāvahai	karavāmahai
2nd.	kuru	kurutam	kuruta	kuruṣva	kurvāthām	kurudhvam
3rd.	karotu	kurutām	kurvantu	kurutām	kurvātām	kurvatām

⑸　第7類〔TSG § 69; MSGS 127.3, 134.D〕

§ 147　第7類は語根末子音の前に na を挿んで強語幹を作り、n を挿んで弱語幹を作る。

①	√+ na - 語根末子音 (= 強語幹) + 語尾
②	√+ n - 語根末子音 (= 弱語幹) + 語尾

第7類の基本活用例として √bhid の表を次ページにあげる。

このnは語根末の子音と同化し、歯擦音 / h の前で ṃ となる。√bhid (破る) の強語幹は bhinad、弱語幹 bhind、√yuj (繫ぐ) の強語幹は yunaj、弱語幹は yuñj、√piṣ (砕く) の強語幹は pinaṣ、弱語幹は piṃṣ となる。したがって √yuj (繫ぐ) は Pres. が sg. が yunajmi, yunakṣi, yunakti、pl. が yuñjmaḥ, yuṅktha, yuñjanti となる。√piṣ (砕く) [P] は Pres. は sg. が pinaṣmi, pinakṣi, pinaṣṭi、pl. が piṃṣmaḥ, piṃṣṭha, piṃṣanti となる。

【補】もし語根末の子音に鼻音が先立つ場合、その弱語幹は語根の形となる。√hiṃs (害する) [P] の強語幹は hinas、弱語幹は hiṃs となる。√añj (油を塗る) [P]、√bhañj (粉砕する) [P]、√und (濡らす) [P] も同様。√tṛh (つぶす) [P] の強語幹は語尾の母音の前で tṛṇah、子音の前で tṛṇeh となる。

⑹　第9類〔TSG § 70; MSGS 127.6, 134.F〕

§ 148　第9類は語根に nā を加えて強語幹を作り、子音ではじまる語尾の前では nī、母音ではじまる語尾の前には n を加えて弱語幹を作る。

①	√ + nā (= 強語幹) + 語尾
②	√ + nī / n (= 弱語幹) + 語尾

第9類動詞の基本活用例として √aś の表を p. 89 にあげる。

第７類動詞の基本活用表

	第７類　√bhid（破る）　強 bhinad / 弱 bhind					
	[P]			[Ā]		
	sg.	du.	pl.	sg.	du.	pl.
	直説法現在（Pres.）					
1st.	bhinadmi	bhindvaḥ	bhindmaḥ	bhinde	bhindvahe	bhindmahe
2nd.	bhinatsi	bhintthaḥ	bhinttha	bhintse	bhindāthe	bhinddhve
3rd.	bhinatti	bhinttaḥ	bhindanti	bhintte	bhindāte	bhindate
	直説法過去（Impf.）					
1st.	abhinadam	abhindva	abhindma	abhindi	abhindvahi	abhindmahi
2nd.	abhinat	abhinttam	abhintta	abhintthāḥ	abhindāthām	abhinddhvam
3rd.	abhinat	abhinttām	abhindan	abhintta	abhindātām	abhindata
	願望法（Opt.）					
1st.	bhindyām	bhindyāva	bhindyāma	bhindīya	bhindīvahi	bhindīmahi
2nd.	bhindyāḥ	bhindyātam	bhindyāta	bhindīthāḥ	bhindīyāthām	bhindīdhvam
3rd.	bhindyāt	bhindyātām	bhindyuḥ	bhindīta	bhindīyātām	bhindīran
	命令法（Impv.）					
1st.	bhinadāni	bhinadāva	bhinadāma	bhinadai	bhinadāvahai	bhinadāmahai
2nd.	bhinddhi	bhinttam	bhintta	bhintsva	bhindāthām	bhinddhvam
3rd.	bhinattu	bhinttām	bhindantu	bhinttām	bhindātām	bhindatām

第９類動詞基本活用表

第９類　√aś（食べる）　強 aśnā / 弱 aśnī, aśn						
	[P]			[Ā]		
	sg.	du.	pl.	sg.	du.	pl.
直説法現在 (Pres.)						
1st.	aśnāmi	aśnīvaḥ	aśnīmaḥ	aśne	aśnīvahe	aśnīmahe
2nd.	aśnāsi	aśnīthaḥ	aśnītha	aśnīṣe	aśnāthe	aśnīdhve
3rd.	aśnāti	aśnītaḥ	aśnanti	aśnīte	aśnāte	aśnate
直説法過去 (Impf.)						
1st.	āśnām	āśnīva	āśnīma	āśni	āśnīvahi	āśnīmahi
2nd.	āśnāḥ	āśnītam	āśnīta	āśnīthāḥ	āśnāthām	āśnīdhvam
3rd.	āśnāt	āśnītām	āśnan	āśnīta	āśnātām	āśnata
願望法 (Opt.)						
1st.	aśnīyām	aśnīyāva	aśnīyāma	aśnīya	aśnīvahi	aśnīmahi
2nd.	aśnīyāḥ	aśnīyātam	aśnīyāta	aśnīthāḥ	aśnīyāthām	aśnīdhvam
3rd.	aśnīyāt	aśnīyātām	aśnīyuḥ	aśnīta	aśnīyātām	aśnīran
命令法 (Impv.)						
1st.	aśnāni	aśnāva	aśnāma	aśnai	aśnāvahai	aśnāmahai
2nd.	aśāna	aśnītam	aśnīta	aśnīṣva	aśnāthām	aśnīdhvam
3rd.	aśnātu	aśnītām	aśnantu	aśnītām	aśnātām	aśnatām

√aś（食う）の強語幹は aśnā、弱語幹 aśnī、母音の前では aśn となる。また、子音で終わる語根は 2nd. sg. Impv. [P] で語根に語尾 āna を直接添える。したがって√aś の場合は aśāna となる。しかし語根が母音で終わる√krī（買う）は krīṇīhi となる。√prī（喜ばす）、√śrī（混ぜる）なども同様。

§ 149　語根の中に鼻音がある場合は、その鼻音を取りさって語幹を作る。√bandh（縛る）は強語幹 badhnā、弱語幹 badhnī, badhn に、√manth（攪拌する）は強語幹 mathnā、弱語幹 mathnī, mathn に、√jñā（知る）も強語幹 jānā、弱語幹 jānī, jān となる。

また、√grah（つかむ）は強語幹が gṛhṇā、弱語幹が gṛhṇī / gṛhn となる。

§ 150　語根が ū で終わる場合、短母音 u に変えて語幹を作る。√dhū（つかむ）、√pū（清める）、√lū（断つ）はそれぞれ強語幹が dhunā / punā / lunā となり、弱語幹が dhunī / punī / lunī あるいは dhun / pun / lun となる。同様に ṝ には ṛ を用いる。√stṝ（覆う）は強語幹が stṛṇā、弱語幹が stṛṇī, stṛn となる。また、√jyā（勝利する）[P] は強語幹が jinā、弱語幹が jinī, jin となる。

演習 10

1. aṇḍāni bibhrati svāni na bhindanti pipīlikāḥ ||
2. strīvṛndamiva mandasya dunoti kavitā manaḥ ||
3. nīco vadati na kurute na vadati sujanaḥ karotyeva ||
4. te dhanyā ye na śṛṇvanti dīnāḥ praṇayināṃ giraḥ ||
5. yatsvādhīnaṃ yadapi sulabhaṃ tena tuṣṭiṃ vidhehi[1] ||
6. kaḥ śaktimānapi mṛgāṅkamūrtiṃ śilāpaṭṭake pinaṣṭi ||
7. ahireva hyaheḥ pādānvijānīyānna saṃśayaḥ[1] ||
8. svakīyānbhuñjate matsyāḥ svāpatyāni phaṇādharāḥ ||
9. ā kalyādā niśīthācca kukṣyarthaṃ vyāpriyāmahe[2] |
   na ca nirvṛṇumo jātu śāntāstu sukhamāsate ||
10. tejohīne mahīpāle sve pare ca vikurvate[1] |
    niḥśaṅko hi jano dhatte padaṃ bhasmanyanūṣmaṇi ||

11. jānāte yanna candrārkau jānate yanna yoginaḥ |
jānīte yanna bhargo ’pi tajjānāti kaviḥ svayam ||
12. śataṃ dadyānna vivadediti[1] vijñasya saṃmatam |
vinā hetumapi dvandvametanmūrkhasya lakṣaṇam ||

[1] vi-√(§ 229)。[2] vi-ā-√(§ 229)。

2.　現在以外の時制の組織

§ 151　現在以外の時制の組織、あるいはまた準動詞 (§§ 205 ff.) において、子音、あるいは y を除く半母音ではじまる接尾辞を語根に加えて語幹を作る場合、i (希に ī) を挿入して接尾辞を付加する場合がある。この挿入母音 i のことを術語で iṭ と呼ぶ。例えば √bhid (破る) の 3rd. sg. Fut. [P] は bhetsyati、不定詞 (= Inf.) は bhettum となるが、√pat (落ちる) は i を加えて語幹を pati とする。Fut. は patiśyati、Inf. は patitum、√grah (つかむ) の Fut. は grahīṣyati、Inf. は grahītum となる。

【補】このような状況をふまえてインドの文法家は語根を seṭ (sa-iṭ = i を伴うもの)、aniṭ (an-iṭ = i を伴わないもの)、veṭ (vā-iṭ = 任意に i を伴うもの) に分類する。aniṭ 語根は多少の例外もあるが、ū / ṝ を除く母音で終わる単音節の語根の大部分と、単子音で終わるおよそ 100 種の語根を指す (MPGS 394, 400–414; TSG note 49 参照)。veṭ 語根にはおよそ 30 種があげられる (MPGS 395–399, 415; TSG p. 113 参照)。seṭ 語根はそれら以外のものを呼ぶ (MPGS 395–399, 415; TSG p. 113 参照)。この区分はアオリストにおいて最も守られるが、サンスクリット文法全体から見ると決して絶対性のあるものではなく、それぞれの活用における語根の扱い方に注意すべきである。

A　アオリスト組織〔TSG § 72; MSGS 141〕

§ 152　アオリスト (= Aor.) は、オーグメントの a を加えた語幹に第 2 語尾を付加して活用する。語幹の組み立て方によって、(1) 単純 Aor.、(2) 歯擦音 Aor. の 2 種類に大別される。単純 Aor. は、〔i〕語根に直接語尾が付加される語根 -Aor.、〔ii〕a を挿む a-Aor.、〔iii〕重字音節と a の挿入によっ

て語幹を作る重字 -Aor. の 3 種類があり、歯擦音 Aor. には語尾の前に挿入する接辞の種類によって、〔iv〕 s-Aor.、〔v〕 iṣ-Aor.、〔vi〕 siṣ-Aor.、〔vii〕 sa-Aor. の 4 種類がある。語尾は Impf. と同じであるが、語幹末が母音になる〔ii〕、〔iii〕、〔vii〕を除いて 3rd. pl. [P] の語尾が -uḥ (< -ur) となる。これら 7 種の接辞 + 語尾の特徴は、sg. [P] のそれぞれの人称に表れる。

			アオリスト名	1st., 2nd., 3rd. sg. [P]	3rd. pl. [P]
(1)	単純アオリスト (Simple Aorist)	〔i〕	語根 -Aor.	-am, -ḥ, -t	-*uḥ*
		〔ii〕	a-Aor.	-am, -aḥ, -at	-an
		〔iii〕	重字 -Aor.	-am, -aḥ, -at	-an
(2)	歯擦音アオリスト (Sigmatic Aorist)	〔iv〕	s-Aor.	-sam, -sīḥ, -sīt	-s*uḥ*
		〔v〕	iṣ-Aor.	-iṣam, -īḥ, -īt	-iṣ*uḥ*
		〔vi〕	siṣ-Aor.	-siṣam, -sīḥ, -sīt	-siṣ*uḥ*
		〔vii〕	sa-Aor.	-sam, -saḥ, -sat	-san

【補】語幹が a で終わる〔ii〕、〔iii〕、〔vii〕には第 1 種活用の Impf. の語尾が、歯擦音で終わる〔iv〕、〔v〕、〔vi〕には第 2 種活用の Impf. の語尾が使用される。また、〔i〕語根 -Aor. は基本的に第 2 種活用の Impf. の語尾を用い、3rd. pl. [P] は -uḥ (√bhū では -an) とする (§ 153 参照)。

【補 2】インドの文法家によれば Aor. は「その日」の出来事について使用され、それ以前の出来事を示す Impf. や Pf. と区別される。しかしこの規定は実際には守られず、Aor. もただの過去時制の 1 つとなっているが、近い過去を表す傾向はある程度文学作品に残されている。

(1) 単純アオリスト

〔i〕 語根 - アオリスト〔TSG § 73; MSGS 148〕

§ 153 語根 -Aor. は語根に直接第 2 語尾 (基本的に第 2 種活用 Impf. [P]) を付加する。3rd. pl. は -uḥ となり、その前の語根母音は消滅する。特例として √bhū の 3rd. pl. の語尾は -an となる (次ページ表参照)。

① a + √ + 第２語尾 (第２種活用 Impf.) [P] (-uḥ 形)

このアオリストは ā で終わる語根、√gā (行く)、√ghrā (嗅ぐ)、√dā (与える)、√dhā (置く)、√pā (飲む)、√sthā (留まる)、あるいは ā と同様に扱われる語根、√dhe (吸う)、√cho (切る)、√do (切り離す)、√śo (鋭くする)、√so (結ぶ)、または √bhū (なる) にのみに用いられ、[P] の活用を作る。それ以外の語根は極めて稀である。

	√dā (与える)　語幹 adā [P]			√bhū (なる)　語幹 abhū [P]		
	sg.	du.	pl.	sg.	du.	pl.
1st.	adām	adāva	adāma	abhūvam	abhūva	abhūma
2nd.	adāḥ	adātam	adāta	abhūḥ	abhūtam	abhūta
3rd.	adāt	adātām	aduḥ	abhūt	abhūtām	*abhūvan*

この活用は [P] に限られるので、[Ā] の活用が必要な場合、語根 (√dā / √dhā / √sthā) は〔iv〕s-Aor. を用いる。√bhū は〔v〕iṣ-Aor. で活用する。

〔ii〕 a- アオリスト〔TSG § 74; MSGS 147〕

§ 154　a-Aor. は語根に a を加え、第２語尾 (第１種活用 Impf. と同じ) で活用する。多数の４類の語根と、変則語幹をもつ１類、６類 (§ 123) の中のいくつかと[1]、その他若干の語根がこの形式をとる。(TSG § 74 参照)。

① a + √ + a + 第２語尾 (第１種活用 Impf.)

語根末の ṛ / ṝ は ar となる。また語根内の鼻音は消滅する。√lip (塗る) の 1st. sg. [P] は alipam、[A] は alipe (Impf. [P] alimpam, [Ā] alimpe)、√sṛ (疾走する) は asaram、√bhraṃś (落ちる) は abhraśam となる。しかし √śās (命じる) は aśiṣam (Impf. aśāsam) となる。

1) √ṛ / √gam / √muc / √lip / √vid / √śvi / √sad / √sic / √hve など。

√sic (注ぐ)　語幹 asica						
	[P]			[Ā]		
	sg.	du.	pl.	sg.	du.	pl.
1st.	asicam	asicāva	asicāma	asice	asicāvahi	asicāmahi
2nd.	asicaḥ	asicatam	asicata	asicathāḥ	asicethām	asicadhvam
3rd.	asicat	asicatām	asican	asicata	asicetām	asicanta

〔iii〕 重字 - アオリスト〔TSG § 75; MSGS 149〕

§ 155　重字 -Aor. のみで活用する語根は √śri (赴く)、√dru (走る) 以外に極めて少なく、この形式を最も多く用いるのは第 10 類の動詞、使役活用法 (= caus.) ならびに名称詞由来動詞 (= Den.) である。これらの動詞においては語幹の接尾辞 aya を取り去り (§ 121 (4)の【備考】)、上記 a-Aor. と同様 a を加えて第 2 語尾 (第 1 種活用 Impf. と同じ) で活用する。

① a + 重字語幹 (第 10 類 / caus. / Den.) ~~aya~~
+ a + 第 2 語尾 (第 1 種活用 Impf.)

重字と語根の母音は同一ではなく、もし語根が中間に a をもつ場合、または ā / ṛ / ṝ で終わる場合、多くは i または ī を重字母音とする。(語幹の韻律 ◡ — ◡ を守るために i / ī どちらかを使用)。また、語根末の i / u は語幹母音 a の前で iy / uv となる。その他、重字を除く語幹部分は上記 a-Aor. (§ 154) と同じである。10√cur (盗む) の 1st. sg. [P] は acūcuram、√pṝ (救う) caus. は apīparam、√nī (導く) caus. は anīnayam、√yuj (繋ぐ) caus. は ayūyujam、√sthā (留まる) caus. は atiṣṭhipam、Den. gaṇaya (計算する) は ajīgaṇam となる。

√śri (赴く)　語幹 aśiśriya						
	[P]			[Ā]		
	sg.	du.	pl.	sg.	du.	pl.
1st.	aśiśriyam	aśiśriyāva	aśiśriyāma	aśiśriye	aśiśriyāvahi	aśiśriyāmahi

2nd.	aśiśriyaḥ	aśiśriyatam	aśiśriyata	aśiśriyathāḥ	aśiśriyethām	aśiśriyadhvam
3rd.	aśiśriyat	aśiśriyatām	aśiśriyan	aśiśriyata	aśiśriyetām	aśiśriyanta

§ 156　√naś (失う) は重字を失って 1st. sg. [P] が aneśam (§ 172 参照) となる。√pat (落ちる) は apaptam、√vac (言う) は avocam となる。

⑵　歯擦音アオリスト〔MSGS 141.a, 142〕

§ 157　歯擦音アオリストには強語幹 (Vṛddhi をもつもの)、中語幹 (Guṇa をもつもの)、そして弱語幹がある。このアオリストには、〔iv〕語根に直接 s を加える s-Aor.、〔v〕i または希に ī を加えた語根に s を付加する iṣ-Aor.、〔vi〕語根に siṣ を加える siṣ-Aor.、そして〔vii〕語根に sa を加える sa-Aor. の 4 種類がある。

〔iv〕　s- アオリスト〔TSG § 76; MSGS 143–144〕

§ 158　s-Aor. は語根に直接 s を加える。語幹は [P] で語根母音が Vṛddhi 化し、[Ā] では i / ī / u / ū にて終わる語根は Guṇa 化し、ṛ または子音で終わる語根は平韻となる。第 2 語尾 (第 2 種活用 Impf. と同じ) で活用するが、sg. [P] はそれぞれ -sam, -sīḥ, -sīt、3rd. pl. [P] は -suḥ となる。

①　a + √ 母音 (Vṛddhi) + s + 第 2 語尾 (第 2 種活用 Impf.) [P] (-uḥ 形)
②　a + √ -i / ī / u / ū (Guṇa) + s + 第 2 語尾 (第 2 種活用 Impf.) [Ā]
③　a + √ -ṛ / 子音 (平韻) + s + 第 2 語尾 (第 2 種活用 Impf.) [Ā]

√śru (聞く) は [P] が aśrauṣ、[Ā] が aśroṣ、√kṛ (なす) は [P] が akārṣ、[Ā] が akṛṣ、√ bhaj (分ける) は [P] が abhākṣ、[Ā] が abhakṣ となる。√dṛś (見る)、√sṛj (放出する) は rā を Vṛddhi とし、[P] が adrākṣ、asrākṣ となる[1)]。

また、t あるいは th にてはじまる語尾の前にくる s が、単母音、鼻音および r 以外の子音の後ろに位置する場合は省略される。例えば √kṛ (なす)

1)　語根末の s が s の前で t になる場合がある。例えば √vas の 3rd. sg. [P] は avātsīt となる。

の 3rd. sg. [Ā] は akṛta、√kṣip (投げる) は akṣipta となるが、√man (考える) は amaṃsta (§ 45 ④) となる。

√tud (打つ) 語幹 [P] atauts [Ā] atuts						
	[P]			[Ā]		
	sg.	du.	pl.	sg.	du.	pl.
1st.	atautsam	atautsva	atautsma	atutsi	atutsvahi	atutsmahi
2nd.	atautsīḥ	*atauttam*	*atautta*	*atutthāḥ*	atutsāthām	*atuddhvam*
3rd.	atautsīt	*atauttām*	atautsuḥ	*atutta*	atutsātām	atutsata

§ 159 また ā 以外の母音の後ろでは dhvam の前にある s が消滅し、dhvam は ḍhvam となる (§ 44)。√nī (導く) の 2nd. pl. [Ā] は aneḍhvam となる。

√nī (導く) 語幹 [P] anaiṣ [Ā] aneṣ						
	[P]			[Ā]		
	sg.	du.	pl.	sg.	du.	pl.
1st.	anaiṣam	anaiṣva	anaiṣma	aneṣi	aneṣvahi	aneṣmahi
2nd.	anaiṣīḥ	anaiṣṭam	anaiṣṭa	aneṣṭhāḥ	aneṣāthām	*aneḍhvam*
3rd.	anaiṣīt	anaiṣṭām	anaiṣuḥ	aneṣṭa	aneṣātām	aneṣata

同様に √kṛ (なす) も 2nd. pl. [Ā] で akṛḍhvam となる。

【補】√rudh (阻止する) は連声によって、sg. [P] が 1st. arautsam, 2nd. arautsīḥ, 3rd. arautsīt、du. が 1st. arautsva, 2nd. arauddham, 3rd. arauddhām、pl. が 1st. arautsma, 2nd. arauddha, 3rd. arautsuḥ、sg. [Ā] が 1st. arutsi, 2nd. aruddhāḥ, 3rd. aruddha、du. が 1st. arutsvahi, 2nd. arutsāthām, 3rd. arutsātām、pl. が 1st. arutsmahi, 2nd. aruddhvam, 3rd. arutsata となる。また、√dah (焼く) は sg. [P] が 1st. adhākṣam, 2nd. adhākṣīḥ, 3rd. adhākṣīt、du. が 1st. adhākṣva, 2nd. adāgdham, 3rd. adhāgdhām、pl. が 1st. adhākṣma, 2nd. adāgdha, 3rd. adhākṣuḥ、 sg. [Ā] が 1st. adhakṣi, 2nd. adagdhāḥ, 3rd. adagdha、du. が 1st. adhakṣvahi, 2nd. adhakṣāthām, 3rd. adhakṣātām、pl. が 1st. adhakṣmahi, 2nd. adhagdhvam, 3rd. adhakṣata となる。

〔v〕 iṣ- アオリスト〔TSG § 77; MSGS 145〕

§ 160　iṣ-Aor. は人称語尾の前に iṣ、希に īṣ を挿入し、上記〔iv〕と同様に活用する。したがって、sg. [P] はそれぞれ -iṣam, -īḥ, -īt となり、3rd. pl. [P] は -iṣuḥ となる。語幹は母音で終わる語根の場合、[P] では Vṛddhi となり、[Ā] では Guṇa となる。

①　a + √- 母音 (Vṛddhi) + iṣ / īṣ + 第 2 語尾 (第 2 種活用 Impf.) [P] (-uḥ 形)
②　a + √- 母音 (Guṇa) + iṣ / īṣ + 第 2 語尾 (第 2 種活用 Impf.) [Ā]

√lū (断つ) は [P] が alāviṣ、[Ā] が alaviṣ となる。語根母音 a に単子音が続く場合、[P] では随意に Vṛddhi とすることができる。√paṭh (学ぶ) は apāṭh あるいは apaṭh となる。しかし m / y / h が続く場合には [P] でも Vṛddhi 化しない。√grah (つかむ) の語幹は agrahīṣ、√kram (歩く) は akramiṣ となる。また、ar / al で終わる語根、ならびに √vad (告げる)、√vraj (行く) は常に Vṛddhi ā となる。a 以外の短母音が単子音の前に位置する場合は [P] / [Ā] ともに Guṇa となる。√budh (覚る) は abodhiṣ となる。

一般に aniṭ 語根が上記〔iv〕s-Aor. で活用するのに対して、seṭ 語根、veṭ 語根がこの iṣ-Aor. で活用する。

√lū (断つ)　語幹　[P] alāviṣ　[Ā] alaviṣ						
	[P]			[Ā]		
	sg.	du.	pl.	sg.	du.	pl.
1st.	alāviṣam	alāviṣva	alāviṣma	alaviṣi	alaviṣvahi	alaviṣmahi
2nd.	alāvīḥ	alāviṣṭam	alāviṣṭa	alaviṣṭhāḥ	alaviṣāthām	alavidhvam alaviḍhvam*
3rd.	alāvīt	alāviṣṭām	alāviṣuḥ	alaviṣṭa	alaviṣātām	alaviṣata

*　2nd. pl. [Ā] の語尾 -dhvam を -ḍhvam としないことがある。

〔vi〕 siṣ- アオリスト〔TSG § 78; MSGS 146〕

§ 161 siṣ-Aor. は ā で終わる語根、あるいはそれに準じる語根に siṣ を加えて語幹を作り、[P] のみで活用する。 sg. [P] はそれぞれ -siṣam, -sīḥ, -sīt となり、3rd. pl. [P] は -siṣuḥ となる。

① a + √ + siṣ + 第 2 語尾 (第 2 種活用 Impf.) [P] (-uḥ 形)

√yā (行く) は ayāsiṣ、√gai (歌う) は agāsiṣ、√mī (変える) は amāsiṣ、√lī (付着する) は alāsiṣ、√nam (曲げる) は anaṃsiṣ、√yam (抑制する) は ayaṃsiṣ、√ram (好む) は araṃsiṣ など。

	√yā (行く) 語幹 [P] ayāsiṣ			√ram (好む) 語幹 [P] araṃsiṣ		
	sg.	du.	pl.	sg.	du.	pl.
1st.	ayāsiṣam	ayāsiṣva	ayāsiṣma	araṃsiṣam	araṃsiṣva	araṃsiṣma
2nd.	ayāsīḥ	ayāsiṣṭam	ayāsiṣṭa	araṃsīḥ	araṃsiṣṭam	araṃsiṣṭa
3rd.	ayāsīt	ayāsiṣṭām	ayāsiṣuḥ	araṃsīt	araṃsiṣṭām	araṃsiṣuḥ

〔vii〕 sa- アオリスト〔TSG § 79; MSGS 141.a〕

§ 162 sa-Aor. は a あるいは ā 以外の短母音 i / u / ṛ で先立たれ ś / ṣ / h で終わる語根にのみ用いられる。母音は常に変化せず平韻のまま使用される。

① a + √ + sa + 第 2 語尾 (第 1 種活用 Impf.) [P] / [Ā]

接尾辞の sa は語根末子音と結合して kṣa となる。また h で終わる語根は絶対語末の規則 (§ 18) にしたがって変化する。√guh (覆う) の語幹は aghukṣa となる。

sa-Aor. は第 1 種活用 Impf. と同じ変化をするが、1st. sg. [Ā] は語幹末 kṣa の a を取って語尾 i を加え -kṣi となる。また、2nd. 3rd. du. [Ā] は第 2 種活用 Impf. のように -kṣāthām. -kṣātām となる。

√diś (示す)　語幹　adikṣa						
	[P]			[Ā]		
	sg.	du.	pl.	sg.	du.	pl.
1st.	adikṣam	adikṣāva	adikṣāma	adikṣi	adikṣāvahi	adikṣāmahi
2nd.	adikṣaḥ	adikṣatam	adikṣata	adikṣathāḥ	adikṣāthām	adikṣadhvam
3rd.	adikṣat	adikṣatām	adikṣan	adikṣata	adikṣātām	adikṣanta

√guh (覆う)　語幹　aghukṣa						
	[P]			[Ā]		
	sg.	du.	pl.	sg.	du.	pl.
1st.	aghukṣam	aghukṣāva	aghukṣāma	aghukṣi	aghukṣāvahi aguhvahi*	aghukṣāmahi
2nd.	aghukṣaḥ	aghukṣatam	aghukṣata	aghukṣathāḥ agūḍhāḥ*	aghukṣāthām	aghukṣadhvam aghūḍhvam*
3rd.	aghukṣat	aghukṣatām	aghukṣan	aghukṣata agūḍha*	aghukṣātām	aghukṣanta

＊　h で終わる語根 √guh (覆う)、√dih (塗る)、√duh (搾る)、√lih (舐める) は、2nd. 3rd. sg. / 1st. du. / 2nd. pl. [Ā] で sa を任意に省略できる。

⑶　祈願法〔TSG § 80; MSGS 150〕

§ 163　アオリスト組織に属する Opt. を祈願法 (Precative = Prec.) と呼び、「～されんことを」などの祈願、祝福を表す。語幹は [P] で Opt. の接尾辞 yā と人称語尾の間に s を、[Ā] で Opt. の接尾辞 ī の前に s を挿む。

①　√ + 接尾辞 yā + s + 語尾 (第２種活用 Opt.) [P]
②　√ + s + 接尾辞 ī + 語尾 (第２種活用 Opt.) [Ā]

また、seṭ 語根では必ず、veṭ 語根では任意に -i- を語根末に挿入する。その形を人称語尾とともに示すと次のようになる。

祈願法の接尾辞と語尾

	[P]			[Ā]		
	sg.	du.	pl.	sg.	du.	pl.
1st.	-yāsam	-yāsva	-yāsma	-(i)sīya	-(i)sīvahi	-(i)sīmahi
2nd.	-yās	-yāstam	-yāsta	-(i)sīṣṭhās	-(i)sīyāsthām	-(i)sīdhvam -(i)sīḍhvam*
3rd.	-yāt	-yāstām	-yāsur	-(i)sīṣṭa	-(i)sīyāstām	-(i)sīran

* a / ā 以外の母音、あるいは r に続く場合、h で終わる seṭ 語根の場合、そして任意に用いられる場合がある。

語幹を作るに際して、[P] では、語根が ā で終わるか、あるいはそれに準ずる母音をもつ語根の場合、それらの母音は e に変わる。前者には √dā (与える)、√dhā (置く)、√pā (飲む)、√mā (量る)、√sthā (留まる)、√hā (捨てる) などがあり、後者には √dhe (吸う)、√gai (歌う)、√do (切る)、√so (結ぶ) などがある。また、後者で語根が複数子音ではじまる場合には e / ā のどちらを用いることもできる。したがって、√glai (疲れる) の語幹は、gleyās / glāyās となる。

[Ā] では、語幹の母音は大抵 Guṇa 化する。aniṭ 語根の場合、語根末の i / ī / u / ū は Guṇa 化し、また、ṝ は īr (唇音の前では ūr) となることがある。その他の母音は変化しない。

√bhū (なる)

	[P]			[Ā]		
	sg.	du.	pl.	sg.	du.	pl.
1st.	bhūyāsam	bhūyāsva	bhūyāsma	bhaviṣīya	bhaviṣīvahi	bhaviṣīmahi
2nd.	bhūyāḥ	bhūyāstam	bhūyāsta	bhaviṣīṣṭhāḥ	bhaviṣīyāsthām	bhaviṣīdhvam bhaviṣīḍhvam
3rd.	bhūyāt	bhūyāstām	bhūyāsuḥ	bhaviṣīṣṭa	bhaviṣīyāstām	bhaviṣīran

B　完了組織

完了組織には、完了 (Perfect = Pf.) と呼ばれる単純完了と、複合完了 (Periphrastic Perfect = Perph. Pf.) の 2 種の完了形がある。前者が第 1 次活用法の時制の 1 つとして、ほぼすべての語根から作られるのに対し、後者は第 2 次活用法、特に使役活用 (causative) と、これと同じ形をもつ現在組織 10 類の動詞や名称詞由来の動詞に使われる。

【補】Pf. は文法家の規定によると先の Aor. / Impf. と区別され、話者が経験していない当日以前の出来事を表す。しかし、実際には他の過去時制と同じように使われている。

⑴　単純完了〔TSG §§ 81–82; MSGS 135–139〕

§ 164　単純完了 (Pf.) は重字を伴う強語幹、弱語幹が完了語尾という特別な変化で活用することを特徴とする。

①　重字語幹 + 語尾 (完了語尾) [P] / [Ā]

子音ではじまる語根の重字音節は § 119 に準じた子音と、語根母音の a / ā / ṛ / ṝ / ḷ に代わって a を用いて作られる。√sthā (留まる) は ta-sthā、√kṛ (なす) は ca-kār、√tṝ (渡る) は ta-tār、√kḷp (適する) は ca-kḷp となる。

また語根母音の平韻 i / u を用いて作られる場合もある。√sev (仕える) は si-ṣev、√ḍhauk (近づく) は ḍu-ḍhauk となる。

§ 165　母音ではじまる語根はその母音で重字音節を作る。√ad (食べる) は ād、√āp (得る) は āp となる。i / u は強語幹 (§ 174) の場合に iy / uv (§§ 7, 37) を用いる。√iṣ (望む) は強語幹 iyeṣ、弱語幹 īṣ、√uṣ (焼く) は強語幹 uvoṣ、弱語幹 ūṣ となる。

語頭の a に 2 つ以上の子音が続くか、または語頭が ṛ の語根は ān を用いて重字音節を作る。√arc (尊ぶ) は ānarc、√ṛdh (栄える) は ānardh となる。しかし、√ṛ (移す) は ār となる。

ya / va ではじまる語根は i / u で重字する (Saṃprasāraṇa § 7【補】)。√yaj (崇める) は強語幹 iyāj /iyaj、弱語幹 īj、√vac (言う) は強語幹 uvāc /

uvac、弱語幹 ūc (u+uc) となる。√vad (告げる)、√vap (播く)、√vaś (欲する)、√vas (留まる)、√vah (運ぶ) もこれに準じる。

§ 166 Pf. は第 1 語尾、第 2 語尾、命令法語尾 (§ 117) に属さない特別な人称語尾をもつ。

Pf. の語尾と強語幹の位置

	[P]			[Ā]		
	sg.	du.	pl.	sg.	du.	pl.
1st.	-a	-va	-ma	-e	-vahe	-mahe
2nd.	-tha	-athur	-a	-se	-āthe	-dhve
3rd.	-a	-atur	-ur	-e	-āte	-re

2nd. pl. [Ā] の語尾 -dhve は語幹末の u / ṛ の後ろで -ḍhve となり、半母音 / h + 結合母音 -i- の後ろでは任意に -ḍhve になる。√stu (称讃する) は tuṣṭuḍhve、√kṛ (なす) は cakṛḍhve、√lū (断つ) は luluvidhve / luluviḍhve、√lih (舐める) は lilihidhve / lilihiḍhve となる。

§ 167 強語幹は 1st. / 2nd. / 3rd. sg. [P] に用いられ、それ以外では弱語幹を用いる。強語幹の母音が Guṇa と Vṛddhi の両方をもつ場合、1st. sg. では任意にどちらかの語幹を使用し、3rd. sg. は Vṛddhi の語幹を用いる。2nd. sg. は一般に Guṇa 化した語幹を用いるが、§ 172 の規定のように弱語幹を使用することもある。

§ 168 子音ではじまる語尾は大抵語幹との間に結合母音 -i- を挿入する。3rd. pl. [Ā] の語尾 -re との間には必らず -i- を挿入する。しかし、2nd. sg. [P] の語尾 -tha との間には -i- を挿入しないことが多い。√bhid (破る) の 1st. du. [P] は bibhidiva、√nī (導く) の 2nd. sg. [P] は ninetha / ninayitha となる。√dru (走る)、√śru (聞く)、√stu (称讃する)、√sru (流れる)、√kṛ (なす)、√bhṛ (担う)、√vṛ (選ぶ)、√sṛ (流れる) は 3rd. pl. [Ā] の語尾 -re の前以外では -i- を挿まない。

§ 169 語頭と語末の子音の間に位置する母音が長母音、あるいは長音節を作る場合、語幹に強弱の違いをもたない。√mīl (瞬く) は mimīl、√bandh (縛る) は babandh、√nind (非難する) は ninind、√prach (問う) は ch が常に長音節を作り cch となることから papracch となる。

§ 170　中間に i / u / ṛ をもつ語根は Guṇa 化して強語幹を作る。√bhid (破る) は強語幹 bibhed、弱語幹 bibhid、√puṣ (養う) は強語幹 pupoṣ、弱語幹 pupuṣ、√dṛś (見る) は強語幹 dadarś、弱語幹 dadṛś となる。

	√tud (打つ)　強 tutod / 弱 tutud					
	[P]			[Ā]		
	sg.	du.	pl.	sg.	du.	pl.
1st.	tutoda	tutudiva	tutudima	tutude	tutudivahe	tutudimahe
2nd.	tutoditha	tutudathuḥ	tutuda	tutudiṣe	tutudāthe	tutudidhve
3rd.	tutoda	tutudatuḥ	tutuduḥ	tutude	tutudāte	tutudire

§ 171　語根母音の a が単子音の前に位置する場合、1st. sg. [P] の強語幹を Vṛddhi 化して作ることができる。3rd. sg. [P] は Vṛddhi 化して作らなければならない。2nd. sg. [P] は § 172 にあげるもの以外は変化しない。弱語幹は語根母音の省略などで弱形を作る。√gam (行く) の語幹は強語幹が jagām / jagam、弱語幹が jagm となる。

	√gam (行く)　強 jagām, jagam / 弱 jagm					
	[P]			[Ā]		
	sg.	du.	pl.	sg.	du.	pl.
1st.	jagama jagāma	jagmiva	jagmima	jagme	jagmivahe	jagmimahe
2nd.	jagantha jagamitha	jagmathuḥ	jagma	jagmiṣe	jagmāthe	jagmidhve
3rd.	jagāma	jagmatuḥ	jagmuḥ	jagme	jagmāte	jagmire

同様に語根母音を省いて弱語幹を作るものに、√khan (掘る) の弱語幹

cakhn、√jan (生まれる) の jajñ、√han (殺す) の jaghn (§ 88)、また、√ghas (食う) の jakṣ がある。別の作り方をするものに、√grah (つかむ) の jagṛh、√vyadh (貫く) の vividh、√svap (眠る) の suṣup などがある。

§ 172 語頭と語末の短子音が母音 a を挟む形の語根で、重字音節に代用の子音を用いないものは重字せず、a を e に変えた 1 音節で弱語幹を作る。√nad (鳴く) は ned、pat (落ちる) の弱語幹は pet、√man (考える) は men、√yam (抑制する) は yem となる。2nd. sg. [P] の前で結合母音 -i- を伴う seṭ 語幹においても同様である (§ 168)。√tan (拡げる) は tenitha / tatantha、√pac (調理する) は pecitha / papaktha となる。

	√pac (調理する)　強 papāc, papac / 弱 pec					
	[P]			[Ā]		
	sg.	du.	pl.	sg.	du.	pl.
1st.	papāca papaca	peciva	pecima	pece	pecivahe	pecimahe
2nd.	papaktha pecitha	pecathuḥ	peca	peciṣe	pecāthe	pecidhve
3rd.	papāca	pecatuḥ	pecuḥ	pece	pecāte	pecire

§ 173 例外として、√bhaj (分かつ) は重字音節に代用の子音を用いるが、常に上記 § 172 にしたがい、弱語幹は bhej となる。また、√tras (怖れる) の弱語幹は tatras / tres、√bhram (徘徊する) は babhram / bhrem、√rāj (輝く) は rarāj / rej となり、任意に § 171 / 172 のどちらの形式も許される。また、√jan (生まれる) は重字音節に代用の子音を用いないが、§ 171 にしたがい、語根母音を省いて弱語幹を作る。

§ 174 ā または ai、au で終わる語根は、強語幹 1st. / 3rd. sg. [P] で語尾が -au となる。また、2nd. sg. [P] では語根末母音を ā または i として活用する。弱語幹では語根末母音が母音ではじまる語尾の前で消滅し、子音ではじまる語尾の前で i となる。√dā (与える) は 1st. / 3rd. sg. [P] が dadau、2nd. が dadātha / daditha となり、その他弱語幹は dad / dadi で活用する。

√gai (歌う) も 1st. / 3rd. sg. [P] が jagau、2nd. が jagātha / jagitha、弱語幹は jag / jagi で活用する。√dhā (置く)、√jyā (勝利する) も同様。

【補】√so (結ぶ) も強語幹の位置で sasau、sasātha / sasitha、弱語幹の位置では sas で活用する。また、√ve も同様の活用が許される。

§ 175　i / ī / u / ū / ṛ / ṝ で終わる語根は 1st. sg. [P] で Guṇa 化、または Vṛddhi 化して語幹を作ることができる。2nd. には Guṇa、3rd. には Vṛddhi を用いる必要がある。√nī (導く) の 1st. sg. は ninaya / nināya、2nd. は ninetha / ninayitha、3rd. は nināya となる。弱語幹においては、ṛ で終り、複数子音ではじまる語根、また多くの ṝ にて終わる語根は Guṇa となる。√smṛ (記憶する) は sasmar、√tṝ (渡る) は tatar。それ以外は平韻を用いる。

§ 176　また上記 § 175 の語根が、母音ではじまる語尾の前、あるいは -i- を伴って語幹を形成する場合、語根末の i / ī は単子音の後ろで y、複数の子音の後ろで iy となり、語根末の u / ū は常に uv となる。√ji (勝つ) は強語幹が jigay / jigāy (< jige / jigai)、弱語幹が jigy (< jigi) となる。以下強語幹のみ示すと、√hi (衝く) は jighāy、√ci (積む) は cicāy / cikāy、√nī (導く) は ninay / nināy、√dhū (振るう) は dudhuv となる。

§ 177　√bhū (なる) は特例としてすべての変化を babhūv という 1 つの語幹のみで行う。

√bhū (なる)　語幹　babhūv						
	[P]			[Ā]		
	sg.	du.	pl.	sg.	du.	pl.
1st.	babhūva	babhūviva	babhūvima	babhūve	babhūvivahe	babhūvimahe
2nd.	babhūvitha	babhūvathuḥ	babhūva	babhūviṣe	babhūvāthe	babhūvidhve
3rd.	babhūva	babhūvatuḥ	babhūvuḥ	babhūve	babhūvāte	babhūvire

また √as も強語幹と弱語幹の違いをもたない。[Ā] は助動詞として使用される。

√as (ある)　語幹　ās						
	[P]			[Ā]		
	sg.	du.	pl.	sg.	du.	pl.
1st.	āsa	āsiva	āsima	āse	āsivahe	āsimahe
2nd.	āsitha	āsathuḥ	āsa	āsiṣe	āsāthe	āsidhve
3rd.	āsa	āsatuḥ	āsuḥ	āse	āsāte	āsire

§ 178　√vid (知る) の [P] が重字しないで、強語幹 ved、弱語幹 vid で活用する場合、現在の意味で使用される。

§ 179　√ah (言う) は 2nd. sg. / du.、3rd. sg. / du. / pl. [P] でのみ使用される。

√ah (言う) [P]			
	[P]		
	sg.	du.	pl.
1st.	—	—	—
2nd.	āttha	āhathuḥ	—
3rd.	āha	āhatuḥ	āhuḥ

⑵　複合完了〔TSG § 84; MSGS 140〕

§ 180　複合完了 (Periphrastic Perfect = Perph. Pf.) は aya を必要とする語幹、すなわち第 10 類動詞の語幹、ならびに第 10 類と同様に作られる使役活用法、名称詞由来動詞に語尾 -ām を加えて、動詞の言にしたがって √kṛ (なす) の [P] / [Ā]、動詞の言に関係なく √bhū (なる) の [P]、√as (ある) の [P] の Pf. 形を加えて作る。

動詞の言に関係	①　aya を伴う語幹 + ām + √kṛ の Pf. [P] / [Ā]
動詞の言に無関係	②　aya を伴う語幹 + ām + √as の Pf. [P]
	③　aya を伴う語幹 + ām + √bhū の Pf. [P]

【補】この語尾 -ām は f. sg. Ac. の形となる。したがって、「Ac. をなした、Ac. になった」として複合の完了形を作ると考えればよい。

10√cur (盗む) は corayām āsa、√tuṣ (caus. 満足させる) は toṣayām āsa、kathaya (Den. 話す) は kathayāṃ babhūva となる。

√cur (盗む)　corayām + √kṛ Pf. [P] / [Ā], √bhū Pf. [P], √as Pf. [P].

		sg.		du.		pl.	
	語幹	[P]	[Ā]	[P]	[Ā]	[P]	[Ā]
1st.	corayām	cakāra cakara	cakre	cakṛva	cakṛvahe	cakṛma	cakṛmahe
		āsa		āsiva		āsima	
		babhūva		babhūviva		babhūvima	
2nd.	corayām	cakartha	cakṛṣe	cakrathuḥ	cakrāthe	cakra	cakṛḍhve
		āsitha		āsathuḥ		āsa	
		babhūvitha		babhūvathuḥ		babhūva	
3rd.	corayām	cakāra	cakre	cakratuḥ	cakrāte	cakruḥ	cakrire
		āsa		āsatuḥ		āsuḥ	
		babhūva		babhūvatuḥ		babhūvuḥ	

§ 181　Perph. Pf. は a / ā 以外の母音ではじまり、その母音が長母音か長音節を作る場合、また √ās (座る) にも aya なしで用いられる。√īkṣ (見る) [Ā] は īkṣāṃ cakre、√ās (座る) [Ā] は āsāṃ cakre となる。また √bhṛ (運ぶ)、√vid (知る)、√hu (供える) など若干の動詞に用いる場合がある。√hu (供える) は juhavāṃ cakāra となる。(TSG note 60 参照)。

C　未来組織

⑴　単純未来〔TSG §§ 85–86; MSGS 151〕

§ 182　単純未来 (Simple Future = Fut.) は aniṭ 語根に未来を表す接尾辞 sya を、seṭ / veṭ 語根に iṣya を加えて未来語幹を作る。

① √ + (i)sya + 語尾 (第 1 種活用、第 1 語尾) [P] / [Ā]

ただし Fut. における特例として、語根末が ṛ の語根、ならびに √han は aniṭ 語根であっても -i- を挿入する。√kṛ (なす) は kariṣya、√han (殺す) は haniṣya となる。

また、いくつかの seṭ 語根は [P] で任意に -i- を挿入しない。√kṛt (切る) は kartiṣya / kartsya、√nṛt (踊る) は nartiṣya / nartsya など。√gam (行く) は [Ā] では -i- を挿入しない。[P] は gamiṣya、[Ā] は gaṃsya となる。逆に [Ā] でのみ -i- を挿入する若干の語根もある。√vṛt (展開する)、√vṛdh (育つ)、√syand (流れる)、√śṛdh (反抗する) など。

語幹の構成においては、語根末の i / ī / u / ū / ṛ / ṝ ならびに単子音の前の短母音が Guṇa 化する。また、語頭と語末の単子音に挟まれた a は変化しない。√dā (与える) は dāsya、√gai (歌う) は gāsya、√nī (導く) は neṣya、√bhū (なる) は bhaviṣya となる。

また、その際に語根末子音と接尾辞 sya との間でおこる連声に注意が必要となる。√bhid (破る) は bhetsya、√budh (覚る) は bhotsya (§ 18)[1)]、√vac (言う) は vakṣya (§ 48)、√grah (つかむ) は grahīṣya (§ 151)、√dṛś (見る) は drakṣya、√cur (盗む) は corayiṣya となる。

活用は第 1 種活用、第 1 語尾を用いる。

	√dā (与える)　語幹 dāsya					
	[P]			[Ā]		
	sg.	du.	pl.	sg.	du.	pl.
1st.	dāsyāmi	dāsyāvaḥ	dāsyāmaḥ	dāsye	dāsyāvahe	dāsyāmahe
2nd.	dāsyasi	dāsyathaḥ	dāsyatha	dāsyase	dāsyethe	dāsyadhve
3rd.	dāsyati	dāsyataḥ	dāsyanti	dāsyate	dāsyete	dāsyante

1) TSG § 86 や KGSL § 372 は単純未来の代表例として 4√budh の語幹 bodhiṣya を表にあげる。この 1√budh との混同を避けられたい。

⑵　複合未来〔TSG §§ 87–88; MSGS 152〕

§ 183　複合未来 (Periphrastic Future = Perph. Fut.) は、動作者名詞を作る tṛ- 語幹の m. sg. N. の形となる接尾辞 tā を aniṭ 語根に、itā を seṭ / veṭ 語根に付加し、さらに助動詞として √as (ある) の Pres. を加えて活用する。ただし、3rd. [P] / [Ā] では助動詞 √as の活用を省き、tṛ- 語幹の曲用を使用する。

①　√ + (i)tā + √as (Pres. 活用)
②　√ + (i)tṛ の曲用 (3rd. [P] / [Ā])

【補】この形式から「～する者となる」として未来を表すと考えればよい。Fut. が幅広く希望などを含めた未来の事柄に関係するのに対して、Perph. Fut. は日時や期限を示す場合によく使用される。

この接尾辞 tā / itā は Guṇa 化した語根に付加され、挿入母音 -i- の有無は大抵上記 Fut. に準じる。ただし、seṭ 語根の √iṣ (求める)、√riṣ (害する)、√ruṣ (悩む)、√lubh (切望する)、√sah (征服する) は任意に -i- を省略する。また、√kṛ (なす)、√gam (行く)、√han (殺す) は -i- を挿入せず、kartā、gantā、hantā となる。√vṛt (展開する)、√vṛdh (育つ)、√syand (流れる)、√śṛdh (反抗する) は -i- を挿入する。√grah (つかむ) は grahītā、√dṛś (見る) は draṣṭā となる。

√kṛ (なす)　語幹 kartā						
	[P]			[Ā]		
	sg.	du.	pl.	sg.	du.	pl.
1st.	kartāsmi	kartāsvaḥ	kartāsmaḥ	kartāhe	kartāsvahe	kartāsmahe
2nd.	kartāsi	kartāsthaḥ	kartāstha	kartāse	kartāsāthe	kartādhve
3rd.	*kartā*	*kartārau*	*kartāraḥ*	*kartā*	*kartārau*	*kartāraḥ*

【補 2】上記の形式が古典サンスクリットおける Perph. Fut. の正規形であるが、それよりも古い時代の文献では語幹部分と助動詞の部分が前後入れ替わったり、また、両者の間に他の語彙を含むことがある。

⑶ 条件法〔TSG § 89; MSGS 153〕

§ 184 条件法 (Conditional = Cond.) は Fut. の語幹にオーグメントの a を付加し、Pres. 第 1 種活用の第 2 語尾 (Impf. と同じ) で活用する。

① a + √ + (i)sya + 語尾 (Impf.)

条件法は、ちょうど Pres. から Impf. が作られるのと同様で、その形式が示すとおり、過去の時点における未来、すなわち現在の事実に反する仮定 (Non-real Conditional) を表し、条件文中の前提と結果に使用される。古典サンスクリットではいくつかの慣用形以外はめったに使用されず、叙事詩や劇作品に見られるものが主となる。

√bhū (なる) 語幹 abhaviṣya

[P]	sg.	du.	pl.
1st.	abhaviṣyam	abhaviṣyāva	abhaviṣyāma
2nd.	abhaviṣyaḥ	abhaviṣyatam	abhaviṣyata
3rd.	abhaviṣyat	abhaviṣyatām	abhaviṣyan

[Ā]	sg.	du.	pl.
1st.	abhaviṣye	abhaviṣyāvahi	abhaviṣyāmahi
2nd.	abhaviṣyathāḥ	abhaviṣyethām	abhaviṣyadhvam
3rd.	abhaviṣyata	abhaviṣyetām	abhaviṣyanta

同様に、√edh (栄える)、√kṛ (なす)、√gai (歌う)、√cur (盗む)、√tud (打つ)、√dā (与える) などがある。

Ⅲ　第2次活用法

1.　受動言

A　現在組織〔TSG § 90; MSGS 154〕

§ 185　受動言 (Passive voice = pass.) は [P] (為他言) と [Ā] (為自言) の枠組みを離れて第2次活用法の中にあり、第1次活用法と同一の時制、法組織を展開する。語幹は語根に接尾辞 ya を加え、第4類動詞の [Ā] の活用で変化する。

①　√ + ya + 語尾 (第4類動詞 [Ā])

【補】 受動言は動詞によって3種類に分類される。① 他動詞から作られる一般的な受動言 (karmaṇi prayoga)。その場合、能動文での直接目的語が主語となる。Rāmeṇa dravyaṃ dīyate (ラーマによって目標が与えられる)。② 自動詞から作られた非人称の受動言 (bhāve prayoga)。その場合、sg. 3rd. の仮 (= 空) 主語[1] を想定して動詞が受動活用する。動作者は I. によって表される。gamyate munibhiḥ (聖者たちは行く = 逐語訳 : 聖者たちによって行かれる)。③ 自動詞の中でも再帰動詞の場合 (karmakartri prayoga)。その場合、行為の目的が動作者自身に向けられる。bhidyate kāṣṭham (材木が割れる)、pacyata odanam (飯が炊ける)。SSS §§ 7–8, 319–20 参照。

√tud (打つ) の 3rd. sg. は tudyate、√dviṣ (憎む) は dviṣyate、√grah (つかむ) は gṛhyate、√vac (言う) は ucyate などとなる。

pass.　√tud (打つ)　語幹　tudya

	Pres. sg.	Pres. du.	Pres. pl.	Impf. sg.	Impf. du.	Impf. pl.
1st.	tudye	tudyavahe	tudyamahe	atudye	atudyavahi	atudyamahi
2nd.	tudyase	tudyethe	tudyadhve	atudyathāḥ	atudyethām	atudyadhvam

1)　この仮 (= 空) 主語というのは英語の非人称の it に相当する。ただ、サンスクリットでは自然現象などの表現で deva を非人称の主語とすることがある (SSS § 8 参照)。devo varṣati (雨が降る) など。

3rd.	tudyate	tudyete	tudyante	atudyata	atudyetām	atudyanta
	Opt.			Impv.		
1st.	tudyeya	tudyevahi	tudyemahi	tudyai	tudyāvahai	tudyāmahai
2nd.	tudyethāḥ	tudyeyāthām	tudyedhvam	tudyasva	tudyethām	tudyadhvam
3rd.	tudyeta	tudyeyātām	tudyeran	tudyatām	tudyetām	tudyantām

§ 186　接尾辞 ya を加えて語幹を作る場合の語根の形は、Prec. の接尾 yā の前と同じであるが、ā にて終わる語根、あるいは二重母音 e / ai / o は ī となる。√dā (与える) は dīya、√gai (歌う) は gīya、√pā (飲む) は pīya となる。しかし、√jñā (知る) は jñāya、√pā (保護する) は pāya と変化しない。

i / u で終わる語根はその母音を長母音にする。√ji (勝つ) は jīya、√śru (聞く) は śrūya となる。

ṛ で終わる語根はこれを ri に、複数の子音の後ろで Guṇa にする。√kṛ (なす) は kriya、√smṛ (記憶する) は smarya となる。ṝ で終わる語根は īr にし、唇音の後ろでは ūr にする。√śṝ (破る) は、śīrya、√pṝ (満たす) は pūrya となる。

語根末子音の前に位置する鼻音は一般に省略される。√daṃś (咬む) は daśya、√bandh (縛る) は badhya となる。しかし、√nand (喜ぶ) は nandya、√nind (非難する) は nindya、√han (殺す) は hanya と鼻音を省略しない。

§ 187　第 10 類の語幹、ならびに caus. の語幹は pass. を作るに際し、語幹の aya (§ 121 (4)) を取り去って、さらに接尾辞 ya を加える。

①　第 10 類の語幹 / caus. の語幹 ~~aya~~ + ya + 語尾 (第 4 類動詞 [Ā])

その場合、すでに Guṇa 化した語根母音はそのまま保たれる。√cur (盗む) は corya、√kṛ (caus. させる) は kārya となる。

B　現在以外の組織〔TSG § 91〕

§ 188　基本的に Aor. (3rd. sg. を除く)、Prec.、Pf.、Periph. Pf.、Fut.、Periph. Fut.、Cond. の [Ā] が pass. の意味を兼ねて使用されるが、この中、Aor.、Prec.、Fut.、Periph. Fut.、Cond. は特別の pass. 形を作ることができ、希に使用される。

⑴　アオリストの受動言〔TSG § 91.I–II.1; MSGS 155〕

§ 189　語根の語頭にオーグメントの a を添え、語尾の i を加えることで、pass. Aor. の 3rd. sg. を作ることができる。

①　a + √ + 語尾 i (3rd. sg.)

母音で終わる語根、ならびに単子音に挟まれた a をもつ語根は Vṛddhi 化する。√nī (導く) は anāyi、√lū (断つ) は alāvi、√kṛ (なす) は akāri、√pac (調理する) は apāci、√han (殺す) は aghāni (§ 88) となる。また同じ位置に i / u / ṛ をもつ語根は Guṇa 化する。√diś (示す) は adeśi、√budh (覚る) は abodhi、√dṛś (見る) は adarśi となる。ā で終わる語根には y を挿入する。√dā (与える) は adāyi となる。

§ 190　しかし、√jan (生まれる) は ajani、√dam (抑える) は adami、√vadh (殺す) は avadhi となる。また、√labh (得る) は alābhi あるいは alambhi となるが、接頭辞を加える場合は必ず後者 alambhi を用いる。

【補】その他の人称を表す場合、Aor. を s-Aor. / iṣ-Aor. / sa-Aor. で作る動詞は、それぞれの [Ā] を用いて pass. の意味をもつ。また、a-Aor. / 重字 -Aor. を用いる動詞は、aniṭ 語根か seṭ 語根であるかにしたがって s-Aor. / iṣ-Aor. の [Ā] を用いて pass. の意味をもたせる。

§ 191　母音で終わる語根、ならびに √grah (つかむ)、√dṛś (見る)、√han (殺す) はすべて 3rd. sg. を除いて特殊な pass. Aor. を作ることができる。上記 pass. Aor. 3rd. sg. の語尾 -i の前の語根の状態を iṣ-Aor. (§ 160) [Ā] と同様に活用させ、pass. に用いる。√nī (導く) は anāyiṣ、√lū (断つ) は alāviṣ、√kṛ (なす) は akāriṣ、√grah (つかむ) は agrāhiṣ、√dṛś (見る)

は adarśiṣ、√han (殺す) は aghāniṣ となる。

⑵　その他の受動言〔TSG § 91.II.2〕

§ 192　Periph. Pf. (§§ 180–181) は助動詞としての √kṛ、√as、√bhū を常に [Ā] で活用させ、pass. に用いられる。

§ 193　Fut. / Cond. の pass. は、§ 191 にあげた語根から受動の意味で用いる iṣ-Aor. [Ā] を作るのと同様に、未来の接尾辞 iṣya を付加し、[Ā] の活用をすることで特別な pass. の形を作る。√nī (導く) の pass. Fut. は nāyiṣya、pass. Cond. は anāyiṣya、√grah (つかむ) は grāhiṣya、agrāhiṣya、√dṛś (見る) は darśiṣya、adarśiṣya となる。

【補】同様に Prec. の pass. も [Ā] 活用に準じて作ることができる。√dā (与える) 3rd. sg. は dāyiṣīṣṭa となる。

2.　使役活用法

A　現在組織の使役活用〔TSG § 92; MSGS 168〕

§ 194　使役活用法 (causative conjugation = caus.) は第 10 類の動詞と同様に語幹を作り、第 1 種の活用をする。すなわち、語根末の母音、また a が単子音にはさまれて語根末にくる場合、Vṛddhi 化し、語根末の単子音をしたがえる短母音 i / u / ṛ は Guṇa 化 (§ 7) する。それ以外、長音節を形成する母音は変化しない (§ 121 ⑷ 参照)。

①　√Guṇa / Vṛddhi + aya + 語尾 (第 1 種活用)

√nī (導く) の語幹は nāyaya (導かせる)、√bhū (なる) は bhāvaya (ならせる)、√kṛ (なす) は kāraya (させる)、√pat (落ちる) は pātaya (落とす)、√chid (断つ) は chedaya (断たせる)、√budh (覚る) は bodhaya (覚らせる) となる。

caus. は、一般的に A が B に語根が示す動作をさせる意義をもつ。しかしその意義を失い、形態のみとなっていることも少なくない (§ 121 ⑷【備考】参照)。

【補】文法家の規定によれば、自動詞、運動の動詞、知る / 食べる / 学ぶ / 暗誦するを意味する動詞では、caus. の事実上の動作者に Ac. が用いられる。mantrapūtaṃ caruṃ rājñīṃ prāśayan muniḥ (聖者は呪文で清められた乳粥を王妃に食べさせた)。それ以外、他動詞などでは基本的に I. が用いられる。pācayaty odanaṃ Devadattena Yajñadattaḥ (ヤジュニャダッタはデーヴァダッタに飯を炊かせた)。しかし実際には厳密に守られていない。使役の意味が薄らいだ場合には間接目的語としての D. / G. が使用されることがある。(TSG p. 269 参照)。

§ 195　am で終わる語根など、語根の中間にある a はしばしば長母音とならない。√gam (行く) は gamaya (行かせる)、√jan (生まれる) は janaya (生ませる), √tvar (急ぐ) は tvaraya (急がせる)、√prath (拡まる) が prathaya (拡めさせる) など。

§ 196　ā あるいは二重母音 e / ai / o で終わる語根は大低接尾辞 aya の前に p を挿入し、paya によって caus. を作る。これを便宜上 P-caus. と呼ぶ。

②　√-ā / e / ai / o + paya + 語尾 (第 1 種活用)

√dā (与える) は dāpaya (与えさせる)、√sthā (留まる) は sthāpaya (留まらせる)、√dhe (吸う) は dhāpaya (吸わせる)、√gai (歌う) は gāpaya (歌わせる)、√do (切る) は dāpaya (切らせる) となる。しかし √pā (飲む) は pāyaya (飲ませる)、√jñā (知る) は jñāpaya / jñapaya (知らせる)、√snā (沐浴する) は snāpaya / snapaya (沐浴させる) となる。

§ 197　その他、√ṛ (移す) は arpaya (投げる)、√kṣi (滅ぼす) は kṣayaya / kṣapaya、√ji (勝つ) は jāpaya (打ち勝たす)、√pṝ (満たす) は pūraya / pāraya (満たす)、√ruh (成長する) は rohaya / ropaya (成長させる)、√labh (得る) は lambhaya (得させる)、√i (行く) は接頭辞 adhi- を伴って adhyāpaya (学ばせる) となる。

B　現在組織以外の使役活用〔TSG § 93〕

§ 198　その他、Aor. は重字 -Aor. の形式を用い (§ 155)、Pf. は Periph.

Pf. を用いる (§§ 180–181)。また、Fut. は i の挿入によって、aya を ayi にして活用する。√kṛ (なす) は kārayiṣya となる。pass. は § 187 に準ずる。

3. 意欲活用法〔TSG §§ 95–96; MSGS 169–171〕

§ 199 意欲活用法 (Desiderative conjugation = Des.) は重字した語根に sa、あるいは isa を加えて語幹をつくり、その動詞が示すことをしようとする意欲を表す。第 1 類動詞の活用を用いる。

① 重字 + 語根 + (i)sa + 語尾 (第 1 類動詞の活用)

重字音節の母音には i を用い、もし語根母音が u / ū の場合は u を用いる。√pac (調理する) の語幹は pipakṣa (調理したい)、√kṣip (投げる) は cikṣipsa (投げたい)、√tud (打つ) は tututsa (打ちたい)、√vid (知る) は vivitsa / vividiṣa (知りたい)、√duh (搾る) は dudhukṣa (搾りたい) となる。

例えば現在組織では √tud (打つ) の 3rd. sg. [P] Pres. が tututsati、Impf. が atututsat、Opt. が tututset、Impv. が tututsatu、また [Ā] では、それぞれ tututsate、atututsata、tututseta、tututsatām となる。

§ 200 語根末の i / u は延長される。ṛ / ṝ は īr となり、唇音の後ろでは ūr となる。√ji (勝つ) の語幹は jigīṣa、√śru (聞く) は śuśrūṣa、√kṛ (なす) は cikīrṣa、√mṛ (死ぬ) は mumūrṣa となる。

§ 201 また、√āp (到達する) の語幹は īpsa、√gam (行く) は jigāṃsa / jigamiṣa、√grah (つかむ) は jighṛkṣa、√dā (与える) は ditsa[1)]、√dhā (置く) は dhitsa、√pat (落ちる) は pitsa / pipatiṣa、√bhaj (受く) は bhikṣa (乞う)、√labh (得る) は lipsa、√śak (可能にする) は śikṣa (学ぶ)、√han (殺す) は jighāṃsa となる。

§ 202 Des. の Aor. は iṣ-Aor. (§ 160) を用い、例えば √budh (覚る) の 3rd. sg. [P] は abubodhiṣīt、[Ā] は abubodhiṣiṣṭa となる。Pf. は Periph. Pf. (§§ 180–181) を用いる。Fut. は i にて終わる語幹より作られる。例えば √budh

---

1) 2√dā (分離する) では didāsa / dīdāṃsa も認められる。

の語幹は bubodhiṣiṣya となる。pass. は § 185 に、caus. は § 194 に準ずる。

4.　強意活用法〔TSG §§ 97–98; MSGS 172–174〕

§ 203　強意活用法 (Intensive conjugation = Int.) はいくつかの方法で音の量を強めた特別な重字音節を語根に付加し、接尾辞 ya を添えて [Ā] の活用を、接尾辞なしに [P] の活用をする。前者は第４類動詞の活用 (§ 121 (3))、後者は第３類動詞の活用 (§ 137) にしたがう。第１類ないし９類動詞の子音ではじまる語根すべてから作ることができ、その語根の示す行為が強い度合いで、あるいは繰り返して行われることを表す。しかし実際の使用率は低く、その中でも [Ā] の活用の方がまだ少し使われる状況にある[1]。

①　重字 (特別) + 語根 + 語尾 (第３類動詞の活用) [P]
②　重字 (特別) + 語根 + ya+ 語尾 (第４類動詞の活用) [Ā]

Int. がもつ特別な重字音節は、すでに述べた子音の扱いと (§ 119)、およそ Pf. の場合に準じる母音の扱いによって構成された重字の音の量を、さらに強めたものといえる。

[Ā] における重字母音 i / u は Guṇa 化し、a は延長される。√dīp (輝く) は dedīpya、√jval (燃える) は jājvalya、√ru (叫ぶ) は rorūya となる。鼻音で終わる語根の場合、重字音節に鼻音が加わる。√kram (歩む) は caṃkramya、√gam (行く) は jaṅgamya、√nam (曲げる) は naṃnamya となる。また若干の語根では鼻音で終わらない場合にも、鼻音を含めた重字音節が作られる。√car (行く) は caṃcūrya となる。ṛ を語根母音とするいくつかの動詞は重字音節に r(ī) を介入する。√nṛt (踊る) は narīnṛtya、√dṛś (見る) は darīdṛśya、√mṛj (拭く) は marīmṛjya / marmṛjya となる。同様に、√klp (適する) は calīkḷpya となる。また、若干の語根は重字音節に nī を加える。√pat (落ちる) は panīpatya、√bhraṃś (落ちる) は banībhraśya など。

[P] における重字音節も大体 [Ā] に類似するが、母音の扱いによる相違

1)　このような状況から、多くの初級文法書では概略のみにとどまっている。本書では基本的な規則を示したが、さらなる説明が必要な場合は、中級文法書、あるいは歴史文法書を参考にされたい。

もある。√kṝ (まき散らす) は cākṛ ([Ā] cekīrya)、√dā (与える) は dādā ([Ā] dedīya)、√gai (歌う) は jāgā ([Ā] jegīya) など。また、語根末、あるいは語根末子音の前に ṛ をもつ語根の場合に相違が見られる。√kṛ (なす) は carkṛ / carikṛ / carīkṛ ([Ā] cekrīya)、√mṛ (死ぬ) は marīmṛ ([Ā] memrīya)、√vṛt (展開する) は varvṛt / varivṛt / varīvṛt ([Ā] varīvṛtya) となる。同様に、√kḷp (適する) は calkḷp / calikḷp / calīkḷp ([Ā] calīkḷpya) となる。

【補】現在組織以外の時制、法の活用に関しては様々な問題点があり、また [P] の使用は極めて少ない。理論上の主要形は TSG § 98.2.b, c を参照 (WSG 1018 ff.)。

Ⅳ　名称詞由来動詞〔TSG § 99; MSGS 175〕

§ 204　名称詞由来動詞 (Denominatives = Den.) は名詞 / 形容詞である名称詞の語幹に直接 (ただし語幹母音 a は必要) 人称語尾を加えるか、または接尾辞を加えてから人称語尾を加えて、動詞として用いるものをいう。

前者の Den. は語幹母音 a を加えた名称詞の語幹を、その名称詞のように「振る舞う、例えられる」を意味するように第 1 類 [P] に準じて活用させる[1)]。

①　名称詞語幹 + 語幹母音 a + 語尾 (第 1 類 [P])

名称詞語末の a / ā は語幹母音付加のために一旦削除される。utkaṇṭha (鶴首した) の 3rd. sg. [Ā] は utkaṇṭhate ([彼は] 鶴首する)、gardabha (驢馬) の 3rd. sg. [P] は gardabhati ([彼は] 驢馬なり)、jagannetra (月) は jagannetrati ([彼は] 月なり)、darpaṇa (鏡) は darpaṇati ([彼は] 鏡なり)。

しかし多くの場合は後者の Den. にしたがう。まず、名称詞の語幹に接尾辞 ya (希に sya) を加え、[P] / [Ā] 両言で第 1 種活用法に準じて活用するものがある。

---

1)　理論的にはすべての名称詞を語幹とすることができ、[Ā] で活用する場合も若干ある。

②　名称詞語幹 + 接尾辞 ya (sya) + 語尾 (第 1 種活用 [P] / [Ā])

この接尾辞 ya を付加した Den. が [P] で活用する場合、名称詞が示す事柄を「求める、そのように見なす」などを意味する。もととなる名称詞語末の a / ā は ī となり、i / u は ī / ū となり、ṛ は rī となる。putra (子) は putrīya (子を求める)、kuṭi (彎曲) は kuṭīya (曲解する)、kartṛ (動作者) は kartrīya (動作者となる) など。名称詞語末が二重母音、子音の場合は特別の変化はない。go (牡牛) は gavya (牡牛を求める)、tapas (苦行) は tapasya (苦行を修する)。また､希に sya を加えるものがある。aśva (牡馬) は aśvasya (牡馬を求める) など。

この Den. が [Ā] で活用する場合には名称詞が示す事柄のように「振る舞う」ことを意味する。もととなる名称詞語末の a / ā はどちらも ā となり、その他の母音は上記 [P] と同じ変化をする。padma (蓮華) は padmāya (蓮華のように)。

後者の Den. で最も重要な形式は接尾辞 aya を加えるものである。構成は第 10 類の動詞、あるいは caus. と同じで、[P] / [Ā] の両言で活用する。

③　名称詞語幹 + 接尾辞 aya + 語尾 (第 1 種活用 [P] / [Ā])

もととなる名称詞との意味上の関連は多様で、特定の法則はなく、およその意味は想像されるが、正しい把握には辞書での確認を必要とする。kathā (物語) は kathaya (語る)､kīrti (名声) は kīrtaya (称讃する)､gaṇa (群れ) は gaṇaya (数える)、mārga (道) は mārgaya (探す / 求める)、また、形容詞では、cira (長い時間の) は ciraya (遅れる) となる。

第6章　準　動　詞

I　形容詞としての準動詞〔TSG § 71, pp. 165, 299–300; MSGS 156, 158〕

1.　現在 / 未来分詞 (Present / Future participles = Pres. / Fut. pt.)

進行形として主動詞と同時に継続されている動作を表し、付帯状況などを示す修飾語として使用されるが、叙述形容詞として単独で述部になることはない。śayānā bhuñjate Yavanāḥ (ギリシャ人は横になりながら食べる)。

【補】これら pt. は√as / √bhū / √vṛt / √sthā / √ās を主動詞として述部を形成する。sā rudatī tiṣṭhati (彼女は泣き続けている) など。特例として会話の中ではこれらの主動詞を省略した言い回しがある。mā jīvan ([彼が] 生きのびないことを)。

また、慣用的に分詞構文として副文の代用をする。araṇye caran, ～ (森で散策する間に、～)。

【補 2】また、G. absolute としても「～が … しているにもかかわらず」、「～が … している間に」という副文を作る。§ 50 ⑥ 参照。

⑴　接尾辞 at〔TSG § 71.1, pp. 165, 299–300; MSGS 156〕

§ 205　接尾辞 at とその強語形 ant は現在 (§§ 121 ff.) ならびに未来 (§ 182) の語幹に加えられて、それらの時制の [P] の分詞 (Pres. pt. / Fut. pt.) を作る。第 2 種活用法の動詞 (§ 124) では Pres. の場合に弱語幹を用いる。重字語幹 (§ 123 ⑨を除く) は弱語形 at を使う。曲用は at- 語幹 (§§ 81 82) による。

①　現在語幹 + at (強語幹 ant) + 語尾 ⇨ Pres. pt. [P]
②　未来語幹 + at (強語幹 ant) + 語尾 ⇨ Fut. pt. [P]

1√ruh (成長する) の弱語幹は rohat、強語幹は rohant、4√tuṣ (満足する) は tuṣyat、tuṣyant、6√tud (打つ) は tudat、tudant、10√cur (盗む) は corayat、corayant、2√dviṣ (憎む) は dviṣat、dviṣant、2√yā (行く) は yāt、yānt、3√hu (供える) は強語幹がなく juhvat、5√su (搾る) は sunvat、 sunvant、5√śak（できる）は śaknuvat、śaknuvant、7√bhid（阻止する）は bhindat、bhindant、8√tan（拡げる）は tanvat、tanvant、8√kṛ（なす）は kurvat、kurvant、9√aś（食べる）は aśnat、aśnant となる。曲用は § 81 にしたがう。

女性語幹を作る場合、接尾辞 ī は第 1 / 4 / 10 類では ant に付けられ、第 6 類、ならびに ā で終わる第 2 類の語根には at / ant に付けられ、それ以外では at に付けられる。曲用は ī- 語幹多音節 (§ 69) にしたがう。

① 現在語幹（第 1 / 4 / 10 類）+ antī ⇨ 女性形
② 現在語幹（第 6 類 / 語根末が ā の 2 類）+ atī / antī ⇨ 女性形
③ 現在語幹（上記以外）+ atī ⇨ 女性形

上記 Pres. pt. の女性形を示すと、1√ruh は rohantī、4√tuṣ は tuṣyantī、6√tud は tudatī / tudantī、10√cur は corayantī、2√dviṣ は dviṣatī、2√yā は yātī / yāntī、3√hu は juhvatī、5√su は sunvatī、5√śak は śaknuvatī、7√bhid は bhindatī、8√tan は tanvatī、8√kṛ は kurvatī、9√aś は aśnatī となる。

[P] の Fut. pt. も第 6 類の Pres. pt. の曲用 (§ 81 tudat) にしたがう。したがって女性形にも °syatī / °syantī の両形がある。

【補】第 2 次活用の動詞の Pres. pt. はそれぞれの語幹構成にしたがい、上記と同じ形式で作られる。caus. / Des. / Den. が第 1 類動詞にしたがい、Int. は第 3 類動詞にしたがう。

⑵ 接尾辞 māna〔TSG § 71.2.a, pp. 165, 299–300; MSGS 158〕

§ 206 接尾辞 māna (f. mānā) は第 1 種活用法に属する動詞の語幹より [Ā] の現在分詞 (Pres. pt.) を作る。

① 現在語幹（第 1 種活用法に属す）+ māna (f. mānā) + 語尾 ⇨ Pres. pt. [Ā]

1√ruh は rohamāṇa、4√tuṣ は tuṣyamāṇa、6√tud は tudamāna、10√cur は corayamāṇa など。

また、すべての動詞の [Ā] の現在受動分詞 (Pres. pass. pt.)、ならびにすべての動詞の [Ā] の未来分詞 (Fut. pt.) を作る。この [Ā] は pass. の意味も備える。

②　現在語幹受動形 + māna (f. mānā) + 語尾 ⇨ Pres. pass. pt. [Ā] ③　未来語幹 + māna (f. mānā) + 語尾 ⇨ Fut. (pass.) pt. [Ā]

例えば 3√dā (与える) は dīyamāna、dāsyamāna となる。

⑶　接尾辞 āna〔TSG § 71.2.b, pp. 299–300; MSGS 158.a, 159〕

§ 207　接尾辞 āna (f. ānā) は第２種活用法に属する動詞の弱語幹より [Ā] の現在分詞 (Pres. pt.) を作る。

①　現在弱語幹 (第２種活用に属す) + āna (f. ānā) + 語尾 ⇨ Pres. pt. [Ā]

2√dviṣ は dviṣāṇa、3√hu は juhvāna、5√su は sunvāna、5√śak は śaknuvāna、7√bhid は bhindāna、8√tan は tanvāna、8√kṛ は kurvāṇa、9√aś は aśnāna となる。

またすべての動詞の完了弱語幹に加えられて、[Ā] の完了分詞 (Pf. pt.) を作る。この [Ā] は pass. の意味も備える。

②　完了の弱語幹 + āna (f. ānā) + 語尾 ⇨ Pf. (pass.) pt. [Ā]

1√nī は ninyāna、1√pac は pecāna (§ 172)、3√dā は dadāna、8√kṛ は cakrāṇa となる。

【補】√ās (座る) の Pres. pt. [Ā] は āsīna (座っている) がその役割を果たす。

2.　完了分詞〔TSG § 83, p. 300; MSGS 157〕

§ 208　[P] の完了分詞 (Perfect participle = Pf. pt.) が接尾辞 vas(強語幹 vāṃs、中語幹 vat、弱語幹 uṣ 、f. uṣī) によって完了の弱語幹 (§§ 164 ff.) から作られる。曲用は vas- 語幹 (§ 89) による。

①　完了の弱語幹 + vas (f. uṣī) + 語尾 ⇨ Pf. pt. [P]

√tud は tutudvas、√bhid は bibhidvas、√vid (知る) は vidvas (§ 178) となる。

重字を伴って１音節となる語幹は接尾辞 vas の前に結合母音 -i- を挿入

する。√as（投げる）は āsivas、√i（行く）は īyivas、√iṣ（求める）は īṣivas、また √yaj（崇める）は ījivas、√vac（言う）は ūcivas、√jan（生まれる）は jajñivas（弱語幹は jajñuṣ）、√sthā（留まる）は tasthivas、√pac（調理する）は pecivas となる。

§ 209 √dṛś（見る）、√vid（発見する）、√viś（入る）は任意に結合母音 -i- を挿入することができる。√dṛś は dadṛśvas / dadṛśivas、√vid は vividvas / vividivas、√viś は viviśvas / viviśivas となる。√khan（掘る）は強語幹に vas を加えて cakhanvas となり -i- を挿まない。√gam（行く）、√han（殺す）は任意にこの形式をとり、jaganvas / jagmivas（弱語幹は常に jagmuṣ）、jaghanvas / jaghnivas となる。

3. 過去受動分詞〔TSG § 100, pp. 300–302; MSGS 160〕

§ 210 接尾辞 ta と na は過去受動分詞 (Past passive participles = Ps. pass. pt.) を作る。この分詞は単独、あるいは合成語の一部として修飾語となる一方で、叙述形容詞として過去時制を表す述部となる。この接尾辞が目的語をもつ動詞 (sakarmaka = 他動詞) に付加された場合、その目的語（能動文では Ac.）が主語 (N.) となり、動作者を示していた主語 (N.) が I. となって過去時制の受動文を作る。tena pādaprahāro dattaḥ（彼によって足蹴りが食らわされた）。このように受動文は、一般に動作者の代わりに動作の対象となる目的語を主語とするから、この接尾辞が目的語をもたない動詞 (akarmaka = 自動詞) に加えられて、動作者以外に主語 (N.) となるものがない場合には、受動の意味を失って過去時制の能動文を作る[1)]。nāpito mṛtaḥ（理髪師は死んだ）。ただし、動作者を I. に変換し、Ps. pass. pt. を sg. n. N. の形で非人称とすることも可能である。mṛtaṃ anena（この［人］は死んだ）。

---

1) 例えば、√gam、√yā など「移動の動詞」と呼ばれるものは、自動詞であっても目的地や目標を示す Ac. をもつことができる。文法家はこれを目的語と区別せず、受動文の主語となることを認めている。ただ、受動文としては訳しづらい。Devadattena grāmo gataḥ（逐語訳：デーヴァダッタによって村が行かれた = デーヴァダッタは村に行った）。

【補】 結果的に Ps. pass. pt. で作られる構文は 3 種になる。例えば「彼は（村に）行った」という場合、① tena (grāmo) gataḥ、② gataḥ sa (grāmam)、③ gataṃ tena となる。(TSG p. 301 参照)。

また、他動詞から作られた Ps. pass. pt. が能動の意味をもつ場合もある。prāpta（到達した）、praviṣṭa（入った）、pīta（飲んだ）、vidita（知った）、vismṛta（忘れた）など。ただし接尾辞 na はこの範疇にない。

⑴ 接尾辞 ta〔TSG §§ 100.1–2, 100.4; MSGS 160.2〕

ta (f. tā) は母音で終わる語根、あるいは子音で終わる単音節の多くの語根[1] に付加される。

① √- 母音 / 子音（単音節）+ ta ⇨ Ps. pass. pt.

√ji（勝つ）は jita、√nī（導く）は nīta、√hu（供える）は huta、√kṛ（なす）は kṛta、√budh（覚る）は buddha となる。

または i にて終わる弱語幹に付加される。第 10 類の動詞、ならびに caus. / Den. では、接尾辞 aya を取り去って i に変えた語幹に加えられる。√pat（落ちる）は patita、√cur（盗む）は corita、√budh の caus. は bodhita、Des. は bubodhiṣita、Int. は bobudhita、Den. の mantraya（相談する）は mantrita となる。この場合、語根の母音は通常は Guṇa 化し、希に Vṛddhi 化する。√pad（落ちる）は pādita となる。また場合によっては音の量は強められない。√cint（考える）は cintita となる。√grah（つかむ）は gṛhīta となる。

以下に重要な不規則な語形をあげる。

⑴ Saṃprasāraṇa (§ 7【補 2】) で語幹を作るもの。

語根	Ps. pass. pt.	語根	Ps. pass. pt.
√yaj（崇める）	iṣṭa	√vac（言う）	ukta

1) 本来 seṭ / veṭ 語根であっても aniṭ 語根と同じ扱いになることが多い。例えば seṭ 語根 √bhū（なる）は bhūta、√indh（点火する）は iddha、√dīp（輝く）は dīpta、√vṛdh（育つ）は vṛddha、veṭ 語根 √guh（覆う）は gūḍha となる。

√vad (告げる)	udita	√vap (播く)	upta
√vas (留まる)	uṣita	√svap (眠る)	supta
√hve (呼ぶ)	hūta	√prach (問う)	pṛṣṭa
√bhrajj (焙る)	bhṛṣṭa	√vyadh (貫く)	viddha

② 語根末前の鼻音が消滅するもの。

語根	Ps. pass. pt.	語根	Ps. pass. pt.
√daṃś (咬む)	daṣṭa	√bandh (縛る)	baddha
√sañj (固執する)	sakta	√sraṃs (滑落する)	srasta

③ 語根末の鼻音が消滅するもの。

語根	Ps. pass. pt.	語根	Ps. pass. pt.
√kṣan (傷つく)	kṣata	√gam (行く)	gata
√tan (拡げる)	tata	√nam (曲げる)	nata
√man (考える)	mata	√yam (抑制する)	yata
√ram (好む)	rata	√han (殺す)	hata

④ 語根末の鼻音が消滅し、前の a が ā となるもの。

語根	Ps. pass. pt.	語根	Ps. pass. pt.
√khan (掘る)	khāta	√jan (生まれる)	jāta

⑤ 語根末の長母音が i / ī となるもの。

語根	Ps. pass. pt.	語根	Ps. pass. pt.
√gai (歌う)	gīta	√dhā (置く)	hita
√pā (飲む)	pīta	√mā (量る)	mita
√śo (鋭くする)	śita	√so (結ぶ)	sita
√sthā (留まる)	sthita		

【補 2】 語根末の長母音ではないが √śās（命じる）は śiṣṭa となる。

⑥　語根末の h の連声によるもの。

語根	Ps. pass. pt.	語根	Ps. pass. pt.
√guh (覆う)	gūḍha	√dah (焼く)	dagdha
√duh (搾る)	dugdha	√ruh (成長する)	rūḍha
√lih (舐める)	līḍha	√vah (運ぶ)	ūḍha
√sah (征服する)	soḍha	√snih (執心する)	snigdha
√nah (結ぶ)	naddha		

⑦　語根末の m が接尾辞 ta に同化され n となり、その前の a が ā となるもの。

語根	Ps. pass. pt.	語根	Ps. pass. pt.
√kam (愛する)	kānta	√dam (抑える)	dānta
√bhram (徘徊する)	bhrānta	√śam (静まる)	śānta
√śram (疲れる)	śrānta		

⑧　特例として √dā は datta となり、接頭辞 ā- をともなう場合は ātta となる。

【補 3】√muh の Ps. pass. pt. に mugdha と mūḍha との 2 種があることについては § 49 の【備考】を参照。

⑵　接尾辞 na〔TSG § 100.3; MSGS 160.1〕

na は常に直接語根に付加される。

①　√- + na ⇨ Ps. pass. pt.

上記 ta との併存も少なくないが、na の使用はおよそ次のようになる。

若干の語根が長母音、特に ṝ で終わる場合、語根末の ā は大抵 ī となり[1]、ṝ は īr、唇音の後ろで ūr となる。√hā (捨てる) は hīna、√glai (疲れる) は glāna、√kṣi (壊れる) は kṣīṇa、√lī (著く) は līna、√lū (断つ) は

1)　しかし √ghrā (嗅ぐ) は ghrāṇa / ghrāta、√hā (出ていく) は hāna となる。

lūna、√kṝ (散らす) は kīrṇa、√jṝ (老いる) は jīrṇa、√tṝ (渡る) は tīrṇa、√pṝ (満たす) は pūrṇa、√śṝ (破壊する) は śīrṇa、√stṝ (敷く) は stīrṇa となる。

g あるいは j で終わる若干の語根の場合、語幹末は g となる。√lag (着く) は lagna、√bhañj (破る) は bhagna、√bhuj (曲る) は bhugna、√majj (沈む) は magna、√vij (激動する) は vigna となる。

語根末の d は大抵 n になる。√chid (断つ) は chinna、√nud (推進する) は nunna、√pad (落ちる) は panna、√bhid (破る) は bhinna、√vid (得る) は vinna、√sad (坐る) は sanna となる。

4. 過去能動分詞〔TSG § 100, p. 302; MSGS 161〕

§ 211 接尾辞 vat (強語幹 vant, f. vatī) を上記の ta あるいは na で終わる Ps. pass. pt. に加えると、過去能動分詞 (Past active participles = Ps. actv. pt.) となる。その曲用は vat- 語幹 (§ 84)、ī- 語幹 (§ 69) 参照。

① Ps. pass. pt. + vat ⇨ Ps. actv. pt.

kṛtavat (なした)、dṛṣṭavat (見た)、chinnavat (断った) など。

5. 未来受動分詞[1]〔TSG § 101, pp. 302–303; MSGS 162〕

§ 212 接尾辞 tavya、anīya、ya (f. tavyā / anīyā / yā) を語根、または第２次活用の動詞語幹に添えて「〜されるべき」を基本的な意味とする未来受動分詞 (Future passive participles = Fut. pass. pt.) を作る。前述の Ps. pass. pt. と同様に自動詞から作られた場合、非人称の構文をとる。

【補】動作者は基本的に I. となるが、時に G. も許される。mama sevyo Hariḥ (ハリは私に崇拝されるべき)。

---

1) この分詞には上記 §§ 205, 206 の未来分詞と分けるために Verbal adjectives や Gerundives などの名称がある。例えば TSG / SESS は両者を併記し、実際には後者を用いる (英語版は前者)。また、WSG, MSGS は Fut. pass. pt. を用いている。どの表記によっても問題はないが、本書では § 214 絶対詞を示す Gerunds との混同を避けるために Fut. pass. pt. を使用した (§ 214 註参照)。

接尾辞 tavya (f. tavyā) は Guṇa 化した語根、または Guṇa 化して語幹母音の i で終わる語幹に付加される。結合母音 -i- の有無や語根との内連声は Perph. Fut. の接尾辞 (i)tā の場合 (§ 183) と同じである。

①　√Guṇa + (i)tavya ⇨ Fut. pass. pt.

√ji (勝つ) は jetavya、√bhuj (食べる) は bhoktavya、√kṛ (なす) は kartavya、√bhū (なる) は bhavitavya、√cur (盗む) は corayitavya、√grah (つかむ) は grahītavya となる。

接尾辞 anīya (f. anīyā) は大抵 Guṇa 化した語根に付加される。その場合、ほぼ Fut. と同形の語根が使われる。

②　√Guṇa + anīya ⇨ Fut. pass. pt.

√ci (積む) は cayanīya、√śru (聞く) は śravaṇīya、√ kṛ (なす) は karaṇīya、√cint (考える) は cintanīya となる。なお、anīya で作られる分詞の使用頻度は tavya に比べると少ない。

【補 2】その他の活用形から作られるものを示すと、例えば √budh (覚る) は caus. bodhanīya、Des. bubodhiṣaṇīya、Int. bobudhanīya となる。

接尾辞 ya (f. yā) は Guṇa 化、あるいは Vṛddhi 化した語根に付加される。ā で終わる語根、ならびに二重母音 (e / ai / o) は e に変える。

③　√Guṇa / Vṛddhi + ya ⇨ Fut. pass. pt.

√dā (与える) は deya、√pā (飲む) は peya、√dhe (吸う) は dheya、√gai (歌う) は geya、√so (結ぶ) は seya となる。

語根末の i / ī は e となり、また、可能の意味を含む場合は ay となる。√ji (勝つ) は jeya (勝たれるべき) / jayya (勝たれうる)、√krī (買う) は kreya (買われるべき) / krayya (買われるはずの) となる。

同様に語根末の u / ū は av となり、また、必然の意味を含む場合は āv となる。√nu (讃める) は navya (讃められるべき) / nāvya (讃められなければならない)、√bhū (なる) は bhavya (なるべき) / bhāvya (ならなければならない）となる[1]。

語根末の ṛ / ṝ は ār となる。√kṛ（なす）は kārya、√tṝ（渡る）は tārya など。

また、語根末単子音の前の i / u / ḷ は Guṇa 化し、子音に挟まれた a は ā となる。√muc（解く）は mocya、√kḷp（適する）は kalpya、√vac（言う）は vācya など。しかし a が唇音の前に位置する場合は基本的に変化しない。√labh（得る）は labhya となる。また、語根が長音節で構成される場合も変化しない。

i / u / ṛ で終わる若干の語根は接尾辞 ya の前に結合子音 -t- を入れて、tya とするものがある。√i（行く）は itya、√stu（称讃する）は stutya、√bhṛ（担う）は bhṛtya となる。

【補 3】第 10 類の動詞、また第２次活用の動詞の語幹は上記 anīya の場合と同様である。√cur（盗む）は corya、また、√budh（覚る）は caus. bodhya、Des. bubodhiṣya、Int. bobudhya となる。

II　副詞としての準動詞

1.　不定詞〔TSG § 102; MSGS 167〕

§ 213　不定詞 (Infinitive = Inf.) を作る接尾辞 tum は語根、あるいは第２次活用動詞の語幹に付加される。結合母音の -i- の有無、連声などによる語形の変化は上記の tavya (§ 212) と同じである。

①　√ + tum ⇨ Inf.
②　第２次活用動詞語幹 + tum ⇨ Inf.

Inf. は「～をすることを」、「～をすることに」など動作の目的や目標を表し、その可能性や意欲性を表す動詞とともに使用される。本来 actv. / pass. の区別をもたないが、pass. の動詞にしたがわれる場合は受動の意味をもつ。例えば tena kaṭaḥ kartum śakyate（彼によって筵が作られることが可能だ）、sa mārayitum nīyate（彼は殺されるために連れて行かれる）など。

√dā（与える）は dātum、√ji（勝つ）は jetum、√bhū（なる）は bhavitum、

1)　この bhavya は「未来の」という形容詞になる。

√kṛ（なす）は kartum、√yuj（繋ぐ）は yoktum、√dṛś（見る）は draṣṭum、√gam（行く）は gantum（§ 45）、√cur（盗む）は corayitum、√grah（つかむ）は grahītum、√tṝ（渡る）は taritum / tarītum となる。

また Inf. は欲望、意図を表す語（kāma, manas など）と所有合成語（Bv.）を形成する。その場合は m が消滅して °tu- となる。svaptukāma（眠ることを欲している）、vaktumanas（言う意志がある、言いたがる）。

【補】不定詞は本来 Kṛt 接尾辞 tu によって作られた名称詞（§ 220 表参照）が、sg. Ac. の変化をとって副詞化したものである。そのもととなる語幹は上記の合成語前分となる場合に残る。中級文法などで統語論から不定詞の用法を学ぶ場合に、それが本来 sg. Ac. から派生したことを知っておくと理解し易い。

2.　絶対詞〔TSG § 103; MSGS 163–166〕

§ 214　接尾辞 tvā は弱化した語根、あるいは結合母音の -i- のみを加えた弱語幹より絶対詞（Gerund = Gd.）[1] を作る。-i- の有無、連声などによる語形の変化は上記の接尾辞 ta（§ 210（1））の前と同形になる。

①　√ + (i)tvā ⇨ Gd.

一般に同一の動作者によって行われる２つの動作の中で先行するものを示す。本来は Gd. が示す動作が終わって、次の動作へと進む場合に用い、動作が並行している場合は Pres. pt. を用いる。例えば sa bhuktvā kathayati（彼は食べ終わって、語る）、sa bhuñjan kathayati（彼は食べながら、語る）。しかし実際には必ずしも守られている訳ではない。また、Gd. も上記の Inf. と同じく一般に動作者（actv. では N.、pass. では I.）に関係し、本来 actv. / pass. の区別を語形としてもたない。

√yaj（崇める）は iṣṭvā、√vac（言う）は uktvā、√vas（留まる）は uṣitvā、√svap（眠る）は suptvā、√prach（問う）は pṛṣṭvā、√bandh（縛る）は

1)　欧文で書かれた文法書では Absolutives / Gerunds の２つの名称が用いられる。例えば TSG, SESS は前者を、WSG, SSS, MSGS は後者を用いている。ただ、両者ともに未来受動分詞を示す Gerundives との混同を避けている（§ 212 註参照）。

baddhvā、√gam（行く）は gatvā、√man（考える）は matvā、√dhā（置く）は hitvā、√pā（飲む）は pītvā、√sthā（留まる）は sthitvā、√dah（焼く）は dagdhvā、√lih（舐める）は līḍhvā、√khan（堀る）は khātvā / khanitvā、√bhram（徘徊する）は bhrāntvā、√dā（与える）は dattvā、√bhū（なる）は bhūtvā、√grah（つかむ）は gṛhītvā、第 10 類動詞、caus. ならびに aya で終わる Den. は ayi に変えて tvā を付加する。√cur（盗む）は corayitvā、√vac（言う）の caus. は vācayitvā となる。

§ 215 Gd. を作る接尾辞 ya は、接頭辞、副詞、あるいは名詞を前分として合成した弱化語根の場合に付加され、大抵 pass. 語幹と同じ形になる。ā または二重母音 (e / ai / o) で終わる語根は ā となる。ṝ で終わる語根は īr に、唇音の後ろでは ūr に変える。

② 接頭辞 / 副詞 / 名詞 + √ + ya ⇨ Gd.

pra-√vac（告白する）は procya、sam-√bhū（合う）は saṃbhūya、ava-√tṝ（降臨する）は avatīrya、ā-√pṝ（満ちる）は āpūrya、ā-√dā（取る）は ādāya となる。

【備考】否定詞 a, an を語頭に加えても tvā を ya とすることはない。abhūtvā（なくして）など。

また短母音で終わる語根には結合子音 -t- を加えて tya とする。

③ 接頭辞 / 副詞 / 名詞 + √(- 短母音) + tya ⇨ Gd.

alam-√kṛ（飾る）は alaṃkṛtya、pra-√i（死ぬ）は pretya、vaśe-√kṛ（服従させる）は vaśekṛtya、phūt-√kṛ（息吹く）は phūtkṛtya となる。

§ 216 √gam（行く）、√nam（曲げる）、√yam（抑制する）、√ram（好む）、または √man（考える）など m または n で終わる語根は m または n を省略して tya を付加することができる (§ 45)。ā-√gam（来る）は āgamya / āgatya、ava-√man（侮る）は avamanya / avamatya など。√tan（拡げる）と √han（殺す）は上記の方法でのみ作られる。vi-√tan（いきわたる）は vitatya のみ、ni-√han（撲殺する）も nihatya のみ。また、√khan、√jan の語根母音 a は延長しても用いられる。ni-√khan（埋葬する）は nikhanya /

nikhānya、ā-√jan (出産する) は ājanya / ājānya となる。

§ 217 第10類、ならびに接尾辞 aya によって同形に作られる動詞の語幹は、その語根が短音節のまま語幹を作る場合 aya の最後の a を取って ya を付加し、ayya とする。sam-√gam の caus. の語幹 saṃgamaya (集める) は saṃgamayya となる。

しかし長音節の場合は、語幹の aya を取り去って ya を加える。pra-√budh の caus. の語幹 prabodhaya (覚ます) は prabodhya、Den. の ā-karṇaya (聞く) は ākarṇya となる。その他の第2次活用として、例えば √budh の Des. は bubodhiṣya、Int. は bobudhya となる。

【補】両方の形を任意に用いる語根もある。√āp (得る) は āpayya / āpya となる。また、P-caus. も同様に扱われる。√dā (与える) は dāpayya / dāpya となる。

§ 218 接尾辞 am もまた一種の Gd. を作る。この接尾辞が直接付加される語根の形は 3rd. sg. pass. Aor. (§ 189) の -i の前と同じ語形を使う。√ci (積む) は cāyam、√kṛ (なす) は kāram、√vid (知る) は vedam、√dā (与える) は dāyam となる。

第７章　名称詞造語法

I　第１次派生語と第２次派生語〔TSG § 104; MSGS 182, 183〕

§ 219　名称詞を作る場合、一般に接尾辞を加えて語幹を作る。接尾辞には第１次派生語を作る Kṛt 接尾辞と、第２次派生語を作る Taddhita 接尾辞の２種類があり、それらの加え方、ならびに意義にも大きな違いがある[1]。

1. Kṛt 接尾辞〔TSG § 106.I; MSGS 182.1〕

§ 220　Kṛt 接尾辞は語根および動詞の語幹より第１次派生語を作る[2]。すでにあげた比較級や最上級を作る接尾辞（§ 96）、準動詞を作る接尾辞（§§ 205–218）、および以下にあげる接尾辞がすべて Kṛt 接尾辞に属す。

母音ではじまる接尾辞				子音ではじまる接尾辞				
a	aka（f. ikā）	ana	as	ti	tu	tṛ	tra	tva
ā				th				
i	in	is		ni	nu			
u	us			man				
				ra	la	van		

Kṛt 接尾辞によって作られる第１次派生語は、意味の上で動詞と密接に関係する。語根の母音は一定の階梯をもち、場合によっては動詞の語幹をもととする場合もある。以下に重要な Kṛt 接尾辞をあげる。

---

1)　造語法によって派生する名称詞は多義にわたり、文法箇条だけでそれらの正しい意味を把握することは不可能にちかく、信頼できる辞書によってそのつど確認することを必要とする。それゆえ、敢えて造語法の項目を立てない初級文法も多くある。荻原文法のもととなった Stenzler の文法書においても簡素な解説にとどまっており、この項目が改訂増広されたのは第 18 版以降のことである。ここに解説するものは中級文法に習うものであるが、あくまでも基本的な規則であることに注意されたい。

2)　その中でも適用の範囲が狭く、且つ動詞との関連が明確でない造語を作るものを uṇādi 接尾辞と呼ぶ。

⑴ 接尾辞 a

a は語根または接頭辞をもつ語根に付加されて、さまざまな動作者名詞 (Nom. ag.)、動作名詞 (Nom. act.) などの派生語を作る。語根は一般に Guṇa 化するが、ā に長母音化する場合や弱語形のままの場合もある。また語根末が ā のものは a となるか、あるいは -y- を挿入する。√dā から da / dāya (adj. 与える)、√dhā から dha / dhāya (adj. 置く) など。

接尾辞 a

Nom. ag.		Nom. act.	
√kṛ (なす)	ahas-kara (m. 太陽)	√kram (歩む)	krama (m. 歩行)
√gai (歌う)	sāma-ga (m. 吟唱祭官)	√tyaj (見放す)	tyāga (m. 放棄)
√dā (与える)	agni-da (m. 放火犯)	√bhū (なる)	bhāva (m. 存在)
√yudh (戦う)	yodha (m. 戦士)	√lubh (切望する)	lobha (m. 欲望)
√han (殺す)	mṛga-han (m. 猟師)	√ruj (破壊する)	roga (m. 病気)

⑵ 接尾辞 ana

接尾辞 ana が付加される場合、語根の母音は大抵 Guṇa 化し、長母音の ā は主に caus. をもととすることを示す。動作者名詞 (Nom. ag.) はよく合成語の後分として使用され、動作名詞 (Nom. act.) は状態、行為、手段、用具などを表す中性名詞 (n.) を作る。

接尾辞 ana

Nom. ag.		Nom. act.	
√kṛ (caus. させる)	kāraṇa (n. 原因)	√ās (座る)	āsana (n. 座)
√nī (導く)	nayana (n. 目)	√gam (行く)	gamana (n. 行くこと)
√pū (caus. 清める)	pavana (m. 風)	√dā (与える)	dāna (n. 贈物)
√bhūṣ (手伝う)	bhūṣaṇa (n. 飾り)	√bhuj (食べる)	bhojana (n. 食物)
√vah (運ぶ)	vāhana (n. 乗物)	√mṛ (死ぬ)	maraṇa (n. 死)

また、この接尾辞の女性形 (f.) anā は多くの抽象名詞を作る。√arc (讃える) から arcanā (f. 称讃)、√bhū (なる) の caus. bhāvaya から bhāvanā (f. 生産 / 想像) など。

⑶　接尾辞 as / is / us

接尾辞 as / is / us は中性名詞 (n.) を作る。その中でも as が最も重要な接尾辞で、動作名詞 (Nom. act.) や種々の名詞を作る。曲用は § 80 参照。

接尾辞 as

√cit (知る)	cetas (n. 思考)	√tap (熱する)	tapas (n. 苦行)
√nam (曲げる)	namas (n. 敬礼)	√pī (充ちる)	payas (n. 乳)
√man (考える)	manas (n. 心)	√vac (言う)	vacas (n. 言葉)

接尾辞 is

√dyut (輝く)	jyotis (n. 光明)	√hu (捧げる)	havis (n. 供物)

接尾辞 us

√i (行く)	āyus (n. 寿命)	√dhan (走らす)	dhanus (n. 弓)

⑷　接尾辞 man

接尾辞 man は Guṇa 化した語根に付加され、動作名詞 (Nom. act.) の中性名詞 (n.)、また具象化した名詞を作る。曲用は §§ 86–87 参照。

接尾辞 man

√kṛ (なす)	karman (n. 行為)	√jan (生まれる)	janman (n. 出生)
√dhṛ (保つ)	dharman (n. 性質)	√vṛ (蔽う)	varman (n. 鎧)
√vṛt (進む)	vartman (n. 軌道)	√viś (落ち着く)	veśman (n. 家)

また男性名詞 (m.) として、ātman (m. 自我)、uṣman (m. 熱気)、

brahman (m. 梵天) などがある。

⑸ 接尾辞 tra

接尾辞 tra は多くの場合、道具、場所、身体の部分を示す中性名詞 (n.) を作る。

接尾辞 tra

√kṣi (住む)	kṣetra (n. 土地)	√nī (導く)	netra (n. 目)
√pā (飲む)	pātra (n. 杯)	√vas (着る)	vastra (n. 衣類)
√śru (聞く)	śrotra (n. 耳)		

また n. 以外では、√man (考える) から mantra (m. マントラ)、√daṃś (咬む) から daṃṣṭrā (f. 牙) などがある。

⑹ 接尾辞 ti

接尾辞 ti は多くの動作名詞 (Nom. act.) の女性名詞 (f.) を作る。語根の形態は Ps. pass. pt. の ta を付加する場合と同じである。

接尾辞 ti

ā-√kṛ (引き寄せる)	ākṛti (f. 外観)	√kam (愛する)	kānti (f. 魅力)
√gam (行く)	gati (f. 進路)	√jan (生まれる)	jāti (f. 誕生)
√dṛś (見る)	dṛṣṭi (f. 見地)	√nī (導く)	nīti (f. 指導)
√budh (目覚める)	buddhi (f. 理解)	√man (考える)	mati (f. 信心)
√muc (解く)	mukti (f. 解脱)	√vac (言う)	ukti (f. 宣言)
√vṛdh (育つ)	vṛddhi (f. 成長)	sam-√pad (完成する)	saṃpatti (f. 達成)
√sṛj (放出する)	sṛṣṭi (f. 放射)	√stu (称讃する)	stuti (f. 称讃)

また、より具体化した意味をもつものとして、2√kṣi (住む) から kṣiti (f. 住居)、√jñā (知る) から jñāti (m. 近親) などがある。

⑺　接尾辞 ā

接尾辞 ā は上記 ti の代わりに語根末が長母音で導かれる単子音で終わり、Ps. pass. pt. が ita を必要とする語根、ならびに第 10 類と caus. を除く派生的な語幹、特に Des. に付加され、動作名詞 (Nom. act.) の女性名詞 (f.) を作る。

接尾辞 ā

√krīḍ (遊ぶ)	krīḍā (f. 遊戯)	√pūj (尊ぶ)	pūjā (f. 尊敬)
√rakṣ (保護する)	rakṣā (f. 守護)	√sev (仕える)	sevā (f. 奉仕)

Des. に付加される例

√pā (飲む)	Des. pipās (飲みたい)	pipāsā (f. 渇き)
√bhuj (食べる)	Des. bubhukṣ (食べたい)	bubhukṣā (f. 飢え)
√man (考える)	Des. mīmāṃs (考えたい)	mīmāṃsā (f. 探求)

⑻　接尾辞 u

接尾辞 u はごく普通の名称詞を作る。bandhu (m. 親類)、jānu (n. / m. 膝)、hanu (f. 顎)、laghu (adj. 速い / 軽い)、guru (adj. 重い) など。また、Des. の語幹にも付加される。√kṛ (なす) の Des. cikīrṣ から cikīrṣu (なそうと欲する) など。

⑼　接尾辞 aka (f. ikā)

接尾辞 aka (f. ikā) は一般に母音を Guṇa 化した (母音が a の場合は ā とする) 語根に付加され、動作者を表す。√nī (導く) から nāyaka / f. nāyikā (主人公)、√pac (調理する) から pācaka / f. pācikā (料理人) など。

⑽　接尾辞 tṛ

接尾辞 tṛ は最も代表的な動作者名詞 (Nom. ag.) を作る接尾辞で、Guṇa 化した語根に付加される。結合母音の -i- や、語根形に関しては

Periph. Fut. の項 (§ 183) を参照。√kṛ (なす) から kartṛ (動作者)、√dā (与える) から dātṛ (施主)、√rakṣ (守る) から rakṣitṛ (保護者)、√vac (言う) から vaktṛ (話者)、√yudh (戦う) から yoddhṛ (戦士) などとなる。曲用は § 71 参照。また親族を表す名詞もこの接尾辞をもつ。pitṛ (父)、mātṛ (母)、bhrātṛ (兄弟) など。曲用は § 72 参照。

⑾ 接尾辞 in

接尾辞 in は接尾する動詞の意味を保って、動作者を表す名称詞 (Nom. ag.)「～をする [者]」を作る。主に接頭辞を伴う語根、あるいは合成語の後分に用いられ、語根の形状は上記 aka の場合に同じ。曲用は § 79 参照。abhi-√bhāṣ から abhibhāṣin (adj. 話しかける [者])、ud-√pad から utpādin (adj. 生み出す [者])、upa-√jīv から upajīvin (adj. 生計をたてる [者])、vṛthā-√vad から vṛthāvādin (adj. そら言を語る [者])、saha-√car から sahacārin (adj. 随伴する [者]) などとなる。

2. **Taddhita 接尾辞**〔TSG § 106.II; MSGS 182.2〕

§ 221 Taddhita 接尾辞は名称詞語幹など、さまざまな品詞に付加されて、第２次派生語としての抽象名詞、集合名詞など、または所属、関連などを示す形容詞の語幹を作る。例えば √div (輝く) は上記第 1 次派生語として deva (m. 神) を作り、さらに第２次派生語として daiva (adj. 神聖な) という語を生む。同様に √man (考える) から manas (n. 心) ができ、さらに manasvin (adj. 思慮ある) という派生語を生む。

【補】Taddhita 接尾辞は合成語、不変化詞、格形、または固有名詞に付加されることもある。また、しばしば重要な意味の変化をもたない派生にとどまり、特に合成語の末尾には samāsānta と呼ばれる虚辞的な接尾辞として添えられることがある。

Taddhita 接尾辞で最も普通に用いられるものに、比較級を作る接尾辞 tara と、最上級を作る接尾辞 tama (§ 95) があるが、それ以外にも次のものがある。

母音ではじまる接尾辞			子音ではじまる接尾辞		
a			ka		
ika	in	iman	tā	tva	
īna	īya		mat	maya	min
eya			ya		
			vat	vin	

⑴　接尾辞 a

a はあらゆる語幹から第 2 次派生語を作る。語頭音節の Vṛddhi 化を伴う場合は付属、関連、産物などの関係を示す名称詞を作る。もとになる語が a で終わっていれば、Taddhita 接尾辞 a は表面化しない。oṣadhi (f. ハーブ) から auṣadha (n. 薬)、yuvan (adj. 若い) から yauvana (n. 青春期)、vyākaraṇa (n. 文法) から vaiyākaraṇa (m. 文法学者)、śuci (adj. 清い) から śauca (n. 清浄)、suhṛd (m. 友人) から sauhārda (n. 友情) など。また語頭音節の Vṛddhi 化を伴わない場合は samāsānta として合成語を拡張し、簡便な a- 語幹への移行を果たす。brahmavarcas (n. 神聖) は brahmavarcasa となる。

⑵　接尾辞 ika

ika が Taddhita 接尾辞として使用される場合、一般に語頭音節の Vṛddhi 化を伴い、もととなる語の付属、関連を表す派生語を作る。aśva (m. 馬) から āśvika (adj. 馬に関する)、itihāsa (m. 物語) から aitihāsika (m. 語りべ)、vasanta (m. 春) から vāsantika (adj. 春の) など。また、女性形の ikā / ikī も名詞を作る。anvīkṣā (f. 考究) から ānvīkṣikī (f. 論理学)、śyāma (adj. 黒い) から śyāmikā (f. 黒さ、不浄) など。

⑶　接尾辞 in / min / vin (f. inī / minī / vinī)

in / min / vin (f. inī / minī / vinī) は所有を示す多くの形容詞、または動作

者名詞 (Nom. ag.) を作る。結合子音の種類 (-m- / -v-) と有無によって3種に分かれる。in は主に a / ā- 語幹に用いられる。喉音や長母音に付加されるのが min、as- 語幹に付加されるのが vin となる。曲用は § 79 参照。

接尾辞 in

dhana (n. 財)	dhanin (adj. 財をもつ)	padma (m. / n. 蓮)	padminī (f. 蓮池)
bala (n. 力)	balin (adj. 力のある)		

接尾辞 min

vāc (f. 言葉)	vāgmin (adj. 雄弁な)	sva (n. 自分の所有物)	svāmin (m. 所有者、主)

接尾辞 vin

manas (n. 思慮)	manasvin (adj. 思慮ある)	tapas (n. 苦行)	tapasvin (m. 苦行者)

(4) 接尾辞 iman

iman は形容詞から抽象名詞を作る。もととなる形容詞は比較級 / 最上級の接尾辞 īyas / iṣṭha (§ 96) が付加されるものと同じ形状をとる。guru (adj. 重い) から gariman (m. 重さ cf. garīyas)、jaḍa (adj. 鈍感な) から jaḍiman (m. 愚鈍)、pṛthu (adj. 広大な) から prathiman (m. 広さ cf. prathīyas)、mahat (adj. 偉大な) から mahiman (m. 偉大 cf. mahīyas)、śukla (adj. 白い) から śukliman (m. 白色) など。曲用は § 86 参照。

(5) 接尾辞 īna

īna は語頭音節の Vṛddhi 化を伴った語に付加されて、場所、方角、期間、あるいは同じ意味を表す名称詞を作る。grāma (m. 村) から grāmīṇa (adj. 田舎の、m. 農夫)、tila (m. 胡麻) から tailīna (n. 胡麻畑)、prāc (adj. 東の) から prācīna (adj. 東の) など。また、Vṛddhi 化を伴わないこともある。kula (n. 良家) から kulīna (adj. 良家の)、nava (adj. 新しい、若い) から navīna (adj. 新しい、若い) など。

⑹　接尾辞 īya

īya は所属、関連を表す種々の名称詞を作る。parvata (m. 山) から parvatīya (adj. 山に属する)、nagara (n. 都城) から nagarīya (adj. 都城に属する) などがある。また代名詞の語幹から所有の代名詞を作る。mad (私) から madīya (adj. 私の)、tvad (あなた) から tvadīya (adj. あなたの)、tad (彼、彼女、それ) から tadīya (adj. 彼の、彼女の、それの) など。この接尾辞から作られた序数詞として、dvitīya、tṛtīya、turīya (§ 111) がある。また、場合によっては語頭音節の Vṛddhi 化を伴った語に付加されて、学派や学徒を示す。Tittiri (m. ティッテリ [人名]) から Taittirīya (m. ティッテリ学派)、Pāṇini (m. パーニニ [人名]) から Pāṇinīya (m. パーニニの徒 = 文法学派)、Jaimini (m. ジャーイミニ [人名]) から Jaiminīya (m. ジャーイミニの徒 = ミーマーンサー学派) など。

【補】この接尾辞 īya で作られたいくつかの特別な語は合成語の後文に使用される。例えば jātīya (～に属する): vṛkṣa-jātīya (木の類に属する)、sthānīya (～の状態にある): kaṇṭha-sthānīya (喉の中にある)、vargīya (～の集まり、範疇にある): Ta-vargīya (Ta の範疇にある = 歯音)、deśīya (～に近似する [まがい物の意味を含む]): ācārya-deśīya (師匠まがいの)、arthīya (～に関する): tad-arthīya (それに関する)。

⑺　接尾辞 eya

eya は、およそ常に語頭音節の Vṛddhi 化を伴った語に付加され、所属、関連を表す種々の形容詞、さらにそこから派生する名詞を作る。gaṅgā (f. ガンジス河) から gāṅgeya (adj. ガンジス河に属する)、bali (m. 供物) から bāleya (adj. 供物に適した)、pathin (m. 道) から pātheya (n. 旅の糧)、jñāti (m. 親戚) から jñāteya (n. 親戚たること)、Kuntī (f. クンティー) から Kaunteya (m. クンティーの子) など。

⑻　接尾辞 ka

ka はさまざまな語幹に付加され、そこから派生する意味も多義にわたる。まず広い意味での所属、関連を示す形容詞、およびそこから派生する抽象的な名詞などを作る。また、派生語が aka で終わる場合、女性形は ikā (cf. 上記⑵) で作る。pitṛ (m. 父) から paitṛka (adj. 父方の)、avaśya (adj. 回避できない) から āvaśyaka (adj. 必然の、n. 楽天的な性質)、vṛddha (Ps. pass. pt. 老いた) から vārddhaka (m. 老人、n. 老齢)、ramaṇīya (Fut. pass. pt. 愛らしい) から rāmaṇīyaka (n. 愛らしいこと) など。

また、語頭音節の Vṛddhi 化は一様でなく[1]、中でも、小ささ、非力、親近感を表す指小語 (diminutive) を作る場合、あるいは虚辞 (samāsānta) として使用される場合には見られない。mūṣa (n. ねずみ) から mūṣaka (m. 小ねずみ)、vṛkṣa (m. 木) から vṛkṣaka (m. 小さな木)、putra (m. 息子) から putraka (m. [愛情をこめた意味で] 愚息)、あるいは aśva (m. 馬) から aśvaka (m. 非力な馬) など。また同様に、所有合成語の語末に虚辞 samāsānta として付加される。この場合、aka の女性形には akā / akī を使用する。bahumāla (adj. 多くの花輪をもつ) から bahumālaka (f. bahumālakā / °akī) となる。

⑼　接尾辞 tā (f.) / tva (n.)

tā (f.) / tva (n.) は名称詞に付加され、「～たること、～性」を基礎として、性質、本質、概念、機能、理論的関係などを示すさまざまな抽象名詞を作る。Indra (m. インドラ神) から Indratā / Indratva (f. / n. インドラたること = インドラ神の威厳)、go (m. 牛) から gotā / gotva (f. / n. 牛たること = 牛の本質)、ballava (m. 牛飼い) から ballavatā / ballavatva (f. / n. 牛飼いたること = 牛飼いの役目、仕事)、また集合化の例として、bandhu (m. 結びつき、結縁) から bandhutā / bandhutva (f. / n. 結縁たること = 親類)、jana (m. 人) から janatā (f. 人類)、deva (m. 神) から devatā (f. 神格)、sat (Pres. pt. 現存している) から sattva (n. 存在物、生きもの)、具体化としては、pañca (adj. ５つの) から pañcatā / pañcatva (f. / n. ５つの元素となること = 死)

---

1)　歴史文法によれば、語頭音節の Vṛddhi 化の用例は古典サンスクリット以前にはほぼ見出せないが、時代とともに用例が増える (WSG 1222k)。

などがある。

【補】この tā / tva の語尾は特に学術書、論書、注釈書などでの使用率が増加し、長い合成語の語末に付加されて「〜という [以上の] 事実」として全体の内容を総括するために使用される。

⑽ 接尾辞 mat / vat

mat / vat は語頭音節の Vṛddhi 化を伴わず、所有、あるいは関連を示す形容詞を作る。両者はもともと結合子音 (-m- / -v-) の違いからできた接尾辞で、後者は a / ā が語幹末、あるいは a が語幹末の破裂音 / n / s / の前にある場合に使用される。mat はそれ以外で使用される。曲用は § 84 参照。

接尾辞 vat		接尾辞 mat	
dhana (n. 財)	dhanavat (adj. 裕福な)	āyus (n. 寿命)	āyuṣmat (adj. 長寿の)
dṛṣad (f. 岩)	dṛṣadvat (adj. 岩の多い)	jyotis (n. 光)	jyotiṣmat (adj. 光に満ちた)
payas (n. 汁)	payasvat (adj. 汁の多い)	dhī (f. 思考)	dhīmat (adj. 思慮のある)
rājan (m. 王)	rājanvat (adj. 良い王をもつ)	buddhi (f. 知性)	buddhimat (adj. 知力のある)
rūpa (n. 外観)	rūpavat (adj. 美しい)		
vidyā (f. 知識)	vidyāvat (adj. 知識のある)		

⑾ 接尾辞 maya (f. mayī)

maya (f. mayī) は語頭音節の Vṛddhi 化を伴わず、「〜からなる」、「〜から作られた」、「〜に富んだ」を意味する形容詞を作る。基礎語の語末 k / ṭ / t は鼻音化する。hiraṇya (n. 黄金) から hiraṇyamaya (adj. 黄金でできた)、dāru (n. 木材) から dārumaya (adj. 木造の)、vāc (f. 言葉) から vāṅmaya (adj. 言葉に富んだ、n. 雄弁)、cit (f. 知性) から cinmaya (adj. 知性よりなる) など。

⑿ 接尾辞 ya

ya は広く名称詞を作り、中性の抽象名詞を作る場合には語頭音節の Vṛddhi 化を伴う。基礎語に強弱語幹がある場合には弱語幹に付加される。その場合に、語末の a / ā / i に代わって ya が用いられる。grāma (m. 村) から grāmya (adj. 田舎の)、div (m. / f. 天) から divya (adj. 神聖な)、dhīra (adj. 堅い) から dhairya (n. 堅固)、paṇḍita (m. 学者) から pāṇḍitya (n. 学識)、sakhi (m. 友) から sakhya (n. 友情)、rājan (m. 王) から rājya (n. 王権) など。また、虚辞としても用いられ、合成語においては samāsānta の場合がある。nava (adj. 新しい) から navya、Soma-devata (adj. ソーマを神としてもつ) は Soma-devatya となる。

3. 語根名称詞〔TSG § 105; MSGS 182.1.a〕

§ 222 上記以外にも若干の語根は接尾辞を付加せず、直に名詞 (通常 f.) として用いられる。diś (f. 方向)、bhī (f. 恐怖)、mud (f. 歓喜)、tṛṣ (f. 渇き)、yudh (f. 戦い) など。また、ほぼすべての語根は Pres. pt. [P] の意味をもつ形容詞として、また、nom. ag. の意味をもつ名詞として合成語の後分に用いられる (§ 237 参照)。

II 女性語幹造語法〔TSG § 107〕

§ 223 すでに女性語幹として存在しているもの以外から女性形を作る場合、一般に男性語幹に接尾辞 ā または ī を使用する。

§ 224 a- 語幹の形容詞は ā を用いて女性形にする。nava (adj. 新しい) は navā [f.]、kānta (Ps. pass. pt. 愛された) は kāntā [f.]、bāla (adj. 幼い) は bālā [f.] など。

また、a- 語幹の男性名詞からも ā を用いて女性名詞を作ることがある。前述のような形容詞から派生した名詞の場合、kānta (m. 恋人、夫) は kāntā (f. 恋人、妻)、bāla (m. 男の子) は bālā (f. 女の子) など。その他、aja (m. 牡山羊) は ajā (f. 牝山羊)、aśva (m. 牡馬) は aśvā (f. 牝馬)、kṣatriya (m. クシャトリヤ) は kṣatriyā (f.)、ārya (m. 聖者) は āryā (f.) などがある[1]。また、aka で終わる語幹の多くは女性形を作る場合に ikā を用いる。pācaka (m. 料理人) は pācikā (f. 料理人) となる (§ 220 (9))。

§ 225　以下の場合は ī を用いて女性形を作る。

①　a で終わる語幹に使用される。deva (m. 神) は devī (f. 女神)、putra (m. 息子) は putrī (f. 娘) となる。

②　また、u- 語幹の形容詞に ī を加えて vī とすることが許される。tanu (adj. スリムな) は tanu / tanvī [f.]、pṛthu (adj. 広い) は pṛthu / pṛthvī [f.]、bahu (adj. 多くの) は bahu / bahvī [f.]、mṛdu (adj. 柔らかい) は mṛdu / mṛdvī [f.] となる。しかし、uru (adj. 広い)、guru (adj. 重い)、cāru (adj. 愛らしい)、puru (adj. 多い) は vī のみで曲用する。

【補】これら vī のみで曲用する形容詞は ru で終わる語幹として共通する。用例は少ないが、その範囲は反舌音の鼻音 / 半母音 + u に拡大することが出来る。例えば、aṇu (adj. 微細な) は aṇvī ([f.] 微細な、f. 指) となる。しかし反舌音破裂音 + u の場合、kaṭu (adj. 鋭い刺激のある) は kuṭvī / kuṭu [f.] となる。

③　tṛ にて終わる動作者名詞に付加される。dātṛ (m. 施主) は dātrī (f.)、同様に、kroṣṭṛ (m. ジャッカル) も kroṣṭrī (f.) となる。

④　子音にて終わる語幹に付加される。その名称詞が多語幹の場合、ī は中語幹、または弱語幹に付加される。balin (adj. 強い § 79) は balinī [f.]、prāc (adj. 東の § 90) は prācī [f.]、pratyac (adj. 西の § 90) は pratīcī [f.]、mahat (adj. 偉大な § 83) は mahatī [f.]、śvan (m. 犬 § 88) は śunī (f.)、tutudvas (Pf. pt. 打った § 89) は tutuduṣī (Pf. pt. [f.]) となる。

⑤　語頭音節が Vṛddhi 化した形容詞に付加される。gaura (adj. 白い) は gaurī [f.]、daiva (adj. 神聖な) は daivī [f.]、naimittika (adj. 理由あっての) は naimittikī [f.]、bhārata (adj. バラタ族出身の) は bhāratī [f.]、mānuṣa (adj. 人間的な) は mānuṣī [f.] となる。

§ 226　本来 i- 語幹、u- 語幹は男性と女性の区別をもたず、女性形を造語する必要がないが、いくつかの名称詞は ī- 語幹、ū- 語幹を使用する (曲

---

1)　ya で終わる語幹から作られる女性形の場合に、接尾辞 ā を使用する傾向があるといわれる。

用は §§ 66–70)。sakhi (m. 友 § 62) は sakhī (f. 女友だち)、kavāri (adj. わがままな) は kavārī [f.]、babhru (adj. 赤褐色の) は babhru / babhrū [f.] となる。

§ 227 at にて終わる分詞 (§ 205) の女性形を作る場合、第 1 / 4 / 10 類の動詞の場合には強語形 antī を用いる。1√ruh (成長する) の Pres. pt. 強語幹 rohant から rohantī、4√tuṣ (満足する) は tuṣyantī、10√cur (盗む) は corayantī となる。

第 2 種活用法の動詞の場合には弱語形 atī を使用する。2√dviṣ (憎む) は dviṣatī、3√hu (供える) は juhvatī、5√śak (できる) は śaknuvatī、7√bhid (阻止する) は bhindatī、8√tan (拡げる) は tanvatī、8√kṛ (なす) は kurvatī、9√aś (食べる) は aśnatī となる。

第 6 類動詞と ā にて終わる第 2 類動詞の Pres. pt.、ならびにすべての動詞の Fut. pt. には antī / atī の両方を用いることができる。6√tud (打つ) は tudatī / tudantī、2√yā (行く) は yāntī / yātī、1√bhū (なる) の Fut. pt. は bhaviṣyantī / bhaviṣyatī となる。

§ 228 van にて終わる若干の名称詞はその女性形を varī とする。pīvan (肥えた) は pīvarī となる。

いくつかの神の名前、ならびにその他特殊な名詞は女性形を作る場合に ānī を用いる。Bhava (m. シヴァ神 [尊称]) から Bhavānī (f. シヴァ神の妃)、Indra (m. インドラ神) から Indrāṇī (f. インドラ神の妃)、mātula (m. 伯父) から mātulānī (f. 伯母) など。

また、yuvan (adj. 若い cf. § 88) は yuvati [f.]、pati (m. 主人 cf. § 63) は patnī (f. 女主人、妻) となる。

第８章　合成語法

I　動詞合成語〔TSG §§ 110–111; MSGS 184〕

§ 229　動詞は接頭辞または副詞と合成することができ、それによってその動詞は語根がもつ本来の意味をさまざまに変化させる。接頭辞が複数付加されることも珍しくなく、また、特定の学派などが用いる専門用語なども作りだされる。したがって、それぞれの合成語のもつ意味は、用例を示した信頼の置ける辞書での確認を必要とする[1]。以下に接頭辞それぞれがもつ基本的な意味を、参考として√gam (行く) と√kṛ (なす) と合成した場合の用例とともに示す。

接頭辞	基本的な意味	√gam と合成した意味	√kṛ と合成した意味
acchā-	向かって	～へ赴く	——
ati-	越えて、過ぎて	経過する、通過する	やり過ぎる
adhi-	上に	～に行く、～に近づく、～に達する	～の首位に置く、L. に任命する
anu-	したがって、沿って	したがう、伴う、追いかける	Ac. を模倣する、Ac. に匹敵する
antar-	中に	中間に入る、中に含む	——
apa-	外に、遠くに	Ab. から去る、消える	取り去る、除く
api-	中に	～に入る、加わる	準備する
abhi-	向かって、対して	前進する、近づく、訪ねる	なす、企てる
ava-	下に、離れて	Ac. / L. に降りる、思いつく	下を向く
ā-	向けて	出会う、到達する	引き寄せる、提出する、呼ぶ

1)　まだ決定的な意味が把握されていない、あるいは間違って理解されている用例があることも事実であり、その解決のためには、基本的に接頭辞がどのように語根の意味を限定するのかを知っておく必要がある。

ud-	上に、外に	上がる、登る、出現する	引き上げる、取り除く
upa-	近くに	近づく、出会う	捧げる、援助する
ni-	下に、中に	Ac. / L. に赴く、Ac. / L. に到着する	下る、蔑む
nis-	外に	Ab. から出ていく、Ab. から去る	除く、整理する、癒す
parā-	離れて	去る、出発する、死ぬ	保留する、除外する
pari-	回って	徘徊する、取り巻く	準備する、飾る、付与する
pra-	前に、前方に	出発する、進む	作る、完成する、主題とする
prati-	反対に、後方に	Ac. に帰る	対抗する、報いる
vi-	別に、離れて	追い散らす、分裂する	変える、改める、比較する
sam-	ともに、集まって	集まる、会う、一致する	合同する、形成する

上記以外に、特定の語根、√as (ある)、√kṛ (なす)、√gam (行く)、√dhā (置く) などと結合して特殊な意味を表す名詞 (格形) や副詞がある。alam (adv. 充分に) が接頭辞となって √kṛ (なす) とともに「飾る」、astam (n. Ac. 我が家、m. Ac. 西山[1]) が接頭辞となって √gam / √i / √yā (行く)、あるいは √nī (導く) とともに「沈む」、「他界する」、āvis / prādur (adv. 目の前に、顕わに) が接頭辞となって √bhū とともに「出現する」、puras (adv. 前方に) が接頭辞となって √kṛ とともに「優先する」、√gam とともに「先行する」、√dhā とともに「任命する」となる。

§ 230 √as (ある)、√kṛ (なす)、√bhū (なる) の前には名称詞を付加することができ、それぞれ「〜がある」、「〜にする」、「〜になる」、という動詞になる[2]。その場合、語幹末の a / an / i / in は ī に変え、u は延長して ū となり、ṛ は rī に変える。また、その語が 2 語幹をもつ場合は弱語幹を、3 語幹をもつ場合は中語幹を使用する。śukla (adj. 白い) は śuklī-√kṛ

1) 太陽と月が背後に没するという神話上の西方にある山。
2) TSG はこの動詞合成語を Type Bhasmī-kṛ- と呼ぶ。(TSG § 111.4)

(白くする)、śuci (adj. 浄い) は śucī-√bhū (浄くなる)、mṛdu (adj. 柔らかい) は mṛdū-√as (柔軟、温和である)、mātṛ (f. 母) は mātrī-√kṛ (母とする)、bhasman (n. 灰) は bhasmī-√kṛ (灰にする) となる。

【補】さらに名詞に接尾辞 sāt を付加し、√as / √kṛ / √gam / √nī / √bhū / √yā の接頭辞とすることで、「完全に〜にする、〜となる」を表す合成語を作る[1]。bhasmasāt-√as / √gam / √bhū / √yā (完全に灰になる)、agnisāt-√kṛ / √bhū (完全に火と化す) など。

Ⅱ　名称詞・副詞合成語〔TSG § 108; MSGS 185〕

合成語は文法家が整備した伝統にしたがって６種類に分類される。伝統的に「六合釈」と呼ばれるこの分類は合成語の基本的性格を知るのに便利であるが、簡便な解説だけでは実際に合成語がもつ多種多様の可能性を把握しきれない[2]。以下に６種類の合成語がどのような関係にあり、どのような役割を果たすのか俯瞰しておく。

<table>
<tr><th colspan="3">名称詞・副詞合成語</th></tr>
<tr><th>形容詞合成語</th><th>名詞合成語</th><th>副詞合成語</th></tr>
<tr><td colspan="3">① Dvandva (= Dv.)</td></tr>
<tr><td rowspan="3">広義 Tatpuruṣa</td><td>② Tatpuruṣa (= Tp.)</td><td>⇨ Compound Adverbs</td></tr>
<tr><td>③ Karmadhāraya (= Kdh.)</td><td>⇨ ⑥ Avyayībhāva (= Av.)</td></tr>
<tr><td>④ Dvigu (= Dg.)</td><td>⇨ Compound Adverbs</td></tr>
</table>

⇩　⇩　⇩

<table>
<tr><td>第２次形容詞合成語*
(所有合成語)</td><td></td></tr>
<tr><td>⑤ Bahuvrīhi (= Bv.)</td><td>⇨ Compound Adverbs</td></tr>
</table>

* この第２次形容詞合成語 (Secondary Adjective Compounds) という呼び方は WSG pp. 481, 501 (cf. MSGS 185) による。WSG はこの項目で所有合成語以外の合成語も細分化するが、本書では Bahuvrīhi 合成語を理解し易くするための名称として使用した。

---

1)　TSG はこの動詞合成語を Type Bhasmasāt-kṛ- と呼ぶ。(TSG § 111.5)

2)　中級文法によっては、さらなる分類を加えて対応するものがある (TSG §§ 108 ff.)。本書も必要に応じてそれらを参考にし、中級文法への移行をふまえて解説する。

§ 231　合成語は２つ以上の語幹によって作られる。その数に制限はないが、基本的な構造としては A(前分) + B(後分) という合成によって作られた単語で、B のみが格変化を行う。

A は原則として語幹の形を保ち、２語幹では弱語幹、３語幹では中語幹が使用される。ただし、rājan (王) のように an で終わる語幹では、その語末を a とし、mantrin (大臣) のように in で終わる語幹では i とする。rāja-kumāra (m. 王の息子)、mantri-putra (m. 大臣の子) となる。また、mahat (偉大な § 83) は mahā を用いる。go (牡牛 § 75) が母音の前にある場合は gava となる。

【補】合成語はそれ自体で完結した意味をもつが、場合により１つの要素 (主に A) が外部の語と関係することがある。Sagaraḥ pautreṇa pratyāhṛtāśvaḥ (孫によって馬を取りもどしたサガラは)。特殊な関係として § 233【補 2】参照。

§ 232　B ではいろいろな語幹が a- 語幹となる場合がある。akṣi (n. 眼 § 64) は akṣa (m. / n.)、rātri (f. 夜) は rātra (m. / n.)、sakhi (m. 友 § 62) は sakha、ahan / ahar (n. 日 § 88) は aha / ahna (m.)、rājan (m. 王) は rāja、path (m. 道 § 91) は patha、manas (n. 意 § 80) は manasa、varcas (n. 輝き) は varcasa となる。また、逆の場合もある。gandha (m. 香) の代わりに gandhi、go (牡牛 § 75) は gava / gu となる。

1.　並列合成語

⑴　① Dvandva (並列合成語)〔TSG § 109.I; MSGS 186〕

§ 233　Dvandva (= Dv.) は並列合成語の名称で、A、B 両者の関係が対等に併記され、連結 (copulative) の接続詞を用いて「A と B (A and B)」と訳すべき場合と、選択 (alternative) の接続詞を用いて「A または B (A or B)」と訳すべき名称詞をいう。前者は日本語で「親と子供」を「親子」と表現するのに当たり、後者は「白黒をつける」という場合の「白黒」にあたる。形容詞 + 形容詞 (Ps. pass. pt. を含む) や、副詞 + 副詞の場合もある。

この合成語は併記される語の数にしたがって du. または pl. の変化をとる。haṃsa-kākau (m. du. N. 鵞鳥とカラス)、Hari-Harau (m. du. N. ハリとハラ)、kṣāra-lavaṇe (n. du. N. アルカリ性分と塩分)、śaṅkha-cakra-gadā-padmaiḥ (m. pl. I. 法螺貝と円盤と棍棒と蓮華によって) など。また、併記される語が2つであっても、意味上 pl. となるものもある。devamanuṣyāḥ (m. pl. N. 神々と人間) など。

【補】この合成語は Itaretara-Dvandva と呼ばれ、haṃsaś ca kākaś ca haṃsa-kākāv imau (鵞鳥と、そしてカラス、この2つ [m. du. idam] が haṃsa-kāka である) と註釈される。

【補2】また、形容詞となる Dv. が被修飾語となる Dv. をもつ場合、A は A を、B は B を修飾することがある。kalaśa-padmau sitāruṇau (白い花瓶と赤い蓮)。

また、集合名詞として全体をまとめて n. sg. (-am) の形をとることもある。この方法で合成語の内容を集合名詞とする場合、基本的には対照的、あるいは総合的な見方を主な目的とする。sukha-duḥkham (楽と苦)、śītoṣṇam (冷と温)、ahi-nakulam (蛇とマングース)、daṃśa-maśakam (虻や蚊)、kanda-mūla-phalam (球根や根や果実)、jayaparājayam (勝ち負け) など。

【補3】この合成語は Samāhāra-Dvandva と呼ばれ、gāvaś cāśvaś ca gavāśvam (牛や馬が gavāśva である) と註釈される。

【補4】希に B がその語の性を保ちながら sg. の変化をするものがある。deśa-kālaḥ (m. sg. N. 場所と時間)、aho-rātraḥ (m. sg. N. 昼と夜)。

§ 234　親族、または祭官を示す Dv. で A が tṛ で終わる語幹 (§§ 71, 72) で、次の語が tṛ で終わるか、putra (子) の場合に、A は sg. N. を用いる。mātā-pitarau (母と父 = 両親)、pitā-putrau (父と子)、hotā-potārau (祭官と祭官補佐)[1]。

2つの神の名から作られる合成語では、A が du. の古形を残す場合がある。Agnī-Ṣomau (アグニとソーマ)、Mitrā-Varuṇau (ミトラとヴァルナ)。

2.　限定合成語 (広義の Tatpuruṣa)

広義の Tatpuruṣa と呼ばれるものは、前分 A が後分 B を限定するため

1)　A を省略する ekaśeṣa 並列合成語については § 50 注 3)、§ 72【補】参照。

に付加された合成語の総称である。② Tatpuruṣa、③ Karmadhāraya、④ Dvigu の 3 種類の合成語に分類される。B が名詞の場合は合成語自体が名詞に、pt. などの準動詞を含む形容詞の場合には形容詞となる。

⑴ ② Tatpuruṣa (格限定合成語)〔TSG § 109.II.2; MSGS 187〕

§ 235 Tatpuruṣa (= Tp.) は A が Ac. ～ L. の範囲の格関係によって B を限定する合成語の名称。日本語で「川の岸」を「川岸」と表すのと同じである。上記のように B が名詞の場合、合成語は名詞となり、形容詞 (準動詞、動作者名詞を含む) の場合は形容詞として扱う。

	名詞		形容詞	
Ac.	svarga-gati	f. 天に行くこと	grāma-gata	村に行った
I.	deva-māyā	f. 神による幻影	deva-datta	神に与えられた
D	yūpa-dāru	n. 祭柱のための材木	śruti-sukha	耳に心地よい
Ab.	bhṛgu-patana	n. 崖からの転落	bhavad-anya	あなたとは別の
G.	rāja-kumāra	m. 王の息子	tad-madhyastha	その中間に位置する
L.	grāma-vāsa	m. 村での生活	anta-gata	限界に至った

【補】この合成語が註釈される場合には、A が Ac. ～ L. の格形で示される。Hariṇā trāto Hari-trātaḥ (Hari によって加護された) など。

§ 236 A が格の形をもつことがある。vācaṃ-yama (会話を抑制する)、parasmai-pada (他人の為の言葉 = 為他言)、padme-śaya (蓮の上で休む)、manasi-kāra (集中する) など。

§ 237 動詞の語根が、Pres. pt. [P] の意味をもつ形容詞、あるいは nom. ag. の意味をもつ名詞として B に用いられる場合がある (§ 222 参照)。veda-vid (ヴェーダに精通している [者])、anna-bhuj (米を食べる [者])、madhu-lih (蜜を舐める > m. 蜜蜂) など。短母音で終わる語根には t を加える。√ji (勝つ) は viśva-jit (すべてに勝つ)、√kṛ (造る) は loka-kṛt (世界を造る > m. 創造主) となる。語根が ā で終わる場合、その ā は a となる。

√dā (与える) は piṇḍa-da (食を与える > m. 主人)、√pā (守る) は nṛ-pa (人民を守る > m. 王)、√sthā (留まる) は grāma-stha (村に属する) となる。

⑵　③ Karmadhāraya (同格限定合成語)〔TSG § 109.II.1; MSGS 188〕

§ 238　Karmadhāraya (= Kdh.) は基本的に A が形容詞、あるいはそれと同じ役割をする修飾語 (pt. や副詞、あるいは同等の役割をする語) として B を限定する合成語で、日本語で「短い期間」を「短期間」という場合と同様である。しかし、組み合わせによって逆になることがあり、意味するところにも違いがある。

A が修飾語で B が名詞のものとして、nīlotpala (n. 青い蓮華)、kṛṣṇa-sarpa (m. 黒い蛇)、mahā-rāja (m. 偉大な王)、grāmya-gaja (m. 村育ちの [= 馴れた] 象)、paramānanda (m. 最高の喜び) などがある。この場合、B が女性名詞であっても A は女性形を取らない。divya-strī (f. 天女、アプサラス)、vṛddha-yoṣit (f. 老女) となる。

【補】この合成語は Viśeṣaṇa-pūrvapada-Karmadhāraya と呼ばれ、nīlaṃ ca tad utpalaṃ ca nīlotpalam (それが青くて、そして蓮であることが nīlotpala である)、kṛṣṇaś cāsau sarpaś ca kṛṣṇasarpaḥ (それが黒くて、そして蛇であることが kṛṣṇa-sarpa である) と註釈される。

A が副詞として B を限定する場合は、a-kṛta (adj. なされない)、aty-ukti (f. 過大表現)、antar-deśa (m. 境界内の地域)、apa-karman (n. 悪行)、dur-ukti (f. 暴言)、su-duḥkha (adj. とても困難な) など。また、軽蔑を表す疑問接頭辞 kim / ku / kā / kad が B を限定することもある。kiṃ-rājan (m. 何たる [= 悪い] 王)、ku-rājya (m. 何たる [= 悪い] 王国)、kā-patha (m. 何たる [= 悪い] 道)、kad-aśva (m. 何たる [= 悪い] 馬) など。

§ 239　逆に A が名詞で B が形容詞の場合は例えの意味をもつ。ghana-śyāma (雲のように黒い)、kusuma-komala (花のように優しい)、śaṇa-gaura (麻のように黄色がかった) など。

【補】この合成語を Upamāna-pūrvapada-Karmadhāraya と呼び、註釈では ghana iva śyāmo ghanaśyāmaḥ (雲のように黒いことが ghana-śyāma である) と説明される。

同様に、B も名詞の場合は、A が例えられる語、B が例えとなる。puruṣa-siṃha (m. ライオンのような人)、mukha-candra (m. 月のような顔)、puruṣa-rṣabha (m. 牡牛のような人)、nṛ-paśu (m. 獣のような人)、kanyā-ratna (n. 宝石のような少女) など。

【補 2】この合成語は Upamānottarapada-Karmadhāraya と呼ばれ、puruṣaḥ siṃha iva puruṣasiṃhaḥ (ライオンのような人が puruṣa-siṃha である) と註釈される。また、A が B に同等であることを強調する限定合成語と分析される場合には、Avadhāraṇa-pūrvapada-Karmadhāraya と呼ばれ、mukham eva candro mukhacandraḥ (顔が正に月であることが mukha-candra である) と註釈される。

⑶ ④ Dvigu (数詞限定合成語)〔TSG § 109.II.3; MSGS 188.2.a〕

§ 240 Dvigu (= Dg.) は A が数詞として B を限定する合成語の名称で、上記の Karmadhāraya の特殊な形として扱われるものである。日本語で「3人の兄弟」を「3兄弟」というのと同じである。ただ、A に基数詞を用いることは以下の場合にのみ許される。

集合名詞として、n. sg. あるいは f. sg. の形をとる場合。tri-rātra (n. sg. 三夜 cf. § 232)、tri-guṇa (n. sg. 三性)、triloka / trilokī (n. / f. sg. 三界)、pañcagrāmī (f. sg. 5つの村の共同体) など。

【補】この合成語は、例えば trayāṇāṃ lokānāṃ samāhāras trilokī (3つの世界の合成が tri-lokī である) と註釈される。

この合成語は所有合成語 (Bv. § 241) となり、所有、所属を示す形容詞となる場合がある。tri-guṇa (adj. 三性を有する) など。あるいは、この合成語自体が合成語の A を構成して、全体で形容詞となる合成語を作る場合も同じである。dvi-māsa-jāta (adj. 2ヶ月前に生まれた)、pañca-gava-dhana (adj. 5頭の牛を資産とする) となる。

【補 2】この場合、註釈では所有合成語の解説の仕方で、pañca gāvo dhanaṃ yasyāsau pañcagavadhanaḥ ([ある人にとって] 5頭の牛が資産である、その者が pañca-gava-dhana である) とする。

また、Taddhita 接尾辞 (§ 221) を用いる場合もある。dvai-mātura

(adj. 2人の母をもつ [= 義兄弟])、ṣāṇ-mātura (m. 6人の母をもつ子 [= 韋駄天]) などがある。

【補 3】この場合は ṣaṇṇāṃ mātṝṇām apatyaṃ ṣāṇmāturaḥ (6人の母の子が ṣāṇ-mātura である) と、必要な語を補って註釈する。

3.　第 2 次形容詞合成語

前述の名称詞合成語は B が形容詞、あるいはそれと同じ働きをする pt. などの場合、叙述形容詞として述部を構成するだけでなく、他の語を修飾する形容詞合成語となることはいうまでもない。それら以外で重要なものに、第 2 次形容詞合成語[1] となる所有合成語 (Possessive compounds) がある。

⑴　⑤ Bahuvrīhi (所有合成語)〔TSG § 109.III; MSGS 189〕

§ 241　Bahuvrīhi (= Bv.) は名称詞合成語の中、B が名詞で、本来名詞としての役割を果たしている合成語を、所有、所属 (～をもつ、～を有する) を意味する形容詞として使用する。広義の Tatpurṣa と同じ構造をもち、他の語を修飾する。日本語で「長寿な人」という場合の「長寿な = 長い寿命をもつ」に当たる。

Bv. はあらゆる合成語、あるいはその組み合わせから作ることができる。例えば Dv. から[2]、Somendra (ソーマ神とインドラ神にしたがう)、rajas-tamaska (ラジャス [激質] とタマス [翳質] の影響をもつ)、Tp. から mauna-vrata (沈黙の誓いをもつ)、rājīva-netra (青蓮華の目をもつ)、Kdh. から dīrgha bāhu (長い腕をもつ)、manda-mati (愚かな考えをもつ)、Dg. から dvi rada (2 本の牙をもつ)、Av. (/ Kdh.) から prati-loma (逆の順序をもつ)、nir-bhaya (恐れのない) など。

さらに Bv. として発展した形式として、A が Ps. pass. pt. (ta / na) で、B

1)　p. 151、表、* 参照。
2)　Dv. は直接 Bv. になりにくく、接尾辞などを伴って作られることが多い。WSG 1293b 参照。

が名詞の形式がある。uddhṛta-sneha (油分を抜いた)、ūḍha-ratha (車を引いた)、kṛta-kṛtya (義務をなした)、prāptodaka (水を得た)、śānta-krodha (怒りの静まった) など。

【補】Bv. が註釈される場合、関係代名詞 yat を用いて所有、所属の意味が解説される。例えば上記 dīrgha-bāhu は、dīrgho bāhur yasya sa dīrgha-bāhuḥ (その人の腕が長い、その人が dīrgha-bāhu である) と註釈する。特に A と B が同等の関係にある場合 (Samanādhikaraṇa-Bahuvrīhi)、関係代名詞 yat は Ac. 〜 L. の６つの格を用いて説明する。ūḍho rathaḥ yena sa ūḍha-rathaḥ [= anaḍvān] (その者によって車が引かれた、その者が ūḍha-ratha[= 牡牛] である)。

§ 242 Bv. は形容詞として被修飾語の性、数、格にしたがって曲用する。したがって合成語が ā で終わる女性名詞の場合、それが男性または中性の名詞を修飾する場合には a- 語幹として曲用する。vidyā (学識) を B として alpa-vidya (少ない学識の)、jihvā (舌) では dvi-jihva (２ 枚 舌 の)、māyā (幻術) では bahu-māya (多くの幻術をもつ)、bhāryā (妻) では sa-bhārya (妻を伴った) となる。逆に女性形を作る場合は基本的に女性語幹造語法 (§§ 223 ff.) にしたがう。

また、Bv. はしばしば虚辞としての接尾辞 (samāsānta) の a / ka を加えることがある。man-manasa (私への心をもつ)、samāna-varcasa (等しい輝きをもつ)、mahā-yaśaska (偉大な栄誉をもつ)、nir-arthaka (無益な)、sāgnika (アグニ神とともなる) など。in で終わる語幹は ikā によって女性形を作る。bahu-svāmikā ([f.] 多くの夫 [svāmin] をもつ) となる。

§ 243 特殊な用法として、A が Inf. の場合がある。kartu-kāma (することを欲する)、draṣṭu-manas (見たいと思う)。また B が「手」を意味する語の場合、「手にする、手にもつ」という意味になる。pātra-hasta (器を手にする)、daṇḍa-pāṇi (杖を手にする)。B が形容詞や序数詞の場合もある。sneha-bhūyiṣṭha (多くの油を含んだ)、ātmanā-tṛtīya (自分を第３とする = 他の２人と一緒の) など。

§ 244 その他、以下の語が B となって Bv. を構成し、そこから逆に名詞合成語や副詞合成語に派生する場合がある。

-ādi	～をはじめとする ～など	siṃhādi (ライオンをはじめとする)
-prabhṛti		pautra-prabhṛti (孫など)
-kalpa	～にほぼ等しい	ṛṣi-kalpa (ほぼ仙人に近い)
-prāya		kṣatriya-prāya (ほぼ士族に近い)
-para	～を主要な目的とする	cintā-para (思いにふける)
-parama		mat-parama (私に献身する)
-pradhāna		strī-pradhāna (女性に没頭する)
-pūrva	～を前にする ～を伴う	ukta-pūrva (前述の)
-pramukha		prīti-pramukha (好意を伴う = 親切な)
-mātra	～のみからなる	aṅguṣṭha-mātra (親指の幅のみの)
-rūpa	～の姿をもつ	acintya-rūpa (思いもよらない姿をした)
-śeṣa	～ [のみ] を残す	smṛti-śeṣa (記憶のみ残る = 死んだ)

4.　副詞合成語

⑴　⑥ Avyayībhāva (不変化詞合成語)〔TSG § 109.IV; MSGS 188.3.a〕

§ 245　Avyayībhāva (= Av.) もまた、前述の Karmadhāraya から派生するもので、A が不変化詞 (indeclinable = ind.) として B を限定する合成語を、全体が副詞となるように特化したものを呼ぶ。例えば日本語で、真実に基づいている場合に「如実に」というのと同様である。A となる不変化詞は動詞合成語 (§ 229) であげた接頭辞、adhi-、anu-、upa-、nir-、prati- などと、副詞、adas、upari、paras、bahis、そして前置詞となりえる接続詞、yathā、yāvat などである。

この合成語は一般にサンスクリットが格形から副詞を作る場合の代表、n. sg. Ac. の語尾を取る。したがって多くの語幹は -am となり、また、i / ī / in- 語幹は i となり、u / ū- 語幹は u となる。adhi-hari (Hari に関して)、anu-rūpam (順応して)、upa-kūlam (岸の近くに)、nir-makṣikam (蠅を避けて)、pratyartham (すべての場合に)、praty-aham (毎日 § 232)、bahir-grāmam (村の外で)、yathā-śakti (力に応じて)、yathā-vidhi (規定どおりに)、yāvaj-jīvam (生涯の間)、a-saṃśayam (疑いなく)、sa-vinayam (謙遜して)、sa-tvaram (急に) など。

【補】パーニニはこの合成語を、A のもつ限定内容にしたがって 15 数種に分類する。その分類の概念は註釈の文章に反映される。

①	vibhakti (格形)	②	samīpa (近接)	③	samṛddhi (増大)
④	vyṛddhi (衰退)	⑤	arthābhāva (対象の不在)	⑥	atyaya (経過性)
⑦	asaṃprati (不時機)	⑧	śabdaprādurbhāva (語による明示)	⑨	paścāt (後方)
⑩	anupūrvya (順次性)	⑪	yaugapadya (同時性)	⑫	sādṛśya (相似性)
⑬	saṃpatti (合致)	⑭	sākalya (全体性)	⑮	anta (限界)

例えば① vibhakti (格形) では、Harāv ity adhi-Hari (Hari について [L.] ということが adhi-Hari である) とする。② samīpa (近接) では、kūlasya samīpam upakūlam (岸の近くが upa-kūlam である)、⑤ arthābhāva (対象の欠如) では、makṣikānām abhāvo nirmakṣikam (蠅たちがいないことが nir-makṣikam である) と註釈する。また⑧ śabdaprādurbhāva (語による明示) では、Hariśabdasya prakāśa iti-Hari (Hari の語で明瞭になることが iti-Hari である) とする。これ以外にも、anatikrama (非抵抗、順応)、śaktim anatikramyo yathāśakti (力に逆らわないことが yathāśakti である) や、yogyatā (適合性)、vīpsā (反復) など、yathā に関するものがある。

5. その他の合成語

(1) 合成副詞 (Compound Adverbs)〔TSG § 109.VIII〕

§ 246 上記の合成語俯瞰図からもわかるように、Av. 以外にも副詞となる合成語 (Compound Adverbs) がさまざまに作られる。それらは、前述の名称詞合成語に副詞となる格 (I. / Ab. / taḥ など) を用いることで、あるいは以下のような接尾辞化した名詞の格形 (N. / V. を除く) を B とすることで作られる。

【補】TSG はこの合成語を「副詞複合語」と呼び、伝統的な六合釈とは別に解説する。

-artham / -arthāt / -arthāya / -arthe -kṛtena / -kṛte	～のために
-balena / -balāt -vaśena / -vaśāt	～のおかげで、～によって
-varjam	～を除いて
-hetunā / -hetave / -hetoḥ / -hetau	～のゆえに

さらに -ādi、-prabhṛti、-pūrvam、-pūrveṇa、-mātre、-mātreṇa など、上記 § 244 にあげた Bv. からも副詞が作られる。また、以下に述べるその他の合成語からも合成副詞となるものがある。

⑵　反復合成語〔TSG § 109.V〕

§ 247　以上の分類規則に属さない合成語として、まず反復合成語 (Āmreḍita) がある。本来は名称詞の格形を反復することによって作られる。dyavi-dyavi (sg. L. 毎日)、dvaṃ-dvam (adv. 対をなして)、param-param (adv. 順々に) などがある。特殊な用例として、A が -ā で B が -i となる反復合成語もある。daṇḍā-daṇḍi (杖と杖を交えて)、śastrā-śastrī (剣と剣を交えて) など。また、正式な Āmreḍita ではないが、形容詞の反復によってその語のもつ意味の程度を強め、「非常に～」となる合成語がある。この場合は A は形容詞として格形を取らない。bhīru-bhīru (非常に臆病な)、su-śukla-śukla (非常に白い) など。

【補】学術的な見地から合成語を伝統的解釈以上に分析する TSG では、この他に A となる接頭辞が B を修飾、限定し、さらに Bv. / Av. を作り、また特殊な意味をもつ場合の合成語を一括して扱う (TSG § 109.VI / note 88)。また、合成語中に散在する接頭辞が a(n) / su / dus / sa- である合成語についても共通の特徴をもつことから、特殊な一群を形成しているとする (TSG § 109.VII)。これらに関する解説は合成語のより深い理解のために参照されたい。

第9章　不変化詞

サンスクリットの中で、曲用も活用もしない語、すなわち、副詞、前置詞、接続詞、否定詞、間投詞などを不変化詞 (Avyaya / Indeclinables) と総称する。不変化であるために語形的な規則を必要とせず、多くの初級文法では解説されないことも多い。そのことは『実習梵語学』やもととなる SESS においても例外ではない。これら不変化詞に関しては信頼の置ける辞書の解説、あるいは統語論 (Syntax) をもつ中級文法に委ねられるべきであるが[1]、以下に簡単な説明をあげておく。

I　**副詞**〔TSG § 50〕

1.　名称詞の副詞化

§ 248　名詞、形容詞、代名詞の n. sg. Ac. の形は最も多くの副詞を作る。例えば名詞から派生したものに、oṣam (速やかに)、kāmam (思いのままに)、naktam (夜間に)、nāma (名前で、言わば)、rahaḥ (秘かに) などがある。形容詞からは、aparam (さらに)、ṛtam (正しく)、kevalam (単に)、kṣipram (速やかに)、nityam (常に)、param (大いに)、balavat (強く)、mṛdu (柔らかく)、laghu (軽やかに)、satyam (実際に) など、その他多数の副詞が作られる。代名詞からは、adaḥ (あそこに、向こうに)、idam (ここに、このように)、kim (なぜ)、tad (それから、それゆえ)、yad (もし～ならば、～のゆえに) などがある。また、合成語 Av. も同様に副詞合成語を作る (§ 245)。

さらに他の格形も副詞的に扱われる場合がある。名詞の I. から作られるものに、aśeṣeṇa (余りなく)、kṣaṇena (直ちに)、divā (日中に)、diṣṭyā (幸いに)、viśeṣeṇa (特に) など。また pl. から派生したものに、aktubhiḥ (夜

---

1)　例えば TSG §§ 50–56, 114–116; MSGS 176–181 など。

ごとに)、dyubhiḥ (数日間) などがある。形容詞からは、antareṇa (中間に)、cireṇa (久しく)、duḥkhena (辛うじて)、prāyeṇa (概して)、sukhena (楽に) などがある。また pl. から派生したものに、uccaiḥ (上に)、nīcaiḥ (下に)、parācaiḥ (離れて) など。代名詞からは、enā (その際に)、ayā (このように)、kayā (どのように)、anā (したがって) など。

Ab. からの副詞も珍しくない。名詞からは、ārāt (遠くに)、āsāt (近くに)、balāt (力強く) などがあり、形容詞からは、cirāt (久しく)、dūrāt (遠くから)、nīcāt (下から)、paścāt (後ろに、後で)、sākṣāt (実際に)、samantāt (完全に) など。代名詞からは、kasmāt (どうして)、akasmāt (突然に) などがある。

名称詞の L. もよく副詞として用いられる。agre (前に、最初に)、abhisvare (背後に)、astamīke (家で)、āke (近くに)、ādau (はじめに)、āre (遥かに)、ṛte (除外して)、dūre (遠くに)、rahasi(秘かに)、sapadi (その場で)、sthāne (代わりに)、hetau (原因で) など。

その他、D. や G. の名称詞も副詞的に用いられることがある。D. では、cirāya (永らく)、arthāya (ために)、G. は希に cirasya (永らく) などがある。

数詞から作られるものに関しては、§ 112 参照。

2. 副詞を作る接尾辞〔TSG § 51〕

§ 249 以下に副詞を作る接尾辞をまとめておく。

① 接尾辞 taḥ (< tas) はさまざまな名称詞に添えられて Ab. に相当する副詞を作る。代名詞の基本形や t / d で終わる代名詞語幹から ataḥ / itaḥ (ここから)、amutaḥ (彼方から)、asmattaḥ (私たちから)、kutaḥ (どこから)、tataḥ (そこから)、tvattaḥ (あなたから)、yuṣmattaḥ (あなたたちから) などを作る。また名詞や形容詞から、anyataḥ (他から)、ekataḥ (1 ヶ所から、ある所から)、janmataḥ (生まれより、年齢から)、dakṣiṇataḥ (右から、南から)、mukhataḥ (面前で)、sarvataḥ (あらゆるところから) などを作る。

② 接尾辞 tra は上記 taḥ と同様に多くの L. 相当語を作る。上記の語に対応して例をあげると、代名詞から atra (ここで)、amutra (彼方で)、kutra (どこで)、tatra (そこで) など。また名詞や形容詞から、anyatra (他で)、

ekatra (1 ヶ所で、あるところで)、sarvatra (あらゆるところで) などがある。

③　接尾辞 thā は状態を表す副詞を作る。anyathā (異なって)、tathā (そのように)、vṛthā (無益に)、sarvathā (あらゆる方法で、完全に) などがある。

④　接尾辞 dā は時間を表す副詞を作る。ekadā (ある時に)、anyadā (他の時に)、tadā (その時に)、sarvadā (常に) などがある。

⑤　接尾辞 dhā は種類を表す副詞を作る。urudhā (多様に)、citradhā (種々の方法で)、dvidhā / dvedhā (2 種類で、 2 重で)、bahirdhā (外側に)、mudhā (いたずらに) など。

⑥　接尾辞 vat は喩え (〜のように) を示す副詞を作る。tadvat (そのように)、devavat (神のように)、pūrvavat (以前のように)、mṛtavat (死んだように)、yathāvat (適正に)、kākavat (カラスのように) など。

⑦　接尾辞 śaḥ は配分を表す副詞を作る。ekaśaḥ (1 つずつ)、ṛtuśaḥ (適時に)、gaṇaśaḥ (群れをなして)、nityaśaḥ (常に)、prāyaśaḥ (大抵)、sarvaśaḥ (全般に) など。

3.　その他の副詞

§ 250　以下にその他の副詞や、派生形として捉えられない強意小詞、虚辞をまとめておく。

①　強調、確証　u / uta (また、さえ)、aṅga / eva / khalu / nu / nūnam / ha (確かに、正に、特に、実に、ただ、勿論) など。

【補】eva による強調はしばしば「のみ、だけ」の意味で前の語を限定する。前の語が a- 語幹の場合、外連声規則によって、sg. N. (§ 32 ③) と sg. L. (§ 13) の両方の可能性があることに注意を要する。例えば、saṃtoṣa eva puruṣasya paraṃ nidhānam は「満足のみが (N.) 人の最高の宝である」と「満足においてのみ (L.) 人の最高の宝がある」と訳すことが可能となる。一般の文章ではさほど内容に違いはないが、論理学などで、ものの存在範囲を問われる場合などでは問題となる。(N. の場合 : A eva B ⇨ A = B、L. の場合 : A ≧ B)。

②　比例　iti (以上のように)、iva / evam (このように) など。

③　状態　atīva (過度に)、alam (十分に)、īṣat (僅かに)、jātu (多分)、

jhaṭiti (即座に)、tūṣṇīm (黙って)、nānā (種々に)、pṛthak (別々に)、punar (さらに)、mithyā / mṛṣā (誤って)、mithaḥ (一緒に) など。

④　時間、距離　adya (今日に)、nūnam (今、すぐに)、paraśvaḥ (明後日に)、puraḥ / prāk (前方に、東に)、purā (以前に)、muhuḥ (にわかに)、śvaḥ (明日に)、sadyaḥ (同日に、直ちに)、saṃprati (ちょうど)、hyaḥ (昨日に) など。

⑤　場所　antaḥ (内部で)、iha (ここで、この世で)、kva (何処に)、bahiḥ (外側で) など。

II　前置詞〔TSG § 52〕

多くのサンスクリット文法で前置詞 (Prepositions) と呼ばれるものは、本来の前置詞、前置詞的に使用される名称詞の格形も含めた副詞、絶対詞 (Gd.) と考えてよい。韻文などにおいて、これらの前置詞の位置に制限はないが、厳格に慣例にしたがう散文では関係語の後ろに位置する[1)]。

1.　前置詞〔TSG § 53; MSGS 176〕

§ 251　本来、およそ 20 種の前置詞があり、それらが動詞を限定する、あるいは動詞派生語を作る接頭辞 (Upasarga と Gati) として使用されることは、動詞合成語のところですでに見た (§ 229)。そのうち、ā、prati、anu、ati、adhi、apa、api、abhi、upa、pari の 10 種が名称詞の格形を限定する前置詞として用いられ (Karma-pravacanīya)、さらに古典サンスクリットでは最初の３つが合成語の接頭辞のみならず、独立した前置詞として扱われる[2)]。

①　ā は一般に Ab. を伴って、場所的、時間的に「～まで」を表す。ā samudrāt (海まで)、ā mṛtyoḥ (死ぬまで)。Ac. に関係することもまれにあ

---

1)　この位置からすると、前置詞 (Preposition) よりも接置詞 (Adposition) と呼ぶべきものであるが、他の文法書との関連もふまえて、敢えて前置詞の名称を踏襲する。

2)　ati、adhi、pari は Ac.、adhi は L. / Ac. を伴う。apa、pari は Ab. とともに「～なしに」、upa は L. / Ac. を伴うが、古典サンスクリットでは統語論 (Syntax) となる用例は見出せない。

る。śatam ā jātīḥ (100 の誕生まで)。また、「〜から」、「〜以来」を表す場合もある。ā mūlāt (はじめから)、ā janmanaḥ (生まれて以来) など。

② prati は Ac. を伴って、「〜の方へ」、「〜に向かって」、「〜に対して」、「〜に関して」など広範囲な目標を示す。Gaṅgāṃ prati (ガンジス河に向かって)、dharmaṃ prati (法に関して)、śatruṃ prati (敵に対して) など。また、Ab. を伴って「〜の代わりに」を表す。tilebhyo prati (胡麻の代わりに)。

③ anu は Ac.、またまれに Ab. / G. を伴って、場所的、時間的に「〜の後ろに、後に」、「〜に沿って」、「〜に対して」、「〜の方に」を表す。anu Gaṅgām / Gaṅgāyā anu (ガンジス河に沿って)、tad anu / tato 'nu (その後ろで)、mātaram anu (母に対して)、vṛkṣam anu (木の方に)。

【補】また、prati、まれに anu / abhi は「それぞれに」を表すことがある。vṛkṣaṃ-vṛkṣam anu (木々それぞれに)。

2. 前置詞的副詞〔MSGS 177〕

§ 252　前置詞的副詞とは、前置詞としての役割を果たすいくつかの副詞を指し、名称詞の格形 (Ac. / I. / Ab. など) と結びついて特定の意味をもつ副詞句を作る。したがって本来の副詞としての機能との線引きは曖昧となるが、以下に代表的なものをあげておく。

〜の間に、〜なしに	(Ac.) antarā / (Ac.) antareṇa
〜の近くに	(Ac. / I.) samayā / (Ac.) nikaṣā
〜を回って	(Ac.) abhitaḥ
〜の両側に	(Ac. / G.) ubhayataḥ
〜の周囲に	(Ac.) paritaḥ / (Ac.) sarvataḥ / (Ac. / G.) samantataḥ
〜なしに、〜を除いて、〜から異なる	(Ac. / I.) vinā / (Ab.) pṛthak / (Ac.) nānā / (Ac. / Ab.) ṛte / (Ab.) anyatra
〜の間 (時間)、〜まで	(Ac.) yāvat
〜とともに	(I.) saha / (I.) samam / (I.) sākam / (I.) sārdham
〜からはじめて、〜以来	(Ab.) prabhṛti

～より前に (場所 / 時間)	(Ab.) arvāk / (Ab.) prāk / (G.) agre / (G.) agrataḥ / (G.) purataḥ / (G.) purastāt
～より前に (場所)	(G.) pratyakṣam / (G.) samakṣam
～より前に (時間)	(Ab.) purā / (Ab.) pūrvam
～より後ろに (場所 / 時間)	(Ab.) ūrdhvam / (Ab.) param / (Ab. / G.) parataḥ / (Ab.) pareṇa / (G.) paścāt
～より続いて	(Ab.) anantaram
～を越えて	(Ac.) pareṇa / (G.) parataḥ / (G.) parastāt
～の外側に	(Ab.) bahiḥ
～の内部に	(G. / L.) antaḥ
～の上に	(Ac. / G. / L.) upari / (Ac. / G.) upariṣṭāt
～の下に、～の下方に	(Ac. / Ab. / G.) adhaḥ / (Ab. / G.) adhastāt
～のために	(G.) kṛte / arthāya / arthe

【補】この他、dikśabdha と呼ばれる方角を表す副詞や、dūrāntika と呼ばれる遠近を表す副詞も前置詞として使われる。

3. 前置詞的な絶対詞〔TSG pp. 306–307; MSGS 179〕

§ 253　絶対詞 (Gd.) は前置詞化して、多くの場合 Ac. を支配して用いられる。

同伴	～をもって	ādāya / gṛhītvā / nītvā
除外	～なしに *	tyaktvā / parityajya / muktvā / varjayitvā
	～にもかかわらず	atīya / vihāya
	～を無視して	anādṛtya
手段	～によって	adhiṣṭhāya / avalambya / āśritya / āsthāya
原因	～のゆえに	āsādya / nimittīkṛtya
関係	～に関して	adhikṛtya / uddiśya / puraskṛtya / madhyekṛtya
方向	～の手前に	aprāpya
	～の向こうに	atikramya

時間	(Ab.) からはじまって	ārabhya

＊仏典特有の言い回しとして、sthāpayitvā (sthāpetvā / sthāpya ～を除いて [putting aside]) が使われる。

Ⅲ　接続詞 (Conjunctions = Conj.)

1.　等位接続詞 (Coordinate Conj.)〔TSG § 54; MSGS 180〕

⑴　連結的接続詞 (Copulative Conj.)

§ 254　連結的接続詞には以下のようなものがある。

①　接続詞 ca は「そして (and)」を意味し、２つの語、句、節を連結する。散文においては慣用的に A, B ca (A と B)、あるいは A, B, C ca (A と B と C) という形式をとる。また、強調の意味も含めて A ca B ca (A も B も) と表現する場合もある。複数の語をもつ句や節を連結する場合、ca は２語目に位置する。

【補】この～ ca, ～ ca の形は１つのものの異なった性質を表す場合に用いられ、特に Kdh. 合成語の解釈に使われる。例えば nīlotpala (青い蓮) という合成語を解説する場合、nīlaṃ ca tad utpalaṃ ca (それが青くて、そして蓮である) とする (§ 238【補】参照)。

②　api の用法は広範囲にわたるが、基本的には「～もまた」、「～でさえ」として２つの要素を連結する。この語も慣用的に２語目に位置する。

【補】api が文頭に置かれる場合、肯定の返答を予期する疑問文となる。api vyākaraṇam vardhate (文法解釈は進んでますか)。

③　atha の主な役割は、文頭に位置して、別な話題に移る場合の「さて」、「ところで」などを示す。その場合、疑問や、仮定の意味をもつことがある。atha śaknoṣi bhoktum (さて、あなたは食べることができるかな)、atha tān nānugacchāmi gamiṣyāmi Yamakṣayam (もし、私が彼らにしたがわないならば、ヤマの住処に行くだろう)。あるいは、これまでの話題を受けて、さらに話を続けていく「そこで」、「それから」、「そしてまた」などを意味しても使用される。Bhīmaḥ, athārjunaḥ (ビーマが、そしてまたアルジュナも)。§ 255 ② 参照。atha kim ([他に何があるか]= 確かに)、atha vā (む

しろ、しかし）なども使用される。§ 255 ①参照。

【補】その他、著作のはじまりを告げる場合にも用いられ、§ 256 ⑧に示した iti の用法に対応する。athedam ārabhyate prathamaṃ tantram（以下にタントラの第 1 章がはじまる）。

④　tathā は「同様に」の意味をもって、上記の ca / api と同じ連結詞となる。api や eva と合わさって強調される。tathāpi（そのようであっても）、tathaiva（正にそのように）。

⑤　iva は「〜のように」を意味して、２つの語を関係させる。通常 A B iva 〜（A は B のように〜）という形式をとる。

⑥　hi「なぜなら」は原因、理由を説明する接続詞として使用される。この語も慣用的には文頭に立たず、必ず２語目に位置する。また本来の意味を離れて、強調「実に」や虚辞として用いられることも多い。

⑦　３人称代名詞 tad の格形 tad / tena / tasmāt / tataḥ などは原因、理由、目的、結果として「それゆえに」を表す接続詞として使用される。

⑵　選言的接続詞（Disjunctive Conj.）

§ 255　選言的接続詞には次のようなものがある。

①　接続詞 vā は上記の連結的接続詞 ca に対応して「または (or)」を示す。接続詞としての文章中の位置も ca に同じ。

②　tu は反意を表す「しかし (but)」を意味する接続詞。この語も文頭に立たず、２語目に位置する。tu 〜 , tu / atha … は、「〜だけでなく、また … も」。

③　その他、tathāpi（そのようであっても）、yady api（〜だけれども）なども反意の接続詞となる。

2.　従位接続詞（Subordinate Conj.）〔TSG §§ 55, 115–116; MSGS 180〕

§ 256　従位接続詞[1]とは副文との関係を示す関係代名詞、関係形容詞、

1)　従属接続詞とも呼ばれるが、先の等位接続詞にあわせて従位接続詞の語を使用した。

関係副詞を呼び、y ではじまる関係詞 yad / yāvat / yataḥ / yathā などが副文を率いて、それに t ではじまる形容詞、副詞 tad / tāvat / tataḥ / tathā などが対応して相関する。以下にそれらの従位接続詞を簡単に紹介しておく。

【補】必ずしも文法上関係詞が必要でない場合などは、強調構文の役目が大きい。また、散文で y ではじまる関係詞によって導かれる副文が後ろに位置する場合、原因、理由、目的、結果などの意味をもつことが多い。これも強調につながることがある。

①　上記 § 254 ⑦と同様に、接続詞化した関係代名詞は yad / yena / yasmāt / yataḥ などの格形をとって副詞化し、原因、理由、目的、結果として「〜のゆえに」を表す副文を率いる。また、副詞化した関係代名詞 yad (sg. n. Ac.) は、従位接続詞として英語の that のように名詞節を率いる。yakṣeśvareṇādiṣṭo yat tvaṃ svagṛhadvāri nibhṛtaṃ sthāsyasi (汝は自分の家の門に秘かに立ちましょう、と薬叉の王に告げられた)。

②　yathā は上記 § 254 ⑤の iva と同じく比喩や比較を示す語や句を率いるが、さらに関係副詞として (↔ tathā / evam / ittham)、名詞節を率いる副文を作る。ahaṃ yathāvabudhye na tathāvabudhyase (私が目覚めたように、そのようにあなたは目覚めない)。また、原因、理由、目的、結果を示す副文を導く場合もある (§ 256【補】参照)。tena tathaiva pādaprahāro datto yathā sa ghaṭo bhagnaḥ (正に彼によって足蹴りがくらわされ、その結果その壺は割れた)[1)]。さらに tad yathā (例えば、すなわち) として後ろに例証をあげる。

③　yadā (↔ tadā) は時を示す副文を率いる。yadā rāmo rājāsīt tadā 〜 (ラーマが王であった時、その時に〜)。

④　関係形容詞の yāvat (↔ tāvat) は距離や大きさなどの量の均等を表す副文を率いる。yāvatī saṃbhaved vṛttis tāvatīṃ dātum arhati (賃金が生じようとも、[彼は] その分を支払うことを負う)。また、n. sg. Ac. の形をとって関係副詞となる場合には、特に時間の量の均等を表す副文を率いる。

---

1)　結果を示す副文。逐語訳では「その壺が割れるような、正にそのような足蹴りが彼によってくらわされた」となる。

yāvan niṣkrāntas tāvan nīlīvarṇaḥ saṃjātaḥ ([藍のつぼから] 這い出す間に (這い出すや否や)、藍色 [の生きもの] が出来上がった)。

⑤　関係形容詞 yādṛś / yādṛśa (↔ tādṛś / tādṛśa) は上記 yāvat が量を示すのに対して、質の相関を示す副文を率いる。yādṛśās tantavaḥ kāmaṃ tādṛśo jāyate paṭaḥ (実に糸と同質の布ができる)。

⑥　yatra (↔ tatra) は場所の相関を示す副文を率いる。yatra tvaṃ tatra hi vayaṃ (あなたがいるところ、実にそこにわれわれがいる)。

⑦　yadi、cet は「もし〜ならば」という仮定の副文を作る接続詞。主文は tataḥ、tadā、tat、tarhi、または atha によって導かれる場合もある。yadi durbhikṣaṃ bhavati tad anena rūpakāṇāṃ śatam utpadyate (もし飢饉が起こったら、これによって 100 ルピーが生じる)。

⑧　iti は引用に用いられ、会話や考えなどの内容を直接に引用したり、さまざまな名詞文を締めくくる場合に使用される。上記①の yad が間接話法のように副文を導くのに対し、iti は直接話法のような役割を果たし、引用符の役目もする。〜 iti uvāca / āha (「〜」と言った)。iti のみで導かれて動詞が省略されている場合はそれを補って解釈する。iti の後ろに人名、グループ名、書籍名などの固有名詞がある場合がある。〜 iti Pāṇinīyaḥ (〜と、文法学派 [は言う])、iti śrīDivyāvadāne Koṭikarṇāvadānaṃ prathamam (以上、吉祥なる『ディヴィヤ・アヴァダーナ』における第 1 章「コーティカルナ・アヴァダーナ」[が終わる])。§ 254 ③【補】参照。

【補】また、註釈においては原文の引用に用いられる場合と、iti が原文の引用を導き、〜 iti yāvat / bhāvaḥ / arthaḥ (〜ということである)、〜 iti cet (〜ともし言うのなら)、〜 iti cet na (〜ともし言うのなら、そうではない) のような使い方がされる。

Ⅳ　否定詞〔TSG § 114.II; MSGS 180〕

§ 257　以下に否定詞について略説しておく。

①　一般的に使用される否定詞 na は文、あるいは文中の語句を否定する場合に使用される。慣用的に文頭、あるいは述語動詞、叙述形容詞、ま

たは文中において否定すべき重要な語句の前に位置するが、韻文では自由となる。a- / an- の代わりに合成語の語頭に用いられることもある。

また、接続詞や、強意小詞、副詞と関連する。api / ca / tu / vā / hi などとともに、肯定文と否定文を連結し、また、u / uta / khalu / jātu / nu / nūnam / satyam などとともに否定の度合いが強調される。

２つの否定文が連結する場合、後者の na は省略することができるが、後者が比較、原因、理由を示す場合はその範囲にない。

【補】文法家はこの否定詞 na (a- / an-) のもつ意味を６つに分類する。⒤ sādṛśya (類似) は「〜でない」を意味し、a-brāhmaṇaḥ (バラモンでない) は「クシャトリヤ」や「ヴァイシャ」など､それとは違う他のものを示唆する。(ii) abhāva (非存在) は「〜がない」という全体否定を表す。(iii) anyatva (差異) は「〜と異なる」という意味の否定。(iv) alpatā (僅少) は「多くない」などの否定で質や量に対する反対の意味をもつ。例えば an-udaram (腹が出ていない) は「ほっそりした」を意味する。(v) aprāśastva (不適当) は「ふさわしくない状態」を意味する。最後に(vi) virodha (対立) は a-suraḥ (神でない) から「悪魔」を意味する。これらのいずれにしろ、大別して、否定詞の na が部分否定に使われるか、全体否定に使われているかを見極める必要がある。

②　否定詞 mā はオーグメントを付加しない Impf. / Aor. とともに「〜するな」という禁止を意味する。また、evam や tāvat を添えて強調されるが、特に後者では非難を含意する場合に用いられる。

【補】文法的に厳格でないサンスクリットでは Opt. / Prec. Fut. / Pres. でも用いられる。

Ⅴ　間投詞〔TSG § 56; MSGS 181〕

§ 258　間投詞はそのまま音写しても翻訳としては解りづらく、また、それぞれの場面によってニュアンスも変化するので、そのつど、適切な日本語の間投詞で代用しなければならない。以下に古典サンスクリットの伝統的な解釈に基づいた簡単な解説を付しておく。

bhoḥ (bho) / he は呼びかけなどに用いられ[1]、「やぁ」、「ねぇ」、「おい」などと訳せる。また bhoḥ は独り言として、悲嘆、後悔の「あぁ」の場合もある。

ayi は丁寧な呼びかけや質問をする場合に使われる。

re / are は「おい」など丁寧さに欠ける呼びかけ、あるいは軽視や軽蔑した呼びかけに使用される。

dhik はより強い不快感を含んだり、叱責する場合に用いられ、「なんたること」、「どうしようもない」などの意味合いをもつ。

aho / ahaha は喜び「ああ」、「おお」、あるいは嘆きを表す「あぁ」、「おぉ」として使われる。

aye / ās は「えー？」、「うぁー」のような驚き、あるいは「あぁ」、「おぉ」のような嘆き、危機感を表す。

hā / hahā / ahobata / bata も「あぁ」、「おぉ」などのように、苦悩、悲痛、悲嘆の場合に用いる。

sādhu / suṣṭu は是認や承認、あるいは推奨の意味合いをもつ。「よし、よし」、「上手、上手」など。

svasti は「元気？」、「ご機嫌うるわしく」などの挨拶の言葉。

---

1) bhoḥ (= bhos) は bhavat の古い m. sg.V. に由来し、呼びかけに使われるが、f. や pl. に対しても使用される。

第10章　文　字

I　デーヴァナーガリー文字〔TSG §§ 1–2; MSGS 4–14〕

§ 259　近年、サンスクリット文献の校訂は、すでにこの文法書で綴ってきたようなローマ字転写によって行われるのが主流となっているが、底本となるテキストが、デーヴァナーガリー文字 (Devanāgarī) で印刷されていることもまだまだ多い。また、近年では Desktop Publishing (DTP) の発展に伴って、この文字の使用が容易になり、敢えてこの文字を使用する校訂も見られる。

デーヴァナーガリー文字はブラーフミー文字 (Brāhmī) を起源とする北方系のグプタ文字 (4 世紀頃) に由来し、私たちが梵字や悉曇と呼ぶ文字と同じ系列にある。悉曇は伝統的に子音と母音の組み合わせによって 18 の系列に分類され、『実習梵語学』もそれにしたがって文字表を作るが、サンスクリットの文字としてはアルファベットにしたがっておぼえる方が簡便である。

以下にテキストを読むにあたって基本的に必要となるデーヴァナーガリー文字を示しておく[1]。

1.　母音の文字

	a	ā	i	ī	u	ū	ṛ	ṝ	ḷ	e	ai	o	au
母音	अ अ	आ आ	इ	ई	उ	ऊ	ऋ	ॠ	ऌ	ए	ऐ	ओ ओ	औ औ
母音符号		ा	ि	ी	ु	ू	ृ	ॄ	ॢ	े	ै	ो	ौ

---

1)　一般のコンピューターで用いられるサンスクリットフォントはわれわれが普段使用する校訂本や文法書などの文字と必ずしも一致しない。以下の表では校訂本などに見られるデーヴァナーガリー (必要ならば複数) を使用した。

2.　子音の文字

喉　音	क (ka)	ख (kha)	ग (ga)	घ (gha)	ङ (ṅa)
口蓋音	च (ca)	छ (cha)	ज (ja)	झ (jha)	ञ (ña)
反舌音	ट (ṭa)	ठ (ṭha)	ड (ḍa)	ढ (ḍha)	ण / ण (ṇa)
歯　音	त (ta)	थ (tha)	द (da)	ध (dha)	न (na)
唇　音	प (pa)	फ (pha)	ब (ba)	भ (bha)	म (ma)
半母音	य (ya)	र (ra)	ल (la)	व (va)	
歯擦音	श (śa)	ष (ṣa)	स (sa)		
気　音	ह (ha)				
Visarga	ः (ḥ)	Anusvāra	ं (ṃ)	Anunāsika	ँ (˜)
Avagraha*	ऽ (’)	Virāma	्	Daṇḍa	। / ॥

＊　インドでデーヴァナーガリー文字を用いて出版される校訂本には、Avagraha を表記しないものや、また -ā + a / ā- という連声の場合に、語頭の a / ā の省略として Avagraha を用いるものがある（この表記を用いるローマ字校訂本もある）。例えば tathā + apaśyam を普通は tathāpaśyam と表記するが、それを तथा ऽपश्यम् とする。さらにまた、語頭の長母音 ā の省略に ऽऽ を使用して tathā + āpaśyati (tathāpaśyati) を तथा ऽऽपश्यति とする校訂本もある。

3.　書法〔TSG § 3〕

§ 260　子音文字は常に母音の a を伴っている。これらの子音で a 以外の母音が続く場合には、それぞれの文字に上記の母音符号を加える。その場合、ा (ā)、ी (ī)、ो (o)、ौ (au) は基字の右に、ि (i) は左に、े (e)、ै (ai) は上に、ु (u)、ू (ū)、ृ (ṛ)、ॄ (ṝ)、ॢ (ḷ) は下に付けられる。子音だけを表す場合には ् (Virāma) が下に付される。

例えば、क (ka) は

ka	kā	ki	kī	ku	kū	kṛ	kṝ	kḷ	ke	kai	ko	kau	k
क	का	कि	की	कु	कू	कृ	कॄ	कॢ	के	कै	को	कौ	क्

となる。

また、母音を伴って特殊な形を取るものに

ru	rū	śu	śū	śṛ	śṝ	hu	hū	hṛ
रु	रू	शु	शू	शृ	शॄ	हु	हू	हृ

の９文字がある。

§ 261　複数の子音が連続する場合には、それらの子音文字が連結形を構成するが、多くの連結文字はもととなるそれぞれの子音の形を留めている。連結文字となって特殊な形を取るものに、क्त (kta)、क्ष / क्ष (kṣa)、ज्ञ / ज्ञ (jña)、ण्ण (ṇṇa)、त्त (tta) の５文字がある。ś は上記のように母音 u / ū / ṛ / ṝ や、子音が続く場合にしばしば別形をとる。श्च (śca)、श्र (śra) など。

子音 r は子音の先頭に立つ場合には र्क (rka) のように鉤形 ʽ が上に添えられ、前の子音と連結する場合、क्र (kra)、ग्र (gra) のように下に斜めの線 ⁄ を付ける。

以下に連結文字の一覧をあげる。

（ローマ字イタリック体は特殊な連結文字）

k-	क्क kka　क्ख kkha　क्त *kta*　क्त्य *ktya*　क्त्र *ktra*　क्थ ktha　क्न kna　क्म kma　क्य kya　क्र kra　क्ल kla　क्व kva　क्ष / क्ष *kṣa*　क्ष्म / क्ष्म *kṣma*
kh-	ख्य khya
g-	ग्न gna　ग्भ gbha　ग्र gra
gh-	घ्न ghna　घ्म ghma　घ्य ghya　घ्र ghra
ṅ-	ङ्क ṅka　ङ्क्त *ṅkta*　ङ्क्ष ṅkṣa　ङ्ख ṅkha　ङ्ग ṅga　ङ्घ ṅgha
c-	च्च cca　च्छ ccha　च्छ्र cchra　च्म cma　च्य cya
ch-	छ्य chya　छ्र chra
j-	ज्ज jja　ज्झ jjha　ज्ञ / ज्ञ *jña*　ज्म jma　ज्य jya　ज्र jra
ñ-	ञ्च ñca　ञ्छ ñcha　ञ्ज ñja
ṭ-	ट्क ṭka　ट्ट ṭṭa　ट्य ṭya　ट्स ṭsa
ṭh-	ठ्य ṭhya
ḍ-	ड्ग ḍga　ड्य ḍya

ḍh-	ढ्य ḍhya
ṇ-	ण्ट / ण्ट ṇṭa ण्ठ / ण्ठ ṇṭha ण्ड / ण्ड ṇḍa ण्ढ / ण्ढ ṇḍha ण्ण / ण्ण / ण्ण *ṇṇa* ण्म / ण्म ṇma
t-	त्क tka त्त *tta* त्त्य *ttya* त्त्व *ttva* त्थ ttha त्न tna त्प tpa त्म tma त्य tya त्र *tra* त्र्य *trya* त्व tva त्स tsa
th-	थ्य thya
d-	द्ग dga द्ग्र dgra द्द dda द्ध ddha द्ध्व ddhva द्न dna द्ब dba द्भ dbha द्म dma द्य dya द्र dra द्र्य drya द्व dva द्व्य dvya
dh-	ध्न dhna ध्म dhma ध्य dhya ध्र dhra ध्व dhva
n-	न्त nta न्त्य ntya न्त्र ntra न्द nda न्द्र ndra न्ध ndha न्ध्र ndhra न्न nna न्य nya
p-	प्त pta प्न pna प्म pma प्य pya प्र pra प्स psa
b-	ब्ज bja ब्द bda ब्ध bdha ब्भ bbha ब्र bra
bh-	भ्न bhna भ्य bhya भ्र bhra
m-	म्न mna म्प mpa म्ब mba म्य mya म्र mra म्ल mla
y-	य्य yya य्व yva
r-	र्क rka र्थ rtha र्ध rdha र्य rya र्व rva
l-	ल्क lka ल्प lpa ल्ल lla ल्व lva
v-	व्न vna व्य vya व्र vra
ś-	श्च *śca* श्न *śna* श्य śya श्र *śra* श्ल *śla* श्व *śva*
ṣ-	ष्ट ṣṭa ष्ट्य ṣṭya ष्ट्व ṣṭva ष्ठ ṣṭha ष्ठ्य ṣṭhya ष्ण / ष्ण ṣṇa ष्ण्य / ष्ण्य ṣṇya ष्म ṣma ष्य ṣya
s-	स्क ska स्ख skha स्त sta स्त्य stya स्त्र stra स्त्व stva स्थ stha स्न sna स्प spa स्म sma स्य sya स्र sra स्व sva
h-	ह्ण / ह्ण *hṇa* ह्न hna ह्म *hma* ह्य hya ह्र hra ह्ल *hla* ह्व / ह्व hva

§ 262　句読点にあたる Daṇḍa は、通常「. 」や「。」にあたる । (Single Daṇḍa) と、段落や章の終わりを示す ॥ (Double Daṇḍa) がある[1)]。また、韻文では半詩節に前者を、1 詩節の終わりに後者を用いる。

以上のデーヴァナーガリー文字で第 3 章冒頭に引用した文を表記すると、以下のようになる。

किमिदमसंगतमस्मिन्नादावन्यत्तथान्यदन्ते च।

kim idam asaṃgatam asminn ādāv anyat tathānyad ante ca.

4. 数字

§ 263　数字は 10 進法で表され、それぞれは以下のようになる。

1	2	3	4	5	6	7	8	9	0
१	२	३	४	५	६	७	८	९	०

例えば 2015 は २०१५ となる。

1)　しかし、原典に厳密な規則があるわけではなく、写本にない Daṇḍa や Double Daṇḍa が校訂者の言語感覚にしたがって挿入されることも多い。したがって Daṇḍa が「, 」や「、」を意味する校訂本もある。

第11章　韻　律

I　長音節と短音節〔TSG § 5.1–2; MSGS Appendix II p. 232〕

§ 264　古典サンスクリットにおける韻律には、大別して、長音節と短音節を決められた配列にするAkṣaracchandasと、長音節を2、短音節を1として、規定の音量(mora)[1]にするMātrāchandasの2種類がある。したがって韻律を知るためには、まず音節の長短を理解する必要がある[2]。

①　長音節(guru = heavy syllable)は長母音(二重母音を含む)に1つ以上の子音が続く場合と、短母音に2つ以上の子音が続く場合をいい、—で表す。

②　短音節(laghu = light syllable)は短母音と子音が1つの場合をいい、◡で表す。

③　短母音に続くchはcchと見なされ、常に長音節を形成する。

④　ṃ / ḥ も1子音として扱われる。

⑤　1行ごとの最終音節は長、短どちらであっても、韻律規定の要求に合致しているものとし、多くの場合、長音節とする。

【補】文法家の示す韻律規定では最終音節を長音節—とすることが多いが、以下の表ではこの規則をふまえて本来の音節で理解できるように、◡̲で示した。

II　Akṣaracchandas〔TSG § 5.3; MSGS Appendix II.I〕

§ 265　Akṣaracchandasは、長音節と短音節の数と配列によってさまざまに作られる韻文の総称で、それぞれの行(line)のもつ音節数(4～26音節)によって名前が付けられ、さらに韻律形式によって細分化される。

---

1)　§ 121【補】の注参照。

2)　インドの文法家の用語や欧文の文法書からしても、本来は重音節と軽音節というのが正しいが、ここでは日本のサンスクリット学の慣例にしたがって長音節、短音節という用語を使う。

基本的に、韻律の規則にのっとる1行を4行重ねて1連 (stanza) を作り、各2行で前半、後半に分けられるが、奇数行と偶数行の韻律に違いをもつもの、4行とも同じ韻律を用いるものがある。以下にその中でも重要となるものを示しておく。

1. **Śloka** (= Anuṣṭubh)

§ 266 サンスクリットの韻文の中で最も使用頻度の高い韻律、Śloka (= Anuṣṭubh) は、奇数行と偶数行に違いをもつ韻律で、4音節からなる韻脚 (pāda) 2つで作られる8音節を1行とし、2行16音節で半連とする。第7音節の長短を奇数行と偶数行で異にする Pathyā と呼ばれる正規形を基本とし、Vipulā と呼ばれる拡張形も認められる。それらの規則をまとめると、半連の韻律は以下のようになる。

① 第1韻脚 (a pāda) は第2韻脚 (b pāda) の韻律によって決定され、b pāda は4つの韻律形式が許される。

② 第3韻脚 (c pāda) に韻律の制限はなく、第4韻脚 (d pāda) は ◡ — ◡ ◡̲ でなければならない。

③ ただし第1韻脚 (a pāda) も第3韻脚 (c pāda) も、第2、第3音節が ◡ ◡ となることは許されない。

<table>
<tr><th></th><th>a pāda</th><th>b pāda</th><th>c pāda</th><th>d pāda</th></tr>
<tr><td>Pathyā</td><td>◡̲ ◡̲ ◡̲ ◡̲
[◡̲ ◡ ◡ ◡̲ を除く]</td><td>◡ — — ◡̲</td><td rowspan="5">◡̲ ◡̲ ◡̲ ◡̲
[◡̲ ◡ ◡ ◡̲ を除く]</td><td rowspan="5">◡ — ◡ ◡̲</td></tr>
<tr><td rowspan="4">Vipulā</td><td rowspan="3">◡̲ — ◡ —</td><td>— ◡ ◡ ◡̲</td></tr>
<tr><td>— — — ◡̲</td></tr>
<tr><td rowspan="2">◡ ◡ ◡ ◡̲</td></tr>
<tr><td>◡̲ ◡ — —</td></tr>
</table>

例えば、演習 4.1 にあげた練習問題の

sarvaḥ padasthasya suhṛd bandhur āpadi durlabhaḥ は、

（ボールド表記は長音節）

a pāda	b pāda	c pāda	d pāda
sarv-aḥ p-ad-**asth**-	**asy**-as-uh-**ṛdb**-	**andh**-ur-**āp**-ad-	i d-**url**-abh-aḥ
— — ◡ —	— ◡ ◡ —	— ◡ — ◡	◡ — ◡ ◡̲

となり、Śloka (Vipulā) の規定に合致する。

2. Triṣṭubh と Jagatī

§ 267　同一形式の行を 4 回繰り返して連とする韻律の中では、1 行が 11 音節の Triṣṭubh と 12 音節の Jagatī が重要である。Triṣṭubh はさらに韻律形式によって 9 種、Jagatī は 15 種に分類されるが、ここではその中で重要なものをあげておく。

Triṣṭubh	Indravajrā*	— — ◡ | — — ◡ | ◡ — ◡ | — ◡̲ ‖
	Upendravajrā*	◡ — ◡ | — — ◡ | ◡ — ◡ | — ◡̲ ‖
	Dodhaka	— ◡ ◡ | — ◡ ◡ | — ◡ ◡ | — ◡̲ ‖
	Rathoddhatā	— ◡ — | ◡ ◡ ◡ | — ◡ — | ◡ ◡̲ ‖
	Śālinī	— — — | — — ◡ | — — ◡ | — ◡̲ ‖
Jagatī	Indravaṃśā*	— — ◡ | — — ◡ | ◡ — ◡ | — ◡ ◡̲ ‖
	Vaṃśasthā*	◡ — ◡ | — — ◡ | ◡ — ◡ | — ◡ ◡̲ ‖
	Sragviṇī	— ◡ — | — ◡ — | — ◡ — | — ◡ ◡̲ ‖
	Drutavilambita	◡ ◡ ◡ | — ◡ ◡ | — ◡ ◡ | — ◡ ◡̲ ‖

*　Indravajrā と Upendravajrā が同一の連の中で混合する Upajāti (◡̲ — ◡ | — — ◡ | ◡ — ◡ | — ◡̲ ‖) もある。同様に Jagatī でも、Indravaṃśā と Vaṃśasthā の共存が可能である。

例えば、演習 8.8 にあげた練習問題の
dinād dinaṃ gacchati kānta yauvanam は、

(ボールド表記は長音節)

din-**ādd**-in-	a**ṃg**-**acch**-at-	ik-**ānt**-ay-	**auv**-an-am
◡ — ◡	— — ◡	◡ — ◡	— ◡ ◡̲

となり、Vaṃśasthā の規定に合致する。

【補】インドの文法家は３音節ごとの形式にしたがって象徴となる文字記号を与え、その組み合わせで韻律を説明する。その３音節ごとの記号をあげると、

ma	— — —	na	◡ ◡ ◡	bha	— ◡ ◡	ya	◡ — —
ja	◡ — ◡	ra	— ◡ —	sa	◡ ◡ —	ta	— — ◡
la	◡	ga	—				

となる。例えば注釈書で Indravajrā は ta、ta、ja、ga、ga と解説される (syād Indravajrā yadi tau ja-gau gaḥ)。また、この表にあげた内容は次のように伝えられている。

mas trigurus trilaghuś ca nakāro bhādiguruḥ punar ādilaghur yaḥ |
jo gurumadhyagato ralamadhyaḥ so 'ntaguruḥ kathito 'ntalaghus taḥ ||

ma は３つが長、そして３つが短は na を形成す。
さらに bha は最初に長、ya は最初に短をもつ。
ja は長を中間にもち、ra は短 (la = laghu) を中間にもつ。
sa は最後に長、ta は最後に短をもつと説かれる。

この伝統的な解説法を用いながら多種多様な韻律の種類と名称をまとめた便覧として、V. S. Apte, *The Practical Sanskrit-English Dictionary*, Bombay 1912, rev. and enl. ed., Poona 1957 (Rep. Kyoto 1978) に所収された Appendix A, Sanskrit Prosody があるので利用されたい。

Ⅲ **Mātrāchandas**〔TSG § 5.3; MSGS Appendix II.II〕

§ 268 この韻律は上記の Akṣaracchandas のように音節の数によって規定されるのではなく、音節がもつ mātrā (音量 = mora) の全体量によって

規定される。その場合、長音節 — を 2 mātrā、短音節 ◡ を 1 mātrā として計算する。

1. Āryā

§ 269 Āryā は Mātrāchandas の中で最も一般的な形式で、第 1 行が 30 mātrā、第 2 行が 27 mātrā の 57 mātrā で作詩する。4 mātrā で 1 つのリズムを作る韻脚を形成し、第 1 行の場合、7½ 韻脚をもって 30 mātrā とする。

この 1 韻脚となる 4 mātrā は、◡ ◡ ◡ ◡、— —、— ◡ ◡、◡ ◡ — の 4 種の韻律をもち、それらが組み合わされた 7 つの韻脚と、第 8 韻脚として、½ 韻脚となる ◡̲ を 2 mātrā として加える。また、第 2 、第 4 韻脚では ◡ — ◡ も許され、第 6 韻脚は ◡ ◡ ◡ ◡、あるいは ◡ — ◡ でなければならない。

第 2 行の第 6 韻脚は短音節 ◡ 以外が許されないので、全体で 27 mātrā となる。

	1	2	3	4	5	6	7	8
第 1 行	◡ ◡ ◡ ◡ — — — ◡ ◡ ◡ ◡ —	〃 ◡ — ◡	〃	〃 ◡ — ◡	〃	◡ ◡ ◡ ◡ ◡ — ◡	〃	◡̲
第 2 行	〃	〃	〃	〃	〃	◡	〃	〃

例えば、演習 9.12 は 1 行目の

patatu nabhaḥ sphuṭatu mahī calantu girayo milantu vāridhayaḥ が

（ボールド表記は長音節 2 mātrā）

1	2	3	4	5	6	7	8
patatu nabh-	**aḥ sph**uṭat-	u mah**ī c**-	al**an**tu g-	iray**o m**-	il**an**tu v-	**ā**ridhay-	aḥ
◡ ◡ ◡ ◡	— ◡ ◡	◡ ◡ —	◡ — ◡	◡ ◡ —	◡ — ◡	— ◡ ◡	◡̲

のように 30 mātrā となり、そして 2 行目の

adharottaramastu jagatkā hānirvītarāgasya が

1	2	3	4	5	6	7	8
adhar**ott**-	aram**ast**-	u jag**atk**-	**ā hān**-	**irvīt**-	ar-	**āgasy**-	a
◡ ◡ —	◡ ◡ —	◡ ◡ —	— —	— —	◡	— —	$\underline{\smile}$

のように 27 mātrā となって、Āryā に合致する。

同様に、第1行が 27 mātrā、第2行が 30 mātrā となる韻律を Udgīti、2行ともに 30 mātrā となる韻律を Gīti という。

*

द्वादशभिर्वर्षैर्व्याकरणं श्रूयते॥

選文と語彙集

選 文

I. Hitopadeśa (3.9)

अस्त्ययोध्यायां पुरि चूडामणिर्नाम क्षत्रियः। तेन धनार्थिना महता कायक्लेशेन भगवांश्चन्द्रार्धचूडामणिश्चिरमाराधितः। ततः प्रक्षीणपापो ऽसौ स्वप्ने दर्शनं दत्त्वा भगवतः प्रसादाद्यक्षेश्वरेणादिष्टः। यत्त्वमद्य प्रातः क्षौरं कृत्वा लगुडहस्तः सन्स्वगृहद्वारि निभृतं स्थास्यसि। ततो यमेवागतं भिक्षुकमङ्गणे पश्यसि तं निर्दयं लगुडेन हनिष्यसि। ततो ऽसौ भिक्षुः सुवर्णपूर्णकलशो भविष्यति। तेन त्वया स्वेच्छया यावज्जीवं सुखिना भवितव्यम् । अनन्तरं तथानुष्ठिते तद्वृत्तम्। तच्च क्षौरकरणायानीतेन नापितेनालोक्यालोचितम्। अये निधिप्राप्तेरयमुपायः। तदहमप्येवं किं न करोमि। ततः प्रभृति स नापितः प्रतिदिनं तथाविधो लगुडहस्तः प्रातः सुनिभृतं भिक्षोरागमनमपेक्षते। एकदा तेन तथाप्राप्तो भिक्षुर्लगुडेन हत्वा व्यापादितः। तस्मादपराधात्सो ऽपि नापितो राजपुरुषैस्ताडितः पञ्चत्वमुपगतः। अतो ऽहं ब्रवीमि।

पुण्याल्लब्धं यदेकेन तन्ममापि भविष्यति।
हत्वा भिक्षुमतो मोहान्निध्यर्थी नापितो मृतः॥

asty Ayodhyāyāṃ puri Cūḍāmaṇir nāma kṣatriyaḥ. tena dhanārthinā mahatā kāyakleśena bhagavāṃś Candrārdhacūḍāmaṇiś ciram ārādhitaḥ. tataḥ prakṣīṇapāpo 'sau svapne darśanaṃ dattvā bhagavataḥ prasādād yakṣeśvareṇādiṣṭaḥ, yat tvam adya prātaḥ kṣauraṃ kṛtvā laguḍahastaḥ san svagṛhadvāri nibhṛtaṃ sthāsyasi. tato yam evāgataṃ bhikṣukam aṅgaṇe paśyasi taṃ nirdayaṃ laguḍena haniṣyasi. tato 'sau bhikṣuḥ suvarṇapūrṇakalaśo bhaviṣyati. tena tvayā svecchayā yāvajjīvaṃ sukhinā bhavitavyam.

anantaraṃ tathānuṣṭhite tad vṛttam. tac ca kṣaurakaraṇāyānītena nāpitenālokyālocitam. "aye nidhiprāpter ayam upāyaḥ, tad aham apy evaṃ kiṃ na karomi." tataḥ prabhṛti sa nāpitaḥ pratidinaṃ tathāvidho laguḍahastaḥ prātaḥ sunibhṛtaṃ bhikṣor āgamanam apekṣate. ekadā tena tathāprāpto bhikṣur laguḍena hatvā vyāpāditaḥ. tasmād aparādhāt so 'pi nāpito rājapuruṣais tāḍitaḥ pañcatvam upagataḥ.

ato 'haṃ bravīmi,

> puṇyāl labdhaṃ yad ekena tan mamāpi bhaviṣyati |
> hatvā bhikṣum ato mohān nidhyarthī nāpito mṛtaḥ ||

II. Pañcatantra (5.9)

kasmiṃś cin nagare kaś cit Svabhāvakṛpaṇo nāma brāhmaṇaḥ prativasati sma. tasya bhikṣārjitaiḥ saktubhir bhuktorvaritair ghaṭaḥ paripūritaḥ. taṃ ca ghaṭaṃ nāgadante 'valambya, tasyādhastāt khaṭvāṃ nidhāya, satatam ekadṛṣṭyā tam avalokayati.

atha kadā cid rātrau suptaś cintayām āsa: yat paripūrṇo 'yaṃ ghaṭas tāvat saktubhir vartate. tad yadi durbhikṣaṃ bhavati tad anena rūpakāṇāṃ śatam utpadyate. tatas tena mayājādvayaṃ grahītavyam. tataḥ ṣaṇmāsikaprasavavaśāt tābhyāṃ yūthaṃ bhaviṣyati. tato 'jābhiḥ prabhūtā gā grahīṣyāmi, gobhir mahiṣīr, mahiṣībhir vaḍavāḥ. vaḍavāprasavataḥ prabhūtā aśvā bhaviṣyanti. teṣāṃ vikrayāt prabhūtaṃ suvarṇaṃ bhaviṣyati. suvarṇena catuḥśālaṃ gṛhaṃ saṃpadyate. tataḥ kaś cid brāhmaṇo mama gṛham āgatya, prāptavarāṃ rūpāḍhyāṃ kanyāṃ dāsyati. tatsakāśāt putro me bhaviṣyati. tasyāhaṃ Somaśarmeti nāma kariṣyāmi. tat tasmiñ jānucalanayogye saṃjāte, 'haṃ pustakaṃ gṛhītvāśvaśālāyāḥ pṛṣṭhadeśa upaviṣṭas tad avadhārayiṣyāmi. atrāntare Somaśarmā māṃ dṛṣṭvā, jananyutsaṅgāj jānupracalanaparo 'śvakhurāsannavartī matsamīpam āgamiṣyati. tato 'haṃ brāhmaṇīṃ kopāviṣṭo 'bhidhāsyāmi, "gṛhāṇa tāvad bālakam." sāpi gṛhakarmavyagratayāsmadvacanaṃ na śroṣyati. tato 'haṃ samutthāya tāṃ pādaprahāreṇa tāḍayiṣyāmi.

evaṃ tena dhyānasthitena tathaiva pādaprahāro datto yathā sa ghaṭo bhagnaḥ. saktubhiḥ pāṇḍuratāṃ gataḥ. ato 'haṃ bravīmi,

anāgatavatīṃ cintām asaṃbhāvyāṃ karoti yaḥ |
sa eva pāṇḍuraḥ śete Somaśarmapitā yathā ||

III. Pañcatantra (1.10)

asti kasmiṃś cid vanoddeśe Caṇḍaravo nāma śṛgālaḥ. sa kadā cit kṣudhāviṣṭo jihvālaulyān nagaramadhye praviṣṭaḥ. atha taṃ sārameyā vilokya sarvataḥ śabdāyamānāḥ paridhāvya tīvradantair bhakṣayitum ārabdhāḥ. so 'pi tair bhakṣyamāṇaḥ prāṇabhayāt pratyāsannarajakagṛhaṃ praviṣṭaḥ. tatra nīlīrasaparipūrṇamahābhāṇḍam āsīt. tatra sārameyair ākrānto bhāṇḍamadhye patitaḥ. atha yāvan niṣkrāntas tāvan nīlīvarṇaḥ saṃjātaḥ. tatrāpare sārameyās taṃ śṛgālam ajānanto yathābhīṣṭadiśaṃ jagmuḥ. Caṇḍaravo 'pi dūrataraṃ pradeśam āsādya kānanābhimukhaṃ pratasthe. na ca nīlavarṇena kadā cin nijaraṅgas tyajyate. uktaṃ ca,

vajralepasya mūrkhasya nārīṇāṃ karkaṭasya ca |
eko grahas tu mīnānāṃ nīlīmadyapayor yathā ||

atha taṃ haragalagaralatamālasamaprabham apūrvaṃ sattvam avalokya sarve siṃhavyāghradvīpivṛkaprabhṛtayo 'raṇyanivāsino bhayavyākulitacittāḥ samantāt palāyanakriyāṃ kurvanti, kathayanti ca. na jñāyate 'sya kīdṛgviceṣṭitaṃ pauruṣaṃ ca. tad dūrataraṃ gacchāmaḥ. uktaṃ ca,

na yasya ceṣṭitaṃ vidyān na kulaṃ na parākramam |
na tasya viśvaset prājño yadīcchec chriyam ātmanaḥ ||

Caṇḍaravo 'pi bhayavyākulitān vijñāyedam āha, "bho bhoḥ śvāpadāḥ kiṃ yūyaṃ māṃ dṛṣṭvaiva saṃtrastā vrajatha. tan na bhetavyam. ahaṃ brahmaṇādya svayam eva sṛṣṭvābhihitaḥ. yac chvāpadānāṃ kaś cid rājā nāsti. tat tvaṃ mayādya sarvaśvāpadaprabhutve 'bhiṣiktas, tato gatvā tān sarvān paripālayeti. tato 'ham atrāgataḥ. tan mama cchattracchāyāyāṃ sarvair api śvāpadair vartitavyam. ahaṃ Kakuddrumo nāma rājā trailokye 'pi saṃjātaḥ." tac chrutvā siṃhavyāghrapuraḥsarāḥ śvāpadāḥ "svāmin prabho samādiśeti" vadantas taṃ parivavruḥ.

atha tena siṃhasyāmātyapadavī pradattā vyāghrasya śayyāpālakatvaṃ dvīpinas tāmbūlādhikāro vṛkasya dvārapālakatvam. ye cātmīyāḥ śṛgālās taiḥ sahālāpamātram api na karoti. śṛgālāḥ sarve 'pi niḥsāritāḥ. evaṃ tasya rājyakriyayā vartamānasya siṃhādayo mṛgān vyāpādya tatpurataḥ prakṣipanti. so 'pi prabhudharmeṇa sarveṣāṃ tān pravibhajya prayacchati.

evaṃ gacchati kāle kadā cid dūradeśe śabdāyamānāḥ śṛgālā ākarṇitāḥ. teṣāṃ śabdaṃ śrutvā, pulakitatanur ānandāśrupūrṇanayanas tārasvareṇa virotum ārabdhaḥ. atha te siṃhādayas taṃ tārasvaram ākarṇya, śṛgālo 'yam iti matvā, lajjayādhomukhāḥ kṣaṇaṃ sthitvā procuḥ. "bho vāhitā anena vayam. kṣudraśṛgālo 'yam. tad vadhyatām" iti. so 'pi tad ākarṇya, palāyitum icchaṃs tatra sthāna eva siṃhādibhiḥ khaṇḍaśaḥ kṛto mṛtaś ca. ato 'haṃ bravīmi,

tyaktāś cābhyantarā yena bāhyāś cābhyantarīkṛtāḥ |
sa eva mṛtyum āpnoti yathā rājā Kakuddrumaḥ ||

IV. Vetālapañcaviṃśatikā (2.1–42) (= Kathāsaritsāgara 12.9)

tato 'tra punar ānetuṃ taṃ vetālam agān nṛpaḥ |
sa trivikramasenas tacchiṃśapāpādapāntikam || 2.1 ||

prāpto ’tra vīkṣate yāvac citālokavaśān niśi |
tāvad dadarśa taṃ bhūmau kūjantaṃ patitaṃ śavam || 2.2 ||

atha taṃ mṛtadehasthaṃ vetālaṃ sa mahīpatiḥ |
āropya skandham ānetuṃ tūṣṇīṃ pravavṛte javāt || 2.3 ||

tataḥ skandhāt sa vetālo bhūyas taṃ nṛpam abravīt |
rājan mahaty anucite kleśe ’smin patito bhavān || 2.4 ||

atas tava vinodāya kathayāmi kathāṃ śṛṇu |
asty agrahāraḥ kālindīkūle brahmasthalābhidhaḥ || 2.5 ||

agnisvāmīti tatrāsīd brāhmaṇo vedapāragaḥ |
tasyātirūpā mandāravatīty ajani kanyakā || 2.6 ||

yāṃ nirmāya navānarghalāvaṇyāṃ niyataṃ vidhiḥ |
svargastrīpūrvanirmāṇaṃ nijam evājugupsata || 2.7 ||

tasyāṃ ca yauvanasthāyām āyayuḥ kānyakubjataḥ |
samasarvaguṇās tatra trayo brāhmaṇaputrakāḥ || 2.8 ||

teṣāṃ cātmārtham ekaikas tatpitus tām ayācata |
anicchan dānam anyasmai tasyāḥ prāṇavyayād api || 2.9 ||

tatpitā sa tu tanmadhyān naikasmā api tāṃ dadau |
bhīto ’nyayor vadhāt tena tasthau kanyaiva sā tataḥ || 2.10 ||

te ca trayo ’pi tadvaktracandraikāsaktadṛṣṭayaḥ |
cakoravratam ālambya tatraivāsan divāniśam || 2.11 ||

athākasmāt samutpannadāhajvaravaśena sā |
jagāma mandāravatī kumārī kila pañcatām || 2.12 ||

tatas tāṃ vipraputrās te parāsuṃ śokaviklavāḥ |
kṛtaprasādhanāṃ nītvā śmaśānaṃ cakrur agnisāt || 2.13 ||

ekaś ca teṣāṃ tatraiva vidhāya maṭhikāṃ tataḥ |
kṛtatadbhasmaśayyaḥ sann āsta yācitabhaikṣabhuk || 2.14 ||

dvitīyo 'sthīny upādāya tasyā bhāgīrathīṃ yayau |
tṛtīyas tāpaso bhūtvā bhrāntuṃ deśāntarāṇy agāt || 2.15 ||

sa bhrāmyaṃs tāpasaḥ prāpya grāmaṃ vakrolakābhidham |
tatrātithiḥ san kasyāpi viprasya prāviśad gṛham || 2.16 ||

tatpūjitaḥ sa yāvac ca bhoktuṃ tatra pracakrame |
tāvad ekaḥ śiśus tatra pravṛtto 'bhūt praroditum || 2.17 ||

sa sāntvyamāno 'pi yadā na vyaraṃsīt tadā krudhā |
bāhāv ādāya gṛhiṇī jvalaty agnau tam akṣipat || 2.18 ||

kṣiptamātraḥ sa mṛdvaṅgo bhasmībhāvam avāptavān |
tad dṛṣṭvā jātaromāñcaḥ so 'bravīt tāpaso 'tithiḥ || 2.19 ||

hā dhikkaṣṭaṃ praviṣṭo 'smi brahmarākṣasaveśmani |
tan mūrtaṃ kilbiṣam idaṃ na bhokṣye 'nnam ihādhunā || 2.20 ||

evaṃ vadantaṃ taṃ so 'tra gṛhasthaḥ prāha paśya me |
śaktiṃ paṭhitasiddhasya mantrasya mṛtajīvanīm || 2.21 ||

ity uktvādāya tanmantrapustikām anuvācya ca |
tatra bhasmani cikṣepa sa dhūlim abhimantritām ‖ 2.22 ‖

tenodatiṣṭhat tadrūpa eva jīvan sa bālakaḥ |
tataḥ sa nirvṛtas tatra bhuktavān vipratāpasaḥ ‖ 2.23 ‖

gṛhastho ’pi sa tāṃ nāgadante ’vasthāpya pustikām |
bhuktvā ca śayanaṃ bheje rātrau tatraiva tadyutaḥ ‖ 2.24 ‖

supte gṛhapatau tasmin svairam utthāya śaṅkitaḥ |
sa priyājīvitārthī tāṃ pustikāṃ tāpaso ’grahīt ‖ 2.25 ‖

gṛhītvaiva ca nirgatya tato rātridinaṃ vrajan |
kramāc chmaśānaṃ tat prāpa yatra dagdhāsya sā priyā ‖ 2.26 ‖

dadarśa cātra tatkālaṃ taṃ dvitīyam upāgatam |
yaḥ sa gaṅgāmbhasi kṣeptuṃ tadasthīni gato ’bhavat ‖ 2.27 ‖

tatas taṃ ca tam ādyaṃ ca tasyā bhasmani śāyinam |
nibaddhamaṭhikaṃ tatra dvāv apy etau jagāda saḥ ‖ 2.28 ‖

maṭhikāpāsyatām eṣā yāvad utthāpayāmi tām |
jīvantīṃ bhasmataḥ kāntāṃ mantraśaktyā kayāpy aham ‖ 2.29 ‖

iti tau prerya nirbandhān nirloṭhya maṭhikāṃ ca saḥ |
udghāṭya tāpaso vipraḥ pustikāṃ tām avācayat ‖ 2.30 ‖

abhimantrya ca mantreṇa dhūliṃ bhasmany avākṣipat |
udatiṣṭhac ca jīvantī sā mandāravatī tataḥ ‖ 2.31 ‖

vahniṃ praviśya niṣkrāntaṃ vapuḥ pūrvādhikadyuti |
tadā babhāra sā kanyā kāñcaneneva nirmitam || 2.32 ||

tādṛśīṃ tāṃ punarjātāṃ te dṛṣṭvaiva smarāturāḥ |
prāptukāmās trayo ’py evam anyo ’nyaṃ kalahaṃ vyadhuḥ || 2.33 ||

eko ’bravīd iyaṃ bhāryā mama mantrabalārjitā |
tīrthaprabhāvajā bhāryā mameyam iti cāparaḥ || 2.34 ||

rakṣitvā bhasma tapasā jīviteyaṃ mayeha yat |
tad eṣā mama bhāryeti tṛtīyo ’tra jagāda saḥ || 2.35 ||

vivādanirṇaye teṣāṃ tvaṃ tāvan me mahīpate |
niścayaṃ brūhi kasyaiṣā kanyā bhāryopapadyate || 2.36 ||

vidaliṣyati mūrdhā te yadi jānan na vakṣyasi |
iti vetālataḥ śrutvā taṃ sa rājaivam abhyadhāt || 2.37 ||

yaḥ kleśam anubhūyāpi mantreṇaitām ajīvayat |
pitā sa tasyās tatkāryakaraṇān na punaḥ patiḥ || 2.38 ||

yaś cāsthīni nināyāsyā gaṅgāyāṃ sa suto mataḥ |
yas tu tadbhasmaśayyas tām āśliṣyāsīt tapaś caran || 2.39 ||

śmaśāna eva tatprītyā bhartā tasyāḥ sa ucyate |
kṛtaṃ tadanurūpam hi tena gāḍhānurāgiṇā || 2.40 ||

evaṃ nṛpāt trivikramasenāc chrutvaiva muktamaunāt saḥ |
tasya skandhād agamad vetālo ’tarkitaḥ svapadam || 2.41 ||

rājātha bhikṣvarthasamudyatas taṃ
prāptuṃ sa bhūyo 'pi mano babandha |
prāṇātyaye 'pi pratipannam arthaṃ
tiṣṭhanty anirvāhya na dhīrasattvāḥ || 2.42 ||

V. Chāndogya Upaniṣad (3.13.1–14.4)

tasya ha vā etasya hṛdayasya pañca devasuṣayaḥ. sa yo 'sya prāṅ suṣiḥ sa prāṇaḥ. tac cakṣuḥ. sa ādityaḥ. tad etat tejo 'nnādyam ity upāsīta. tejasvy annādo bhavati ya evaṃ veda || 13.1 ||
atha yo 'sya dakṣiṇaḥ suṣiḥ sa vyānaḥ, tac chrotram, sa candramāḥ. tad etac chrīś ca yaśaś cety upāsīta. śrīmān yaśasvī bhavati ya evaṃ veda || 13.2 ||

atha yo 'sya pratyaṅ suṣiḥ so 'pānaḥ, sā vāk, so 'gniḥ. tad etad brahmavarcasam annādyam ity upāsīta. brahmavarcasy annādo bhavati ya evaṃ veda || 13.3 ||

atha yo 'syodaṅ suṣiḥ sa samānaḥ. tan manaḥ. sa parjanyaḥ. tad etat kīrtiś ca vyuṣṭiś cety upāsīta. kīrtimān vyuṣṭimān bhavati ya evaṃ veda || 13.4 ||

atha yo 'syordhvaḥ suṣiḥ sa udānaḥ. sa vāyuḥ. sa ākāśaḥ. tad etad ojaś ca mahaś cety upāsīta. ojasvī mahasvān bhavati ya evaṃ veda || 13.5 ||

te vā ete pañca brahmapuruṣāḥ svargasya lokasya dvārapāḥ. sa ya etān evaṃ pañca brahmapuruṣān svargasya lokasya dvārapān vedāsya kule vīro jāyate. pratipadyate svargaṃ lokaṃ ya etān evaṃ pañca brahmapuruṣān svargasya lokasya dvārapān veda || 13.6 ||

atha yad ataḥ paro divo jyotir dīpyate viśvataḥ pṛṣṭheṣu sarvataḥ pṛṣṭheṣv anuttameṣūttameṣu lokeṣv idaṃ vāva tad yad idam asminn antaḥ puruṣe jyotiḥ. tasyaiṣā dṛṣṭir yatraitad asmiñ charīre saṃsparśenoṣṇimānaṃ vijānāti. tasyaiṣā śrutir yatraitat karṇāv apigṛhya ninadam iva nadathur ivāgner iva jvalata upaśṛnoti. tad etad dṛṣṭaṃ ca śrutaṃ cety upāsīta.

cakṣuṣyaḥ śruto bhavati ya evaṃ veda ya evaṃ veda ‖ 13.7 ‖

sarvaṃ khalv idaṃ brahma tajjalān iti śānta upāsīta. atha khalu kratumayaḥ puruṣo yathākratur asmiṁl loke puruṣo bhavati tathetaḥ pretya bhavati. sa kratuṃ kurvīta ‖ 14.1 ‖

manomayaḥ prāṇaśarīro bhārūpaḥ satyasaṃkalpa ākāśātmā sarvakarmā sarvakāmaḥ sarvagandhaḥ sarvarasaḥ sarvam idam abhyātto 'vāky anādaraḥ ‖ 14.2 ‖

eṣa ma ātmāntarhṛdaye 'ṇīyān vrīher vā yavād vā sarṣapād vā śyāmākād vā śyāmākataṇḍulād vā. eṣa ma ātmāntarhṛdaye jyāyān pṛthivyā jyāyān antarikṣāj jyāyān divo jyāyān ebhyo lokebhyaḥ ‖ 14.3 ‖

sarvakarmā sarvakāmaḥ sarvagandhaḥ sarvarasaḥ sarvam idam abhyātto 'vākyanādaraḥ. eṣa ma ātmāntarhṛdaye. etad brahma. etam itaḥ pretyābhisaṃbhavitāsmīti yasya syād addhā na vicikitsāsti. iti ha smāha śāṇḍilyaḥ. śāṇḍilyaḥ ‖ 14.4 ‖

VI. Īśā Upaniṣad

īśā vāsyam idaṃ sarvaṃ yat kiñ ca jagatyāṃ jagat |
tena tyaktena bhuñjīthā mā gṛdhaḥ kasya svid dhanam ‖ 1 ‖

kurvann eveha karmāṇi jijīviṣec chataṃ samāḥ |
evaṃ tvayi nānyatheto 'sti na karma lipyate nare ‖ 2 ‖

asuryā nāma te lokā andhena tamasāvṛtāḥ |
tāṃs te pretyābhigacchanti ye ke cātmahano janāḥ ‖ 3 ‖

anejad ekaṃ manaso javīyo nainad devā āpnuvan pūrvam arṣat |
tad dhāvato 'nyān atyeti tiṣṭhat tasminn apo mātariśvā dadhāti ‖ 4 ‖

tad ejati tan naijati tad dūre tad v antike |
tad antarasya sarvasya tad u sarvasyāsya bāhyataḥ || 5 ||

yas tu sarvāṇi bhūtāny ātmany evānupaśyati |
sarvabhūteṣu cātmānaṃ tato na vijugupsate || 6 ||

yasmin sarvāṇi bhūtāny ātmaivābhūd vijānataḥ |
tatra ko mohaḥ kaḥ śoka ekatvam anupaśyataḥ || 7 ||

sa paryagāc chukram akāyam avraṇam
asnāviraṃ śuddham apāpaviddham |
kavir manīṣī paribhūḥ svayaṃbhūr
yāthātathyato 'rthān vyadadhāc chāśvatībhyaḥ samābhyaḥ || 8 ||

andhaṃ tamaḥ praviśanti ye 'vidyām upāsate |
tato bhūya iva te tamo ya u vidyāyāṃ ratāḥ || 9 ||

anyad evāhur vidyayānyad āhur avidyayā |
iti śuśruma dhīrāṇāṃ ye nas tad vicacakṣire || 10 ||

vidyāṃ cāvidyāṃ ca yas tad vedobhayaṃ saha |
avidyayā mṛtyuṃ tīrtvā vidyayāmṛtam aśnute || 11 ||

andhaṃ tamaḥ praviśanti ye 'sambhūtim upāsate |
tato bhūya iva te tamo ya u saṃbhūtyāṃ ratāḥ || 12 ||

anyad evāhuḥ saṃbhavād anyad āhur asaṃbhavāt |
iti śuśruma dhīrāṇāṃ ye nas tad vicacakṣire || 13 ||

saṃbhūtiṃ ca vināśaṃ ca yas tad vedobhayaṃ saha |
vināśena mṛtyuṃ tīrtvā saṃbhūtyāmṛtam aśnute || 14 ||

hiraṇmayena pātreṇa satyasyāpihitaṃ mukham |
tat tvaṃ pūṣann apāvṛṇu satyadharmāya dṛṣṭaye || 15 ||

pūṣann ekarṣe yama sūrya prājāpatya vyūha raśmīn samūha tejaḥ |
yat te rūpaṃ kalyāṇatamaṃ tat te paśyāmi
yo 'sāv asau puruṣaḥ so 'ham asmi || 16 ||

vāyur anilam amṛtam athedaṃ bhasmāntaṃ śarīram |
oṃ krato smara kṛtaṃ smara krato smara kṛtaṃ smara || 17 ||

agne naya supathā rāye asmān viśvāni deva vayunāni vidvān |
yuyodhy asmaj juhurāṇam eno bhūyiṣṭhāṃ te nama uktiṃ vidhema || 18 ||

VII. Bhagavadgītā (15.1–20)

śrībhagavān uvāca

ūrdhvamūlam adhaḥśākham aśvatthaṃ prāhur avyayam |
chandāṃsi yasya parṇāni yas taṃ veda sa vedavit || 15.1 ||

adhaś cordhvaṃ prasṛtās tasya śākhā
guṇapravṛddhā viṣayapravālāḥ |
adhaś ca mūlāny anusaṃtatāni
karmānubandhīni manuṣyaloke || 15.2 ||

na rūpam asyeha tathopalabhyate
nānto na cādir na ca saṃpratiṣṭhā |
aśvattham enaṃ suvirūḍhamūlam
asaṅgaśastreṇa dṛḍhena chittvā || 15.3 ||

tataḥ padaṃ tat parimārgitavyaṃ
yasmin gatā na nivartanti bhūyaḥ |
tam eva cādyaṃ puruṣaṃ prapadye
yataḥ pravṛttiḥ prasṛtā purāṇī || 15.4 ||

nirmānamohā jitasaṅgadoṣā
adhyātmanityā vinivṛttakāmāḥ |
dvandvair vimuktāḥ sukhaduḥkhasaṃjñair
gacchanty amūḍhāḥ padam avyayaṃ tat || 15.5 ||

na tad bhāsayate sūryo na śaśāṅko na pāvakaḥ |
yad gatvā na nivartante tad dhāma paramaṃ mama || 15.6 ||

mamaivāṃśo jīvaloke jīvabhūtaḥ sanātanaḥ |
manaḥṣaṣṭhānīndriyāṇi prakṛtisthāni karṣati || 15.7 ||

śarīraṃ yad avāpnoti yac cāpy utkrāmatīśvaraḥ |
gṛhītvaitāni saṃyāti vāyur gandhān ivāśayāt || 15.8 ||

śrotraṃ cakṣuḥ sparśanaṃ ca rasanaṃ ghrāṇam eva ca |
adhiṣṭhāya manaś cāyaṃ viṣayān upasevate || 15.9 ||

utkrāmantaṃ sthitaṃ vāpi bhuñjānaṃ vā guṇānvitam |
vimūḍhā nānupaśyanti paśyanti jñānacakṣuṣaḥ || 15.10 ||

yatanto yoginaś cainaṃ paśyanty ātmany avasthitam |
yatanto 'py akṛtātmāno nainaṃ paśyanty acetasaḥ || 15.11 ||

yad ādityagataṃ tejo jagad bhāsayate 'khilam |
yac candramasi yac cāgnau tat tejo viddhi māmakam || 15.12 ||

gām āviśya ca bhūtāni dhārayāmy aham ojasā |
puṣṇāmi cauṣadhīḥ sarvāḥ somo bhūtvā rasātmakaḥ || 15.13 ||

ahaṃ vaiśvānaro bhūtvā prāṇināṃ deham āśritaḥ |
prāṇāpānasamāyuktaḥ pacāmy annaṃ caturvidham || 15.14 ||

sarvasya cāhaṃ hṛdi saṃniviṣṭo
mattaḥ smṛtir jñānam apohanaṃ ca |
vedaiś ca sarvair aham eva vedyo
vedāntakṛd vedavid eva cāham || 15.15 ||

dvāv imau puruṣau loke kṣaraś cākṣara eva ca |
kṣaraḥ sarvāṇi bhūtāni kūṭastho 'kṣara ucyate || 15.16 ||

uttamaḥ puruṣas tv anyaḥ paramātmety udāhṛtaḥ |
yo lokatrayam āviśya bibharty avyaya īśvaraḥ || 15.17 ||

yasmāt kṣaram atīto 'ham akṣarād api cottamaḥ |
ato 'smi loke vede ca prathitaḥ puruṣottamaḥ || 15.18 ||

yo mām evam asaṃmūḍho jānāti puruṣottamam |
sa sarvavid bhajati māṃ sarvabhāvena bhārata || 15.19 ||

iti guhyatamaṃ śāstram idam uktaṃ mayānagha |
etad buddhvā buddhimān syāt kṛtakṛtyaś ca bhārata || 15.20 ||

VIII. Aṣṭasāhasrikā Prajñāpāramitā（1.2 後半）

iyam api bhagavan bodhisattvasya mahāsattvasya prajñāpāramitā veditavyā yad rūpaṃ na parigṛhṇīte evaṃ yad vedanāṃ saṃjñāṃ saṃskārān yad vijñānaṃ na parigṛhṇīte. na cāntarā parinirvāti aparipūrṇair daśabhis tathāgatabalaiś caturbhis tathāgatavaiśāradyair aṣṭādaśabhiś cāveṇikair buddhadharmaiḥ. tasmād iyam api bhagavan bodhisattvasya mahāsattvasya prajñāpāramitā veditavyā.

punar aparaṃ bhagavan bodhisattvena mahāsattvena prajñāpāramitāyāṃ caratā prajñāpāramitāṃ bhāvayatā evam upaparīkṣitavyam evam upanidhyātavyam. katamaiṣā prajñāpāramitā kasya caiṣā prajñāpāramitā kiṃ yo dharmo na vidyate nopalabhyate sā prajñāpāramiteti.

saced evam upaparīkṣamāṇa evam upanidhyāyan nāvalīyate na saṃlīyate na viṣīdati na viṣādam āpadyate nāsya vipṛṣṭhībhavati mānasam na bhagnapṛṣṭhībhavati nottrasyati na saṃtrasyati na saṃtrāsam āpadyate 'virahito bodhisattvo mahāsattvaḥ prajñāpāramitayā veditavyaḥ.

atha khalv āyuṣmān Śāriputra āyuṣmantaṃ Subhūtim etad avocat. kiṃ kāraṇam āyuṣman Subhūte 'virahito bodhisattvo mahāsattvaḥ prajñāpāramitayā veditavyaḥ yadā rūpam eva virahitaṃ rūpasvabhavena evaṃ yadā vedanaiva saṃjñaiva saṃskārā eva yadā vijñānam eva virahitaṃ vijñānasvabhāvena yadā prajñāpāramitaiva virahitā prajñāpāramitāsvabhāvena yadā sarvajñataiva virahitā sarvajñatāsvabhāvena.

evam ukte āyuṣmān Subhūtir āyuṣmantaṃ Śāriputram etad avocat. etam etad āyuṣman Śāriputraivam etat. rūpam evāyuṣman Śāriputra virahitaṃ rūpasvabhāvena evaṃ vedanaiva saṃjñaiva saṃskārā eva vijñānam evāyuṣman Śāriputra virahitaṃ vijñānasvabhāvena prajñāpāramitaiva āyuṣman Śāriputra virahitā prajñāpāramitāsvabhāvena sarvajñataiva āyuṣman Śāriputra virahitā sarvajñatāsvabhāvena. prajñāpāramitālakṣaṇenāpi prajñāpāramitā virahitā. lakṣaṇasvabhāvenāpi lakṣaṇaṃ virahitam. lakṣyasvabhāvenāpi lakṣyaṃ virahitam. svabhāvalakṣaṇenāpi svabhāvo virahitaḥ.

evam ukte āyuṣmān Śāriputra āyuṣmantaṃ Subhūtim etad avocat.kiṃ punar āyuṣman subhūte yo bodhisattvo mahāsattvo 'tra śikṣiṣyate sa niryāsyati sarvajñatāyām.

āyuṣmān Subhūtir āha. evam etad āyuṣman Śāriputraivam etat. yo bodhisattvo mahāsattvo 'tra śikṣiṣyate sa niryāsyati sarvajñatāyām. tat kasya hetoḥ ajātā hy anirjātā hy āyuṣman Śāriputra sarvadharmāḥ. evaṃ carata āyuṣman Śāriputra bodhisattvasya mahāsattvasya sarvajñatā āsannībhavati. yathā yathā sarvajñatā āsannībhavati tathā tathā sattvaparipācanāya kāyacittapariśuddhir lakṣaṇapariśuddhiḥ buddhakṣetraśuddhiḥ. buddhaiś ca samavadhānaṃ bhavati. evaṃ ca punar āyuṣman Śāriputra bodhisattvo mahāsattvaḥ prajñāpāramitāyāṃ caran sarvajñatāyā āsannībhavati.

IX. Buddhacarita (1.49–80)

atho nimittaiś ca tapobalāc ca
tajjanma janmāntakarasya buddhvā |
śākyeśvarasyālayam ājagāma
saddharmatarṣād asito maharṣiḥ || 1.49 ||

taṃ brahmavid brahmavidaṃ jvalantaṃ
brāhmyā śriyā caiva tapaḥśriyā ca |

rājño gurur gauravasatkriyābhyāṃ
praveśāyām āsa narendrasadma || 1.50 ||

sa pārthivāntaḥpurasaṃnikarṣaṃ
kumārajanmāgataharṣavegaḥ |
viveśa dhīro vanasaṃjñayeva
tapaḥprakarṣāc ca jarāśrayāc ca || 1.51 ||

tato nṛpas taṃ munim āsanasthaṃ
pādyārghyapūrvaṃ pratipūjya samyak |
nimantrayāṃ āsa yathopacāraṃ
purā vasiṣṭhaṃ sa ivāntidevaḥ || 1.52 ||

dhanyo 'smy anugrāhyam idaṃ kulaṃ me
yan māṃ didṛkṣur bhagavān upetaḥ |
ājñāpyatāṃ kiṃ karavāṇi saumya
śiṣyo 'smi viśrambhitum arhasīti || 1.53 ||

evaṃ nṛpeṇopanimantritaḥ san
sarveṇa bhāvena munir yathāvat |
sa vismayotphullaviśāladṛṣṭir
gambhīradhīrāṇi vacāṃsy uvāca || 1.54 ||

mahātmani tvayy upapannam etat
priyātithau tyāgini dharmakāme |
sattvānvayajñānavayo 'nurūpā
snigdhā yad evaṃ mayi te matiḥ syāt || 1.55 ||

etac ca tad yena nṛparṣayas te
dharmeṇa sūkṣmeṇa dhanāny avāpya |
nityaṃ tyajanto vidhivad babhūvus
tapobhir āḍhyā vibhavair daridrāḥ || 1.56 ||

prayojanaṃ yat tu mamopayāne
tan me śṛṇu prītim upehi ca tvam |
divyā mayādityapathe śrutā vāg
bodhāya jātas tanayas taveti || 1.57 ||

śrutvā vacas tac ca manaś ca yuktvā
jñātvā nimittaiś ca tato 'smy upetaḥ |
didṛkṣayā śākyakuladhvajasya
śakradhvajasyeva samucchritasya || 1.58 ||

ity etad evaṃ vacanaṃ niśamya
praharṣasaṃbhrāntagatir narendraḥ |
ādāya dhātryaṅkagataṃ kumāraṃ
saṃdarśayām āsa tapodhanāya || 1.59 ||

cakrāṅkapādaṃ sa tato maharṣir
jālāvanaddhāṅgulipāṇipādam |
sorṇabhruvaṃ vāraṇavastikośaṃ
savismayaṃ rājasutaṃ dadarśa || 1.60 ||

dhātryaṅkasaṃviṣṭam avekṣya cainaṃ
devyaṅkasaṃviṣṭam ivāgnisūnum |
babhūva pakṣmāntavicañcitāśrur
niśvasya caiva tridivonmukho 'bhūt || 1.61 ||

dṛṣṭvāsitaṃ tv aśrupariplutākṣaṃ
snehāt tanūjasya nṛpaś cakampe |
sagadgadaṃ bāṣpakaṣāyakaṇṭhaḥ
papraccha sa prāñjalir ānatāṅgaḥ || 1.62 ||

alpāntaraṃ yasya vapuḥ surebhyo
bahvadbhutaṃ yasya ca janma dīptam |
yasyottamaṃ bhāvinam āttha cārthaṃ
taṃ prekṣya kasmāt tava dhīra bāṣpaḥ || 1.63 ||

api sthirāyur bhagavan kumāraḥ
kaccin na śokāya mama prasūtaḥ |
labdhaḥ kathaṃ cit salilāñjalir me
na khalv imaṃ pātum upaiti kālaḥ || 1.64 ||

apy akṣayaṃ me yaśaso nidhānaṃ
kaccid dhruvo me kulahastasāraḥ |
api prayāsyāmi sukhaṃ paratra
supto 'pi putre 'nimiṣaikacakṣuḥ || 1.65 ||

kaccin na me jātam aphullam eva
kulapravālaṃ pariśoṣabhāgi |
kṣipraṃ vibho brūhi na me 'sti śāntiḥ
snehaṃ sute vetsi hi bāndhavānām || 1.66 ||

ity āgatāvegam aniṣṭabuddhyā
buddhvā narendraṃ sa munir babhāṣe |
mā bhūn matis te nṛpa kā cid anyā
niḥsaṃśayaṃ tad yad avocam asmi || 1.67 ||

nāsyānyathātvaṃ prati vikriyā me
svāṃ vañcanāṃ tu prati viklavo 'smi |
kālo hi me yātum ayaṃ ca jāto
jātikṣayasyāsulabhasya boddhā || 1.68 ||

vihāya rājyaṃ viṣayeṣv anāsthas
tīvraiḥ prayatnair adhigamya tattvam |
jagaty ayaṃ mohatamo nihantuṃ
jvaliṣyati jñānamayo hi sūryaḥ || 1.69 ||

duḥkhārṇavād vyādhivikīrṇaphenāj
jarātaraṅgān maraṇogravegāt |
uttārayiṣyaty ayam uhyamānam
ārtaṃ jagaj jñānamahāplavena || 1.70 ||

prajñāmbuvegāṃ sthiraśīlavaprāṃ
samādhiśītāṃ vratacakravākām |
asyottamāṃ dharmanadīṃ pravṛttāṃ
tṛṣṇārditaḥ pāsyati jīvalokaḥ || 1.71 ||

duḥkhārditebhyo viṣayāvṛtebhyaḥ
saṃsārakāntārapathasthitebhyaḥ |
ākhyāsyati hy eṣa vimokṣamārgaṃ
mārgapranaṣṭebhya ivādhvagebhyaḥ || 1.72 ||

vidahyamānāya janāya loke
rāgāgnināyaṃ viṣayendhanena |
prahlādam ādhāsyati dharmavṛṣṭyā
vṛṣṭyā mahāmegha ivātapānte || 1.73 ||

tṛṣṇārgalaṃ mohatamaḥkapāṭaṃ
dvāraṃ prajānām apayānahetoḥ |
vipāṭayiṣyaty ayam uttamena
saddharmatāḍena durāsadena || 1.74 ||

svair mohapāśaiḥ pariveṣṭitasya
duḥkhābhibhūtasya nirāśrayasya |
lokasya saṃbudhya ca dharmarājaḥ
kariṣyate bandhanamokṣam eṣaḥ || 1.75 ||

tan mā kṛthāḥ śokam imaṃ prati tvam
asmin sa śocyo 'sti manuṣyaloke |
mohena vā kāmasukhair madād vā
yo naiṣṭhikaṃ śroṣyati nāsya dharmam || 1.76 ||

bhraṣṭasya tasmāc ca guṇād ato me
dhyānāni labdhvāpy akṛtārthataiva |
dharmasya tasyāśravaṇād ahaṃ hi
manye vipattiṃ tridive 'pi vāsam || 1.77 ||

iti śrutārthaḥ sasuhṛt sadāras
tyaktvā viṣādaṃ mumude narendraḥ |
evaṃvidho 'yaṃ tanayo mameti
mene sa hi svām api sāravattām || 1.78 ||

ārṣeṇa mārgeṇa tu yāsyatīti
cintāvidheyaṃ hṛdayaṃ cakāra |
na khalv asau na priyadharmapakṣaḥ
saṃtānanāśāt tu bhayaṃ dadarśa || 1.79 ||

atha munir asito nivedya tattvaṃ
sutaniyataṃ sutaviklavāya rājñe |
sabahumatam udīkṣyamāṇarūpaḥ
pavanapathena yathāgataṃ jagāma || 1.80 ||

X. Saundarananda (2.1–48)

tataḥ kadā cit kālena tad avāpa kulakramāt |
rājā śuddhodano nāma śuddhakarmā jitendriyaḥ || 2.1 ||

yaḥ sasañje na kāmeṣu śrīprāptau na visismiye |
nāvamene parān ṛddhyā parebhyo nāpi vivyathe || 2.2 ||

balīyān sattvasaṃpannaḥ śrutavān buddhimān api |
vikrānto nayavāṃś caiva dhīraḥ sumukha eva ca || 2.3 ||

vapuṣmāṃś ca na ca stabdho dakṣiṇo na ca nārjavaḥ |
tejasvī na ca nakṣāntaḥ kartā ca na ca vismitaḥ || 2.4 ||

ākṣiptaḥ śatrubhiḥ saṃkhye suhṛdbhiś ca vyapāśritaḥ |
abhavad yo na vimukhas tejasā ditsayaiva ca || 2.5 ||

yaḥ pūrvai rājabhir yātāṃ yiyāsur dharmapaddhatim |
rājyaṃ dīkṣām iva vahan vṛttenānvagamat pitṝn || 2.6 ||

yasya suvyavahārāc ca rakṣaṇāc ca sukhaṃ prajāḥ |
śiśyire vigatodvegāḥ pitur aṅkagatā iva || 2.7 ||

kṛtaśāstraḥ kṛtāstro vā jāto vā vipule kule |
akṛtārtho na dadṛśe yasya darśanam eyivān || 2.8 ||

hitaṃ vipriyam apy ukto yaḥ śuśrāva na cukṣubhe |
duṣkṛtaṃ bahv api tyaktvā sasmāra kṛtam aṇv api || 2.9 ||

praṇatān anujagrāha vijagrāha kuladviṣaḥ |
āpannān parijagrāha nijagrāhāsthitān pathi || 2.10 ||

prāyeṇa viṣaye yasya tacchīlam anuvartinaḥ |
arjayanto dadṛśire dhanānīva guṇān api || 2.11 ||

adhyaiṣṭa yaḥ paraṃ brahma na vyaiṣṭa satataṃ dhṛteḥ |
dānāny adita pātrebhyaḥ pāpaṃ nākṛta kiṃ cana || 2.12 ||

dhṛtyāvākṣīt pratijñāṃ sa sadvājīvodyatāṃ dhuram |
na hy avāñchīc cyutaḥ satyān muhūrtam api jīvitam || 2.13 ||

viduṣaḥ paryupāsiṣṭa vyakāśiṣṭātmavattayā |
vyarociṣta ca śiṣṭebhyo māsīṣe candramā iva || 2.14 ||

avedīd buddhiśāstrābhyām iha cāmutra ca kṣamam |
arakṣīd dhairyavīryābhyām indriyāny api ca prajāḥ || 2.15 ||

ahārṣīd duḥkham ārtānāṃ dviṣatāṃ corjitaṃ yaśaḥ |
acaiṣīc ca nayair bhūmiṃ bhūyasā yaśasaiva ca || 2.16 ||

apyāsīd duḥkhitān paśyan prakṛtyā karuṇātmakaḥ |
nādhauṣīc ca yaśo lobhād anyāyādhigatair dhanaiḥ || 2.17 ||

sauhārdadṛḍhabhaktitvān maitreṣu viguṇeṣv api |
nādidāsīd aditsīt tu saumukhyāt svaṃ svam arthavat || 2.18 ||

anivedyāgram arhadbhyo nālikṣat kiṃ cid aplutaḥ |
gām adharmeṇa nādhukṣat kṣīratarṣeṇa gām iva || 2.19 ||

nāsṛkṣad balim aprāptaṃ nārukṣan mānam aiśvaram |
āgamair buddhim ādhikṣad[1] dharmāya na tu kīrtaye || 2.20 ||

[1] ādhikṣad は韻律上の形。adhikṣad と読む。

kleśārhān api kāṃś cit tu nākliṣṭa kliṣṭakarmaṇaḥ |
āryabhāvāc ca nāghukṣad dviṣato 'pi sato guṇān || 2.21 ||

ākṛkṣad vapuṣā dṛṣṭīḥ prajānāṃ candramā iva |
parasvaṃ bhuvi nāmṛkṣan mahāviṣam ivoragam || 2.22 ||

nākrukṣad viṣaye tasya kaś cit kaiś cit kva cit kṣataḥ |
adikṣat tasya hastastham ārtebhyo hy abhayaṃ dhanuḥ || 2.23 ||

kṛtāgaso 'pi praṇatān prāg eva priyakāriṇaḥ |
adarśat snigdhayā dṛṣṭyā ślakṣṇena vacasāsicat || 2.24 ||

bahvīr adhyagamad vidyā viṣayeṣv akutūhalaḥ |
sthitaḥ kārtayuge dharme dharmāt kṛcchre 'pi nāsrasat || 2.25 ||

avardhiṣṭa guṇaiḥ śaśvad avṛdhan mitrasaṃpadā |
avartiṣṭa ca vṛddheṣu nāvṛtad garhite pathi || 2.26 ||

śarair aśīśamac chatrūn guṇair bandhūn arīramat |
randhrair nācūcudad bhṛtyān karair nāpīpiḍat prajāḥ || 2.27 ||

rakṣaṇāc caiva śauryāc ca nikhilāṃ gām avīvapat |
spaṣṭayā daṇḍanītyā ca rātrisattrān avīvapat || 2.28 ||

kulaṃ rājarṣivṛttena yaśogandham avīvapat |
dīptyā tama ivādityas tejasārīn avīvapat || 2.29 ||

apaprathat pitṝṃś caiva satputrasadṛśair guṇaiḥ |
salileneva cāmbhodo vṛttenājihladat prajāḥ || 2.30 ||

dānair ajasravipulaiḥ somaṃ viprān asūṣavat |
rājadharmasthitatvāc ca kāle sasyam asūṣavat || 2.31 ||

adharmiṣṭhām acakathan na kathām akathaṃkathaḥ |
cakravartīva ca parān dharmāyābhyudasīṣahat || 2.32 ||

rāṣṭram anyatra ca baler na sa kiṃ cid adīdapat |
bhṛtyair eva ca sodyogaṃ dviṣaddarpam adīdapat || 2.33 ||

svair evādīdapac cāpi bhūyo bhūyo guṇaiḥ kulam |
prajā nādīdapac caiva sarvadharmavyavasthayā || 2.34 ||

aśrāntaḥ samaye yajvā yajñabhūmim amīmapat |
pālanāc ca dvijān brahma nirudvignān amīmapat || 2.35 ||

gurubhir vidhivatkāle saumyaḥ somam amīmapat |
tapasā tejasā caiva dviṣatsainyam amīmapat || 2.36 ||

prajāḥ paramadharmajñaḥ sūkṣmaṃ dharmam avīvasat |
darśanāc caiva dharmasya kāle svargam avīvasat || 2.37 ||

vyaktam apy arthakṛcchreṣu nādharmiṣṭham atiṣṭhipat |
priya ity eva cāśaktaṃ na saṃrāgād avīvṛdhat || 2.38 ||

tejasā ca tviṣā caiva ripūn dṛptān abībhasat |
yaśodīpena dīptena pṛthivīṃ ca vyabībhasat || 2.39 ||

ānṛśaṃsyān na yaśase tenādāyi sadārthine |
dravyaṃ mahad api tyaktvā na caivākīrti kiṃ cana || 2.40 ||

tenārir api duḥkhārto nātyāji śaraṇāgataḥ |
jitvā dṛptān api ripūn na tenākāri vismayaḥ || 2.41 ||

na tenābhedi maryādā kāmād dveṣād bhayād api |
tena satsv api bhogeṣu nāsevīndriyavṛttitā || 2.42 ||

na tenādarśi viṣamaṃ kāryaṃ kva cana kiṃ cana |
vipriyapriyayoḥ kṛtye na tenāgāmi vikriyāḥ || 2.43 ||

tenāpāyi yathākalpaṃ somaś ca yaśa eva ca |
vedaś cāmnāyi satataṃ vedokto dharma eva ca || 2.44 ||

evamādibhir atyakto babhūvāsulabhair guṇaiḥ |
aśakyaśakyasāmantaḥ śākyarājaḥ sa śakravat || 2.45 ||

atha tasmin tathā kāle dharmakāmā divaukasaḥ |
vicerur diśi lokasya dharmacaryā didṛkṣavaḥ || 2.46 ||

dharmātmānaś carantas te dharmajijñāsayā jagat |
dadṛśus taṃ viśeṣeṇa dharmātmānaṃ narādhipam || 2.47 ||

devebhyas tuṣitebhyo 'tha bodhisattvaḥ kṣitiṃ vrajan |
upapattiṃ praṇidadhe kule tasya mahīpateḥ || 2.48 ||

XI. Ratnāvalī (1.25–45)

naiḥśreyasaḥ punar dharmaḥ sūkṣmo gambhīradarśanaḥ |
bālānām aśrutimatām uktas trāsakāro jinaiḥ || 1.25 ||

nāsmy ahaṃ na bhaviṣyāmi na me 'sti na bhaviṣyati |
iti bālasya santrāsaḥ paṇḍitasya bhayakṣayaḥ || 1.26 ||

ahaṃkāraprasūteyaṃ mamakāropasaṃhitā |
prajā prajāhitaikāntavādinābhihitākhilā || 1.27 ||

asty ahaṃ mama cāstīti mithyaitat paramārthataḥ |
yathābhūtaparijñānān na bhavaty ubhayam yataḥ || 1.28 ||

ahaṃkārodbhavāḥ skandhāḥ so 'haṃkāro 'nṛto 'rthataḥ |
bījaṃ yasyānṛtaṃ tasya prarohaḥ satyataḥ kutaḥ || 1.29 ||

skandhān asatyān dṛṣṭvaivam ahaṃkāraḥ prahīyate |
ahaṃkāraprahāṇāc ca na punaḥ skandhasambhavaḥ || 1.30 ||

yathādarśam upādāya svamukhapratibimbakam |
dṛśyate nāma tac caiva na kiṃ cid api tattvataḥ || 1.31 ||

ahaṃkāras tathā skandhān upādāyopalabhyate |
na ca kaś cit sa tattvena svamukhapratibimbavat || 1.32 ||

yathādarśam anādāya svamukhapratibimbakam |
na dṛśyate tathā skandhān anādāyāham ity api || 1.33 ||

evaṃvidhārthaśravaṇād dharmacakṣur avāptavān |
āryānandaḥ svayaṃ caiva bhikṣubhyo 'bhīkṣṇam uktavān || 1.34 ||

skandhagrāho yāvad asti tāvad evāham ity api |
ahaṃkāre sati punaḥ karma janma tataḥ punaḥ || 1.35 ||

trivartmaitad anādyantamadhyaṃ saṃsāramaṇḍalaṃ |
alātamaṇḍalaprakhyaṃ bhramaty anyonyahetukaṃ || 1.36 ||

svaparobhayatas tasya traikālyato 'py aprāptitaḥ |
ahaṃkāraḥ kṣayaṃ yāti tataḥ karma ca janma ca || 1.37 ||

evaṃ hetuphalotpādaṃ paśyaṃs tatkṣayam eva ca |
nāstitām astitāṃ caiva naiti lokasya tattvataḥ || 1.38 ||

sarvaduḥkhakṣayaṃ dharmaṃ śrutvaivam aparīkṣakaḥ |
saṃkampaty aparijñānād abhayasthānakātaraḥ || 1.39 ||

na bhaviṣyati nirvāṇe sarvam etan na te bhayam |
ucyamāna ihābhāvas tasya te kiṃ bhayaṃkaraḥ || 1.40 ||

mokṣe nātmā na ca skandhā mokṣaś ced īdṛṣaḥ priyaḥ |
ātmaskandhāpanayanaṃ kim ihaiva tavāpriyaṃ || 1.41 ||

na cābhāvo 'pi nirvāṇaṃ kuta eva tasya bhāvatā |
bhāvābhāvaparāmarśakṣayo nirvāṇam ucyate || 1.42 ||

samāsān nāstitādṛṣṭiḥ phalaṃ nāstīti karmaṇām |
apuṇyāpāyikī caiṣā mithyādṛṣṭir iti smṛtā || 1.43 ||

samāsād astitādṛṣṭiḥ phalaṃ cāstīti karmaṇām |
puṇyā sugatiniṣyandā samyagdṛṣṭir iti smṛtā || 1.44 ||

jñānān nāstyastitāśānteḥ pāpapuṇyavyatikramaḥ |
durgateḥ sugateś cāsmāt sa mokṣaḥ sadbhir ucyate || 1.45 ||

XII. Viṃśatikā Vijñaptimātratāsiddhi (17–18)

nānanubhūtaṃ manovijñānena smaryata ity avaśyam arthānubhavena bhavitavyaṃ tac ca darśanam ity evaṃ tadviṣayasya rūpādeḥ pratyakṣatvaṃ matam.

asiddham idam anubhūtasyārthasya smaraṇaṃ bhavatīti. yasmāt,

uktaṃ yathā tadābhāsā vijñaptiḥ (17.a, b)

vināpy arthena yathārthābhāsā cakṣurvijñānādikā vijñaptir utpadyate tathoktam.

smaraṇaṃ tataḥ | (17.b)

tato hi vijñapteḥ smṛtisaṃprayuktā tatpratibhāsaiva rūpādivikalpikā manovijñaptir utpadyata iti na smṛtyutpādād arthānubhavaḥ sidhyati.

yadi yathā svapne vijñaptir abhūtārthaviṣayā tatha jagrato 'pi syāt tathaiva tadabhāvaṃ lokaḥ svayam avagacchet. na caivaṃ bhavati. tasmān na svapna ivārthopalabdhiḥ sarvā nirarthikā.

idam ajñāpakam. yasmāt,

svapnadṛgviṣayābhāvaṃ nāprabuddho 'vagacchati || (17.c, d)

evaṃ vitathavikalpābhyāsavāsanānidrayā prasupto lokaḥ svapna ivābhūtam arthaṃ paśyan na prabuddhas tadabhāvaṃ yathāvan nāvagacchati.

yadā tu tatpratipakṣalokottaranirvikalpajñānalābhāt prabuddho bhavati tadā tatpṛṣṭhalabdhaśuddhalaukikajñānasaṃmukhībhāvād viṣayābhāvaṃ yathāvad avagacchatīti samānam etat.

yadi svasaṃtānapariṇāmaviśeṣād eva satvānām arthapratibhāsā vijñaptaya utpadyante nārthaviśeṣāt. tadā ya eṣa pāpakalyāṇamitrasaṃparkāt sadasaddharmaśravaṇāc ca vijñaptiniyamaḥ sattvānāṃ sa kathaṃ sidhyati asati sadasatsaṃparke taddeśanāyāṃ ca.

anyonyādhipatitvena vijñaptiniyamo mithaḥ | (18.a, b)

sarveṣāṃ hi sattvānām anyonyavijñaptyādhipatyena mitho vijñapter niyamo bhavati yathāyogam. mitha iti parasparataḥ. ataḥ saṃtānāntaravijñaptiviśeṣāt saṃtānāntare vijñaptiviśeṣa utpadyate nārthaviśeṣāt.

yadi yathā svapne nirarthikā vijñaptir evaṃ jāgrato 'pi syāt kasmāt kuśalākuśalasamudācāre suptāsuptayos tulyaṃ phalam iṣṭāniṣṭam āyatyāṃ na bhavati. yasmāt,

middhenopahataṃ cittaṃ svapne tenāsamaṃ phalam ‖ (18.c, d)

idam atra kāraṇaṃ na tv arthasadbhāvaḥ.

語　彙　集

この語彙集は、本書でサンスクリット文法の習得を目指す初学者が、所収の演習と選文を読むための単語帳であり、それ以外の文献には対応していない。他の文献を読むためには信頼のおけるサンスクリット辞典を使用されたい。

われわれが普段使用するサンスクリット辞典には、Monier Williams, *A Sanskrit-English Dictionary* や V. S. Apte, *The Practical Sanskrit-English Dictionary* のように、アルファベット順に単語を配置することを基本方針とするものと、A. A. Macdonell, *A Practical Sanskrit Dictionary* や「荻原辞書」と呼ばれる『漢訳対照梵和大辞典』のように、基本語 (語根など) から派生語へ進むという方針の上でアルファベット順に単語を配置したものがある。例えば upa-√gam は前者の辞書では upa の箇所、後者では gam の箇所に配置される。このようにわれわれが普段使用する辞書によっても、編纂方針に大きな違いがあることを予め知っておく必要がある。

この語彙集は『実習梵語学』に倣って、敢えて後者の編集方針をとっている。この方針にしたがえば文法の習得なしには目指す単語に行き着かず、そのことが初学者の文法理解度を測る物差しとなるからである。前者の編集方針にしたがった本格的な辞書に頼れば、容易に目的の単語を得ることができるが、その便利さがかえって文法の習得を妨げてしまう場合も多々ある。

ただ本書では、演習 1–10 が準動詞などの派生語に関する文法を習得する前にはじまるため、例えば過去受動分詞などの派生語は、基本的に演習問題に出る場合に限り、そのままの形で形容詞としてアルファベット順に配置されている。しかし選文に出てくる場合には、必要に応じて語根の項目に派生語として収められている。

A

a- [母音の前で an-] 否定を表す接頭辞
aṃśa *m.* 部分
akasmāt *adv.* 偶然に、突然に
akāla *m.* 時外れ ; -ena、-e 時機を逸して、時外れに
akīrti *f.* 不名誉、恥辱
akutūhala *adj. L.* に関心を持たない
akuśala *adj.* 善くない、不正な
akṛta *adj.* [a-√kṛ *Ppp.*] 未熟な、完成されない
akṣa *m.* / *n.* 眼
akṣara *adj.* 不滅の、不変の
akhila *adj.* 隙間のない、全体の、すべての
agni *m.* 火、火炎、火神、アグニ
agnisāt *adv.* 火の状態に ; agnisāt-√kṛ 燃やす、焼く
agnisvāmin *m.* [人名] アグニスヴァーミン
agra *n.* 主なるもの、最上のもの
agrahāra *m.* 婆羅門に与えられた土地、封地
aṅka *m.* 脇腹、膝、印
aṅkagata *adj.* 膝の上にいる
aṅga *n.* 肢、四肢、身体
aṅgaṇa *n.* 中庭
aṅguli *f.* 指
acetas *adj.* 無感覚な、無意識の、愚かな
aja *m.* 山羊
ajasra *adj.* 不断の、永久の
ajā *f.* 牝山羊
añca *adj.* 巻き上がる、身の毛がよだつ
√añj 7 飾る、表示する
vi- 美しくする、顕示する ; *Ppp.* vyakta 明かになった、明白な
añjali *m.* 合掌
aṇīyas *adj.* [aṇu の比較級] より小さい
aṇu *adj.* 微少な、微細な、小さい
aṇḍa *n.* 卵
atarkita *adj.* 不意の、意外な ; -m *adv.* 不意に、突然に
atas *adv.* [idam の *Ab.* 相当] これより、これゆえ、ここで、
atithi *m.* 客
atirūpa *adj.* 非常に美しい
atṛṇa *n.* 草のないところ
atyaya *m.* 危険
atra *adv.* ここに、ここで ; atrāntare この時に、この際に
atha *adv.* さて、そこで、ここで、その時、つぎに
atho *adv.* その時
√ad 2 食う
adas *pron.* 彼、それ
addhā *adv.* (この方法で) 実に、確かに、正に
adbhuta *adj.* 希有な
adya *adv.* 今日、今
adhara *adj.* [比較級] より下の
adharottara *adj.* 上と下の転倒した、逆さまな ; *n.* 転倒、逆転
adharmiṣṭha *adj.* 不正な、非法な
adhas *adv.* 下に、地上に
adhastāt *adv. G.* の下に、地上に
adhārya *adj.* 防げない
adhika *adj. Ab.* 以上の
adhikāra *m.* 官職、地位

adhipa *m.* 支配者、君主、長

adhipatitva *n.* 増長、増長力、支配性、影響力

adhunā *adv.* 今

adhomukha *adj.* 顔を下に向ける

adhyātma *adj.* 自己の、自己に関する；*n.* 至上の霊魂

adhvaga *m.* 旅人

adhvara *m.* 供犠

anagha *adj.* 罪なき、非難なき、傷つけられない

anantaram *adv.* ただちに

anargha *m.* 掛け値；*adj.* 価値の付けられない、極めて貴重な

anartha *m.* 不幸、不利益

anāgata *adj.* [an-ā-√gam *Ppp.*] 来なかった、未来の；*n.* 未来；°vat *Pap.* 未来に関する、将来に関する

anādara *m.* 無視、無関心；*adj.* 無関心な、執着のない、気づかない

anārata *adj.* 中断しない、常住な、連続した；-m *adv.* 中止することなく、間断なく

anitya *adj.* 無常なる

anila *m.* 空気、風

aniṣṭa *adj.* [an-√iṣ *Ppp.*] 望まなかった、不快な、不幸な

anucita *adj.* [an-√uc *Ppp.*] 慣れない、不適当な、理不尽な、不合理な

anuttama *adj.* この上ない

anubandhin *adj.* 結びつく、関係する、絡みつく、続く、永続する

anubhava *m.* 知覚、認知、理解、経験、感情

anubhāva *m.* 威力、力

anurāgin *adj.* 情熱的な、愛する、執着する

anurūpa *adj.* 一致する、適する、相応しい

anuvartin *adj.* したがう、従順な

anūṣman *adj.* 熱くない

anṛta *adj.* 悪い、真実でない、虚偽の、法則性のない

anejat *adj.* [an-√ej *Prp.*] 動かない、不動の

anta *m.* / *n.* 端、最後、終わり、究極

antaḥpura *n.* 後宮

antakara *adj.* 終わらせる、壊す

antakāla *m.* 死、死ぬとき、臨終

antar *adv.* 内に、内部に、*G.* / *L.* の中

antara *adj.* 近い、親しい、内部の、他の；*n.* 内、中間、時間、差異；-eṇa *adv.* ～なしに

antarā *adv.* 中途で

antarikṣa *n.* 空、虚空

antika *adj.* 近く、*G.* / *Ab.* に近い；*n.* 近隣；-m *adv.* 近くに

antideva *m.* [王の名] アンティデーヴァ

andha *adj.* 暗い

anna *adj.* [√ad *Ppp.*] 食べられた；*n.* 食物、食べ物、(特に) 米

annāda *adj.* 食べ物をとる、栄養をとる

annādya *n.* 食べ物、滋養

anya *adj.* 他の、別の

anyatra *adv.* *Ab.* より他に、～とは別に

anyathā *adv.* (atas、itas、tatas とともに) ～とは違った

anyathātva *n.* 反対の状態
anyāya *m.* 不正な行為、非法な行い
anyonya *m.* / *f.* [=anyo'nya] 互い、相互 ; -m *adv.* 互いに
anvaya *m.* 家系、家柄、子孫
apaṇḍita *adj.* 愚かな
apatya *n.* 子、子供、子孫
apanayana *adj.* 除去する、奪う ; *n.* 拭い去ること
apayāna *n.* 後退、退去
apara *adj.* 後方の、後の、次の、他の ; -m *adv.* 次に、後に
aparādha *m.* 犯罪、罪
aparijñāna *n.* 知識のないこと、無知
aparīkṣaka *adj.* 不別、未別
apas *n.* 行為
apāna *m.* 下気、出気、屁、肛門
apāya *m.* 出発、遠ざかること、結末、悪趣、悪道
api *adv.* 〜も、〜もまた、または、[否定詞とともに] 〜さえもない、文頭にある場合、肯定を予期する疑問文を作る
apuṇya *adj.* 善でない ; *n.* 罪
apūrva *adj.* 未だかつてない、まったく新たな、前代未聞の
apohana *adj.* 除く、追放する ; *n.* 除去、追放、否定
apriya *adj.* 不愉快な、好まない
abdhi *m.* 海
abhaya *adj.* 恐れなき、安全な ; *n.* 無畏、安全
abhāgya *n.* 不幸
abhāva *m.* 非存在、無、欠如、滅、死
abhidhā *adj.* 周囲の *f.* 名称、名前
abhimukha *adj.* 〜に向かって ; -m *adv.* 向かって、〜の方へ
abhīkṣṇa *adj.* 頻繁な、絶え間ない、一定の ; -m *adv.* 繰り返し、たびたび、休みなく
abhūta *adj.* [a-√bhū *Ppp.*] 存在しない
abhyantara *adj.* 内の、近い、親しい、身内の
abhyantarī-√kṛ 親しくする、身内とする ; *Ppp.* abhyantarīkṛta
abhyantarīkṛta; *adj.* 親しくなった、身内となった
abhyāsa *m.* 付加、反復、繰り返し、習慣
amātya *m.* 大臣、補相
amitra *m.* 敵
amutra *adv.* あそこで、他の世で、来世に
amṛta *n.* 甘露水 [不死の水]
ambu *n.* 水
ambhas *n.* 水
ambhoda *m.* 雲
ayas *n.* 鉄
ayaskāntamaṇi *m.* 磁石
aye *ind.* [*Interj.*] ははー、おお [驚き]
ayodhyā *f.* [都市の名] アヨーダヤー
arakṣitṛ *m.* 守らない者、守護しない者
araṇya *n.* 林
ari *m.* 敵
arka *m.* 太陽
argala *m.* / *n.* かんぬき
arghya *n.* 敬意を表す水、供物
√arj 1 入手する、得る ; *Ppp.* arjita 得られた
arṇava *m.* 海、波

artha *m.* / *n.* 目的、対象、意味、内容、利益; -m *adv.* ～のために; °tas *adv.* 目的のために、真に、実に、実際には、意味にしたがえば

arthatā *f.* 目的

arthavat *adj.* 富む、目的に適した; *adv.* 目的にしたがって

arthin *adj.* 望む、求める、熱望する、忙しい、貧乏な

ardha *adj.* 半分の; *m.* / *n.* 半分

√arh 1 値する、相当する; *Prp.* arhat

arhat *m.* 価値ある人、聖者、阿羅漢

alam *adv.* 十分に、*I.* は十分、*I.* に飽きた

alāta *n.* 松明

alpa *adj.* 小さい、小さな、少ない

avajñā *f.* 軽蔑; -ayā *adv.* 軽んじて

avaśya *adj.* 屈服しない; -m *adv.* 必然的に、確かに

avākin *adj.* 語らない、無言の

avidvas *adj.* [a-√vid *Pfp.*] 無知なる; *m.* 愚者

avyaya *m.* 消費しないこと *adj.* 不滅の、不変の

√aś 5 到達する、達成する、遭遇する

aśakya *adj.* [a-√śak *Fpp.*] 不可能な

aśravaṇa *n.* 聞かないこと

aśrānta *adj.* 疲れのない、不屈の

aśru *n.* / *m.* 涙

aśruti *f.* 聞かないこと; *adj.* 聞き取りにくい、不鮮明な; °mat *adj.* 聞く耳を持たない

aśva *m.* 馬、牡馬

aśvattha *m.* アシュヴァッタ樹

aṣṭādaśa *num.* 18

√as 2 ある、いる、存在する、起こる; *Prp.* sat

apa- 投げ捨てる

api- 横にいる

asaṅga *adj.* 執着がない、抵抗を受けない、束縛されない

asat *adj.* [a-√as *Prp.*] 非実在の、虚偽の; *n.* 非実在、不正

asama *adj.* 等しくない

asaṃtoṣa *m.* 不満足

asaṃbhāvya *adj.* [a-sam-√bhū *Fpp.*] 有りもしない、不可能な

asita *m.* [人名] アシタ

asiddha *adj.* [a-√sidh *Ppp.*] 成立しない、確立されない、不完全な

asurya *adj.* 悪魔の

asulabha *adj.* 得難い、希有な

asti *adv.* 説話冒頭に位置して「昔～ありき」

astitā *f.* 実在性、実有

astitādṛṣṭi *f.*「ある」という見解、実有論

astra *n.* 矢、弓、弓道

asthāyin *adj.* 留まらない

asthi *n.* 骨

asmad *pron.* [*1st.*, *pl.* の語幹]

√ah [不完全動詞] 言う、話す

pra- 言明する、宣言する、言う、説く

ahaṃkāra *m.* 自意識、自己本位、我執

ahi *m.* 蛇

Ā

ā *ind.* *Ab.* からはじめて、*Ab.* に至るまで

ākāśa *m.* / *n.* 虚空、空

ākiṃcanya *n.* 無所有
āgama *m.* 学問、教法、聖典、阿含
āgamana *n.* 到着
āgas *n.* 罪、過失
√āñch 1 引く、引っ張る
ava- 延ばす
āḍambara *m.* 喧嘩
āḍhya *adj.* *I.* / —° に富む
ātapa *m.* 暑さ
ātmaka *adj.* —° の性質をもつ
ātman *m.* 自分、己、自己、我、自我、霊魂、本質、本体
ātmavat *adj.* 生命ある、自制する；°vattā *f.* 自制
ātmahan *adj.* 自殺
ātmārtham *adv.* 自分のために
ātmīya *adj.* 自らの、自らの属する
ādarśa *m.* 写すこと、鏡、像、写本
ādi *m.* はじめ、最初、—° をはじめとする
ādika *adj.* ～をはじめとする、など
āditya *m.* 大陽、太陽神
ādya *adj.* 第一の、最初の、根本の
ādhipatya *n.* 主権、統治、支配、君臨すること
ādhīna *adj.* ～にしたがう、～に頼る
ānanda *m.* 歓喜、喜び、[仏弟子の名] アーナンダ、阿難、阿難陀
ānṛśaṃsya *n.* 親切
√āp 5 到着する、至る、得る、到達する、獲得する
ava- 至る、到達する、得る、獲得する、取得する
pra- 到達する、見出す、獲得する；*Ppp.* prāpta 得た、やって来た
āpad *f.* 不幸、災難、逆境、苦難
āpāna *n.* 飲むこと、吸うこと
ābhāsa *m.* 光沢、光、色、外観、姿、類似、影像、幻影
āyatana *n.* 処、住所、座
āyati *f.* 流布、広がり、未来、来世
āyuṣmat *adj.* 具寿の
āyus *n.* 生命、寿命
ārjava *adj.* まっすぐな、正直な、素直な
ārya *adj.* 聖なる、高貴な、尊敬すべき；*m.* アーリヤ人、尊敬すべき人、聖者
āryabhāva *m.* 高貴なふるまい
ārṣa *adj.* 仙人に関する、仙人に由来する
ālaya *m.* 住居
ālāpa *m.* 話しかけること、談話、会話
āloka *m.* 見ること、光
āvega *m.* 動揺
āveṇika *adj.* 特別の、他と関係なき
āśaya *m.* 休息所、寝床、住処、場所
āśraya *m.* 依りかかること、頼ること、依處
√ās 2 座る、留まる、居る、住む
upa- 給仕する、尊敬する、敬う；*Ppp.* upāsīta
pary-upa- 取り囲む、尊敬する
āsanastha *adj.* 座ること
āsanna *n.* 近きこと、近傍
āsannī-√bhū 近づく、*G.* に近い
āsthā *f.* *L.* に対する欲望
āsya *n.* 口

I

√i (1) 2 行く、来る、*Ac.* に帰す、*Ac.* へ赴く、に到達する

ati- 過ぎる、経過する、通り越す、通り過ぎる、追い越す、超越する
adhi- 学ぶ
anu- 伴われた
ā- 近づく、到達する、*Ac.* に加わる、入る
upa- 近づく、会う、到達する、得る
pari- 歩き回る、円に動く、囲む
vi-pari- 振り向く、帰る ; *Ppp.* viparīta 逆の、転倒した、反対の
pra- 去る、行く、進む、離れ去る、死ぬ ; pretya *adv.* 死後に、あの世で
vi- 横切る、分離する、離れる、消える ; *Ppp.* vīta 去った、消えた

√i ⑵ 1 行く
palā- 逃げる、逃げ出す、逃走する ; *Inf.* palāyitum

icchā *f.* 願望、欲望 ; icchayā *adv.* 願望にしたがって、自由に、思うままに

iti *ind.* 〜と、〜という、〜ということ、以上、以上のように、〜と名付けられる、〜と呼ぶ

idam *pron.* これ、この

indriya *adj.* インドラ神に関係する ; *n.* インドラ神の力、感官、感覚器官

indhana *n.* 燃料

iva *adv.* 〜のように

√iṣ 6 欲する、願う、望む ; *Inf.* をしようとする , *Fpp.* iṣṭa , *Prp.* icchat
anu- 探す、追い求める、願う
abhi- 請う ; *Ppp.* abhīṣṭa 望んだ、欲した

iṣa *m.* [月暦の名前 = āśvina] アーシュヴィナ月 (7 月から 9 月ごろ)

iha *adv.* ここで、この世で、今

Ī

√īkṣ 1 見る
apa- 予期する、期待する、待つ
ava- 見る、観察する
ud- 仰ぐ、眺める
upa- 見る、眺める、期待する ; *Fpp.* upekṣitavya 見過ごされるべき、無視されるべき
upa-pari- 観察する
pra- 見る
vi- 注視する、確かめる

īdṛśa *adj.* このような

√īr 2 動かす、促進する
pra- 動く caus. 促す、駆り立てる

īrṣyā *f.* 嫉妬

īś *m.* 主

īśvara *m.* 自在神、主宰者、支配者、王

īṣa iṣa 参照

U

u *ind.* [附帯詞] 今や、ちょうど、ただちに

ukti *f.* 言葉

ugra *adj.* 激しい、恐ろしい

√uc 4 好む、慣れる

ucchṛṅkhala *adj.* 制限をもたない

uttama *adj.* [最上級] 最上の、最高の、至高の、最も優れた

uttara *adj.* [比較級] より上の

utpāda *m.* 出すこと、産出、出生、生起

utsaṅga *m.* 膝、腰部

udaka *n.* 聖水

udañc *adj.* 北の、上の

udāna *m.* 上風、上気

uddeśa *m.* 方角、場所
udbhava *m.* 起源、出生、出現、成長
udvega *m.* 震えること、動揺、不安
unmukha *adj.* 上向きの、見上げる
upacāra *m.* 礼儀、作法
upadeśa *m.* 教示
upapatti *f.* 出現、誕生
upayāna *n.* 接近、到着、訪問
upalabdhi *f.* 取得、理解、知覚
upāya *m.* 方法、手段、方策
upekṣitavya *adj.* [upa-√īkṣ *Fpp.*] 看過ごすべき、無視されるべき
ubhaya *adj.* 両方の、両者の
uraga *m.* 蛇
urvarita *adj.* 余った、残った
uṣṇi *adj.* 燃える、熱い

Ū

ūrja *adj.* 強い、丈夫な、力のある
ūrjaya *Den.* 養う、強くする ; *Ppp.* ūrjita 強くなった、強力な、強健な
ūrṇā *f.* 白毫、旋毛
ūrdhva *adj.* 上方の、上の、起立した、高い ; °— / -m *adv.* 上方に、後ろに
ūṣara *m.* / *n.* 不毛 (塩害) の地
ūṣman *m.* 熱
√ūh 1 償う、変化する、改める、移す
vy- 広げる、まき散らす
sam- 集める

Ṛ

√ṛ 6 動かす、達する
ā- 陥る ; *Ppp.* ārta (不幸に) 陥った、悩まされた
√ṛj 1 手に入れる、獲得する ; *caus.* 手に入れる
√ṛd 1 悩ます ; *Ppp.* ardita 悩まされた
ṛddhi *f.* 繁栄、成功、富
√ṛṣ 1 流れる、滑る、滑走する
ṛṣi *m.* 仙人、聖仙、聖賢

E

eka *num.* 1、1 つ、1 つの、ある (もの / 人)
ekatva *n.* 単一性、統一性
ekadā *adv.* ある時
ekadṛṣṭi *f.* 凝視、一点を見つめること
ekarṣi *m.* 単独の聖者
ekānta *m.* 寂静処、唯一 (の対象) に専心すること
ekaika *adj.* それぞれ、一人一人
√ej 1 動く、震える
etad *pron.* これ
enad *pron.* それ
enas *n.* 罪悪
eva *adv.* 正に、実に、〜のみ、〜こそ
evaṃvidha *adj.* このような
evam *adv.* このように、そのように、同じように、同様に
evamādi *adj.* このような、かくのごとき等の

AI

aiśvara *adj.* 王に相応しい ; *n.* 王権

O

okas *n.* 住処、家
ojas *n.* 力、威力、能力
ojasvin *adj.* 力がある、威力がある、勢力がある、勇敢な

om 聖辞［祈祷文のはじまり、ヴェーダ読誦の前後に発音］オーン、唵

oṣadhi *f.* 植物、薬草

AU

auṣadha *n.* 薬

K

kakud *f.* 頂上、首長、王権の象徴

kakuddruma *m.*［ジャッカルの名］カクッドゥルマ

kaccid *ind.* [kad+cid] ～であるように ; na kaccid ～でないように

kaṇṭha *m.* 喉

katama *adj.*［疑問］(3 人以上の中の) 誰か、(3 つ以上の中の) どれか

kathaṃkathā *f.* 疑惑、疑い

katham *adv.*［疑問］どうして、いかにして ～ cid かろうじて、なんとか

kathaya *Den.* 語る、話す

kathā *f.* 物語、話、会話

kadā *ind.*［疑問］いつ ; kadācid ある時、どのような時も

kanyakā *f.* 少女、娘

kanyā *f.* (適齢期の) 少女、娘

kapāṭa *m.* / *n.* 扉

kapota *m.* 鳩

√kam 愛する ; *Ppp.* kānta 愛する、愛された ; *m.* 夫

kamala *n.* 蓮華

kamalā *f.* 吉祥天、ラクシュミー

√kamp 1 震える

kara *adj.* ～を作る、～をなす、～をさせる ; *m.* 税金

karaṇa *n.* 行為、手段

karuṇa *adj.* 悲しき、慈悲深き

karuṇā *f.* 悲しみ

karkaṭa *m.* 蟹

karṇa *m.* 耳

karṇaya *Den.* 聞く、耳にする

ā- 聞く ; *Ppp.* ākarṇita

kartavya *adj.* [√kṛ *Fpp.*] なされるべき

kartṛ *m.* 行為者、実行者、行動する人

karman *n.* 行為、作用、業、作業、活動、職業

√kal 10 促す、強制する、運び去る ; *Ppp.* kalita 切り離された、分離された、ばらばらにされた、壊された

kalaśa *m.* 壺

kalaha *m.* 喧嘩、口論

kalita *adj.* [√kal *Ppp.*] 壊された

kalpa *m.* 法則、規則、法儀、慣習

kalya *n.* 黎明、夜明け

kalyāṇa *adj.* 善き、徳のある、美しい ; °tama［最上級］

kavi *adj.* 賢き ; *m.* 賢者、詩人

kavitā *f.* 詩、詩才、詩境、詩趣

kaṣāya *adj.* 収縮する

kaṣṭa *adj.* 悪い ; *n.* 悪、不幸 ; -m *adv.* 辛うじて ; hā dhik kaṣṭam 呪われてあれ！

kasmāt *adv.* [kim *Ab.*] なにゆえ、なぜ

kāñcana *n.* 黄金

kātara *adj.* 臆病な、小心の、卑怯な

kānana *n.* 森

kānta *adj.* [√kam *Ppp.*] 愛する、愛された ; *m.* 夫

kāntāra *m.* / *n.* 森林

kānyakubja *n.*［都の名］カーニャクブジャ、カナウジ

kāma *m.* 願望、欲望、愛欲、愛、性愛、欲望(の対象); *adj.* —° を欲する
kāya *m.* 身体
kāra *adj.* 作る、なす、生ずる、形成する ; *m.* 作者、動作
kāraṇa *adj.* なす、おこす ; *n.* 原因、理由 ; kiṃ kāraṇam *adv.* いかなる理由で
kārin *adj.* *G.* / —° を作る、なす
kārtayuga *adj.* クリタユガに関する
kāryakāraṇa *n.* 原因となる特定のこと、特別な理由 ; tat°-āt *adv.* そういうわけで
kāryavat *adj.* 仕事を持つ
kāla *m.* 時、死神 ; -ena *adv.* 時が過ぎて
kālindī *f.* [河の名] カーリンディー(ヤムナー河)
√kāś 1 見える、現れる、輝く
vi- 輝く
kim *pron.* [疑問] 誰、何 ; *adv.* どうして、なぜ ; [cit、cana、api とともに不定] ある(人、もの)
kila *adv.* 実に、確かに
kilbiṣa *n.* 罪悪
kīdṛś *adj.* どのような種類の、いかなる
kīrtaya *Den.* 陳述する、言う、宣言する
pra- 宣言する、示す ; *Ppp.* prakīrtita と言われた
kīrti *f.* 陳述、記述、名声、名誉
kīrtimat *adj.* 高名な、有名な、名声のある
kukṣi *m.* 腹
kukṣyartham *adv.* 腹を満たすために
kutas *adv.* [疑問] 誰から、何処から、いつから、何故に
kumāra *m.* 赤児、嬰児、子、少年、王子
kumārī *f.* 少女、娘
kula *n.* 一族、家系、種族、家族、家
kulakrama *m.* 世襲
kuśala *adj.* 善い、正しい
√kūj 1 唸る、叫ぶ
kūṭastha *adj.* 最高位にある、°— の中心にある、不動の、不変の
kūla *m.* 傾斜地、岸、河畔
√kṛ 8 なす、作る、形成する、実行する、*G.* のために ~ をなす ; *Ppp.* kṛta; *Fpp.* kartavya なされるべき ; *Gd.* kṛtvā なして
vi- 態度を変える、敵対する、不信になる
kṛcchra *adj.* 苦しい、悲しい ; *m.* / *n.* 困難、苦痛、危険
kṛta *n.* 行為、行い、よい行い、利益
kṛtakṛtya *adj.* 義務を終えた、目的を達した
kṛpaṇa *adj.* 貧しい、ケチな ; *m.* 吝嗇家 ; *n.* 不幸、悲惨、哀れ
kṛśa *adj.* 痩せている
√kṛṣ 1 引く、引き回す、運び去る、導く
ā- 引き寄せる
√kṝ 6 注ぐ、散らす、散布する
vi- 散らす *Ppp.* vikīrṇa 散らされた
kopa *m.* 怒り
kośa *m.* 蔵
kratu *m.* 意向、意志、力、能力、効力、智慧、知識、(人格化された)知性、理解、供犠
kratumaya *adj.* 意向からなる

√kram 1 歩む、行く、近づく
ā- 近づく、入る、攻撃する；*Ppp.* ākrānta 迫られた、攻撃された
ud- 上がる、登る、出る
nis- *Ab.* から出て来る、離れる；*Ppp.* niṣkrānta 出ていく、這い出す
pra- *Inf.* することをはじめる
vi- 離れる、攻撃する；*Ppp.* vikrānta 雄々しい、強い
krama *m.* 歩行、順序、慣例、相続；-eṇa / -āt *adv.* 徐々に、段々に、次第に
kriyā *f.* 行動、行為、実行、仕事、業務
√kruś 1 泣く、嘆く、叫ぶ
krudhā *f.* 怒り
krodha *m.* 怒り
√kliś 9 苦しめる、苦痛を与える；*Ppp.* kliṣṭa 苦しめられた、苦しんだ
kleśa *m.* 苦痛、心痛、苦行
kva *adv.* [疑問 (ka *L.*)] どこで；～ cana / cid どこでも、どの場合でも、いつでも
kṣaṇa *m.* 刹那、瞬時；-m *adv.* ただちに
kṣatriya *m.* クシャトリヤ
√kṣan 8 害す、傷つける；*Ppp.* kṣata 害された
√kṣam 1 耐える；*Ppp.* kṣānta
kṣama *adj.* 耐えうる、適合する、なし得る、有益な
kṣamā *f.* 忍耐
kṣaya *m.* 住処；減少、破壊、消滅
kṣara *adj.* 過ぎ去る、消滅する、変わり易い
√kṣi 9 破壊する
pra- 破壊する；*Ppp.* prakṣīṇa 破壊された、滅ぼされた、消えた
kṣiti *f.* 大地、土地、住居、家
√kṣip 6 投げる；*Ppp.* kṣipta
ava- 投げる
ā- 投げる、攻撃する
pra- 投げる、置く
kṣipram *adv.* 速やかに
kṣīra *n.* 乳
kṣīrābdhi *m.* 乳海
kṣudra *adj.* 小さな、ちっぽけな、卑しい
kṣudhā *f.* 飢え、飢餓
√kṣubh 1 / 4 揺れる、動揺する、よろめく
kṣetra *n.* 土地
kṣaudra *n.* 蜜
kṣaura *n.* 剃ること、剃髪
kṣaurakaraṇa *n.* 剃髪

Kh

khaṭvā *f.* 寝床、寝台、寝椅子
khaṇḍa *adj.* 不完全な、欠けた、破れた；*n.* 片
khaṇḍaśas *adv.* 切れ切れに、細切れに；khaṇḍaśaḥ √kṛ 砕く、寸断する
khara *m.* ロバ
khalu *adv.* 実に、確かに、まさか
khura *m.* 蹄
√khyā 2 知る、言う
ā- 語る、示す

G

gaṅgā *f.* ガンジス河
gata *adj.* [√gam *Ppp.*] 過ぎ去った、
gatāyus *adj.* 寿命を終えた

gati *f.* 行くこと、足取り
√gad 1 話す、宣言する、言う
gandha *m.* 香り、芳香、薫香
gabhīra *adj.* 測り難い、深い、広大な
√gam 1 行く、去る、過ぎる、経過する ; *Ppp.* gata 行った、過ぎ去った、～の中にある ; *Gd.* gatvā 行って
adhi- 近づく、達する、到達する、獲得する、学ぶ
anu- 追従する、追いかける
ava- 来る、入る、獲得する、思いつく、知る、理解する
ā- 近づく、来る、至る、やって来る ; *Ppp.* āgata やって来た、陥った
upa- 近づく ; *Ppp.* upagata 近づいた、行った、(pañcatvam とともに) 死んだ
upā (upa-ā)- 接近する、到達する
nir- *Ab.* から立ち去る
vi- 離れる ; *Ppp.* vigata
gambhīra *adj.* [=gabhīra] 深い
garala *n.* 毒
gardabha *m.* ロバ
√garh 1 / 10 非難する ; *Ppp.* garhita
gala *m.* 喉、頸
√gā 3 行く、来る
pari- 到達する、獲得する
gāḍha *adj.* 深い、強い
gir *f.* 声
giri *m.* 山
guṇa *m.* 徳、功徳、始源的構成要素
guṇavat *adj.* 徳のある
guṇin *adj.* 徳のある
√gup 4 軽蔑する、嫌悪する、恥じる
vi- 厭悪する
guru *m.* 師、先生、師範
√guh 1 隠す、覆う ; guhya *Fpp.* 隠されるべき、秘密にされるべき
guhya *adj.* [√guh *Fpp.*] 隠されるべき、秘密にされるべき
√gṛdh 4 *L.* / *Ac.* を熱望する
gṛha *m.* / *n.* 家
gṛhakarman *n.* 家業、家事
gṛhastha *m.* 在家者、戸主、家長
gṛhiṇī *f.* 主婦、妻
√gai 1 歌う
go *m.* 牛、牡牛、牛乳 ; *f.* 牝牛、天空、大地、土地
gaurava *n.* 尊敬
√grah 9 つかむ、取る、捕らえる、捕まえる、把握する、得る、買う *Gd.* gṛhītvā 持って ; *Fpp.* grāhya 認められるべき
anu- つかむ、助ける *Fpp.* anugrāhya 恵まれた
api- 閉じる、塞ぐ
ni- 押さえる、止める、捕まえる
pari- 捉える、固執する、助成する
vi- 離す、分かつ、戦う
graha *m.* つかむこと、捕捉、把握
grāma *m.* 村
grāha *adj.* 捉える、捕まえる
grāhya *adj.* [√grah *Fpp.*] 認められるべき

Gh

ghaṭa *m.* 瓶、壺、甕
√ghaṭ 1 熱中する、努める
ud- 開く
ghrāṇa *m.* / *n.* 嗅ぐこと、臭気 ; *n.* 鼻

C

ca *ind.* [連結的接続詞] そして、および、また、～と
cakora *m.* [鳥の種名] チャコーラ (この鳥は月光を食べると想像され、月のように美しい顔を見つめる眼を cakora という)
cakoravrata *n.* チャコーラの習性 (恍惚とした凝視)
cakra *n.* 輪
cakravartin *m.* 転輪聖王
cakravāka *m.* [鳥の種名] チャクラヴァーカ (夫婦愛の典型とされる赤鷺鳥)
√cakṣ 2 見る、現れる、注目する
vi- 現れる、輝く、注視する
cakṣu *m.* 眼
cakṣuṣya *adj.* 眼にふさわしい、眼を喜ばす、愛らしい、美しい、現前にある、親愛なる
cakṣus *adj.* 見る ; *n.* 眼、視界、視力
cakṣurvijñāna *n.* 眼識
√cañc 1 跳ぶ、躍る、動揺する
vi- 振動する ; *Ppp.* vicañcita 震わせた
caṇḍa *adj.* 激しい、獰猛な
caṇḍarava *m.* [ジャッカルの名] チャンダラヴァ
catur *num.* 4
catura *adj.* 愛らしい、魅力的な
catuḥśāla *adj.* 4つの部屋をそなえた
cana *ind.* [疑問詞に付加されて不定の意味をもたせる]
candra *m.* 月
candramas *m.* 月
candrārka *m. du.* 月と太陽
candrārdha *m.* 半月
candrārdhacūḍāmaṇi *m.* 半月の額飾りをもつ神 (= シヴァ神)
√car 1 行く、放浪する、実践する、行う、生活する
vi- 諸方に動く、めぐる、徘徊する
caryā *f.* 執行、遂行、めぐること
√cal 1 直進する、進む、動く
cala *adj.* 移りいく
calana *n.* 歩行、前後運動
√ci 5 配列する、積む、建設する
citā *f.* 火葬用の薪積み
citta *n.* 心
cid *ind.* [疑問詞に付加されて不定の意味をもたせる]
√cint 10 思う、考える
cintā *f.* 思考、思惟、考察、配慮、憂慮
cira *adj.* 長い ; -m *adv.* 長い間
cirakālam *adv.* 長く、久しい間、久しく
√cud 1 励ます、促す、強いる、急がす ; [Ā] 急ぐ ; *caus.* 促す、強いる
cūḍā *f.* 頭頂の髪、冠毛、頂上
cūḍāmaṇi *m.* [人名] チューダーマニ
ced *ind.* もし～ならば
√ceṣṭ 1 動かす ; *Ppp.* ceṣṭita (努力によって) なされた、活動した
vi- 努力する、活動する ; *Ppp.* viceṣṭita 努力された、活動した
ceṣṭita *n.* [√ceṣṭ *Ppp.* から] 動作、振る舞い、行動、活動
√cyu 1 *Ab.* より去る、より落ちる、堕落する、死ぬ ; *Ppp.* cyuta

Ch

chattra *n.* 日傘、傘、傘蓋 [王の象徴]
chandas *n.* 意向、欲望、意志、呪詛的な讃歌、ヴェーダ
chāyā *f.* 陰
√chid 7 切る、切り落とす、切り倒す

J

ja *adj.* 生まれる
jagat *adj.* [√gam *Int. Prp.*] 動く、生きる ; *n.* すべての動くもの、動物、生きもの、人、世界 ; *f.* -ī 大地
√jan 4 jāyate 生まれる、発生する、生む ; *Ppp.* jāta 生まれた
upa- 生まれる、生じる、起こる、現れる
nir- 出現する
sam- 生まれる、発生する、現れる ; *Ppp.* saṃjāta 生まれた、発生した、誕生した、現れた、成長した、〜となった
jana *m.* 生物、人
jananī *f.* 母
janman *n.* 生まれること、誕生、出産
jaya *m.* 勝利、征服
jarā *f.* 老い
jala *n.* 水
jalaukas *f.* 蛭
java *adj.* 速い -āt *adv.* 速やかに
jāgṛ [√gṛ *Int.*] 覚る、覚醒する、目覚める
jāta *adj.* [√jan *Ppp.*] 生まれた
jātaroma *adj.* 頭髪のある
jāti *f.* 生まれ
jātu *adv.* 全然、到底、少なくとも na jātu 決して〜せず、少なくとも〜しない
jānu *n.* 膝 ; °calana / °pracalana はいはい
jāmātṛ *m.* 婿
jāla *n.* 網
√ji 1 勝つ、征服する ; *Ppp.* jita
jijñāsā *f.* 知ろうとすること、探求
jina *m.* 勝者、[ブッダの異名]
jihvā *f.* 舌
√jīv 1 生きる、生き返る
jīvana *adj.* [*f.* -ī] 甦らせる
jīvabhūta *adj.* 生存する、生きている、*G.* の生命となる、生命なる
jīvaloka *m.* 生物の世界、生命界、生物、人類
jīvita *n.* 命、生命、寿命、生きること
jña *adj.* —° を知る、の知識をもつ
√jñā 9 知る、承知する、識る、察知する、知識をもつ ; *Prp.* jānat わかる *pass.* 知られる
ā- *caus. pass.* 命令する、指示する
vi- 知る、区別する、識別する、了知する、認める
jñāna *n.* 知ること、知、知識、教養、智慧
jñānamaya *adj.* 智慧からなる、智慧に満ちた
jñāpaka *adj.* 知らしめる、教える、証明する
jyāyas *adj.* [比較級] より有力な、より強い、より優れた、より大きな、より老いた
jyeṣṭha *adj.* [最上級] 年長の
jyotis *n.* 光輝、光明、火

√jval 1 燃える、焼く、焦がす、輝く; *Prp.* jvalat

T

takra *n.* 酪乳水

tajjalān *adj.* 神秘的な語、[Śaṃkara の説明によれば] それによって生じ、それに没入し、それによって生息する

√taḍ 10 打つ、叩く、打ち倒す; *Ppp.* tāḍita 打たれた

taṇḍula *m.* 穀物 (特に米) の粒

tatas *adv.* [tad の *Ab.* 相当] それゆえ、それより、それから、その後、そこで、すると; tataḥ prabhṛti それより後、以後

tatkāla *m.* その時; -m *adv.* その時に、同時に

tattva *n.* 真理、真実、真の本質; °tas *adv.* 実際は、正しくは、本当は

tatra *adv.* [tad の *L.* 相当] そこに、そこで; yatra ～ tatra… ～ところ、そこに …

tathā *adv.* そのように、同じように、同様に; yathā ～ tathā… ～のようにそのように …

tathāgata *m.* 如来

tathāvidha *adj.* この類の、この方法の、同種の、同じように

tad *pron.* それ、その、そのもの、その人、彼、彼女; yad ～ tad … ～なこと、それは …; yatra ～ tad… ～ところ、それは …; *Ab.* tasmāt それゆえ; *conj.* それゆえ、それゆえに、そして

tadrūpa *adj.* そのような形をした

√tan 8 拡張する、伸ばす

anu-sam- 一面に広がる、はびこる、拡散する

tanaya *m.* 息子

tanu *f.* 身体

tanūja *m.* 息子

tapas *n.* 苦悩、苦行、熱

tapasvin *m.* 苦行者

tapodhana *adj.* 苦行を富とする; *m.* 苦行者

tama [最上級を作る接尾辞]

tamas *n.* 闇、暗黒

tamāla *m.* タマーラ樹 (暗黒色の樹皮を持つ樹)

tara [比較級を作る接尾辞]

taraṅga *m.* 波

taruṇī *f.* 少女

tarṣa *m.* 渇望

tasmāt *adv.* [tad *Ab.*] それゆえ

tāḍa *m.* 打撃

tādṛś *adj.* そのような

tāpasa *m.* 苦行者

tāmbūla *n.* キンマの葉

tāmbūlādhikāra *m.* ターンブーラの地位 (キンマの箱を持つ役職)

tāra *adj.* 貫通する、鋭く響く、高い

tāvat *adj.* 同量の; *ind.* 直ちに、すぐに; yāvat ～ tāvat … ～するや否や

tīrtha *n.* 巡礼、巡礼地、沐浴場、聖地

tīvra *adj.* 過度の、激しい、強い、鋭い、厳しい、強大な

tu *conj.* しかし、一方、[韻文では韻律を合わせる虚辞の場合がある]

√tud 6 打つ

vi- 鞭打つ、打つ
tulya *adj.* 等しい、同等の
√tuṣ 4 喜ぶ
pari- *I.* / *L.* で大いに喜ばす；*Ppp.* parituṣṭa 満足している
sam- 鎮まる、*I.* によって満足を感じる；*Ppp.* saṃtuṣṭa 満足した
tuṣita *m.* 兜率天、トゥシタ天
tuṣṭi *f.* 満足、充足
tūṣṇīm *adv.* 沈黙して、黙って、
tṛṇa *n.* 草
tṛtīya *num.* 第３の
tṛṣṇā *f.* 欲望、渇愛
√tṝ 1 渡る
ud- 越える、渡る
tejas *n.* 熱、火、光、光明、勢力、活力、威力、威厳
tejasvin *adj.* 輝く、強い、精力ある、光栄ある
tejohīna *adj.* 勢力を失った、威厳を失った
√tyaj 1 捨てる、手放す、放棄する、譲る、委ねる、分け与える；*Gd.* tyaktvā; *pass.* *I.* を離れる、*I.* より免れる；*Ppp.* tyakta
tyāga *m.* 捨施
tyāgavat *adj.* 捨施する
tyāgin *adj.* 寛大な、施す
√tras 1 / 4 恐れる
ud- 驚く、畏れる
sam- 震える、身震いする、恐れる、戦慄する、畏怖する、動揺する；*Ppp.* saṃtrasta 恐れた
trāsa *m.* 驚愕、恐怖
tri *num.* 3
tridiva *n.* 天、天界、第３の天、最高の天
trivikramasena *m.* [人名] トリヴィクラマセーナ
traikālya *n.* 三時 (過去・現在・未来、または朝・昼・晩)
trailokya *n.* ３つの世界、三界 (天・地上・地下)
tvad *pron.* [*2nd.*] あなた、君、汝
tviṣ *f.* 熱意、精力

D

√daṃś 1 噛む、咬む
daṃṣṭrā *f.* 犬歯、牙
dakṣiṇa *adj.* 南の、右の、有能な、正直な、愛すべき
daṇḍanīti *f.* 司法
danta *m.* 歯、牙
dayā *f.* 同情、憐憫
daridra *adj.* 貧しい、*I.* を欠く、に乏しい
dardura *m.* 蛙
darpa *m.* 尊大、傲慢
darśana *n.* 見ること、幻影、夢、夢見、観察
√dal 1 破裂する、裂ける、(蕾が) 開く
vi- 破裂する
daśa *num.* 10
√dah 1 焼く；*Ppp.* dagdha vi- 焼く
√dā (1) 3 与える、払う；*Gd.* dattvā；*Ppp.* datta；*caus.* dāpaya-
ā- つかむ、取る；an-ā- *Gd.* ～によらずに
abhy-ā- 網羅する、包括する；*Ppp.* abhyātta

upā (upa-ā)- つかむ、持つ、受ける、得る、獲得する；*Gd.* ～のゆえに、～をもって、～のために、～を含んで

pra- 渡す、授ける；*Ppp.* pradatta 与えられた、授けられた；*Fpp.* 嫁がされるべき

√dā (2) 2 切り離す、分離する、刈る、切り捨てる

dāna *n.* 与えること、布施

dāra *m.* 妻

dāridrya *n.* 貧窮、貧困、赤貧

dāhajvara *m.* 熱病

ditsā *f.* 与えようとすること

didṛkṣā *f.* 見ようとすること

didṛkṣu *adj.* 見ようとする、会おうとする

dina *m.* / *n.* 日、昼；*adv.* dināddinam 日より日に亙って、日に日を重ねて、日々

div *m.* / *f.* 天；*m.* 光輝、日

diva *n.* 天、天空

divāniśam *adv.* 昼夜に

divaukas *m.* 天の住者、神

divya *adj.* 天の

√diś 6 指示する、示す

ā- 指示する、伝える、教える；*Ppp.* ādiṣṭa 命じられた

sam-ā- 指示する、命令する

diś *f.* 方向

diṣṭa *n.* 運命

√dih 2 増やす、蓄積する

dīkṣā *f.* 浄めの儀式

dīna *adj.* 悲しい、哀れな、不幸な

√dīp 4 燃え上がる、光を放つ、輝く；*Ppp.* dīpta

dīpa *m.* 灯火、灯明、松明

dīpti *f.* 光、光輝

√du 5 燃やす、悩ます、苦しめる、傷ます

duḥkha *adj.* 不愉快な、苦しい；*n.* 苦、苦悩、苦しみ、苦痛、艱難

duḥkhita *adj.* [*Ppp.* duḥkhaya (*Den.*)] 苦しんだ、悩まされた

durgrāhya *adj.* つかみ難い

durāsada *adj.* 近づき難い、見出し難い

durgati *f.* 悪趣、悪道

durduhā *adj.* (*f.*) 搾乳の難しい(牝牛)

durdharṣa *adj.* 近づき難い

durnaya *m.* 悪しき行為、軽率な振る舞い

durbhikṣa *n.* 飢饉

durlabha *adj.* 得難い、稀な

duṣkara *adj.* 困難な、なし難い

duṣkṛta *n.* 悪行、罪、過失

duḥsparśa *adj.* 触れ難い

√duh 2 搾る、搾乳する、搾取する

duhitṛ *f.* 娘

dūra *adj.* 遠い、離れた、遥かな

√dṛp 4 狂う、錯乱する、傲慢である；*Ppp.* dṛpta

√dṛṃh 1 固着する、堅固にする、確立する；*Ppp.* dṛḍha 堅固な

√dṛś 1 見る、観察する、注目する、見なす；*Ppp.* dṛṣṭa 見られた；*Gd.* dṛṣṭvā 見て

sam- 見る

dṛś *adj.* 見る、観る、識別する；*f.* 見ること、観ること、識別すること

dṛṣṭa *adj.* [√dṛś *Ppp.*] 見られた

dṛṣṭi *f.* 見つめること、眼差し、見解
deva *m.* 神
devī *f.* 女神
deśa *m.* 場所、地点、方、処、土地
deśanā *f.* 指示、教義、教え
deśāntara *n.* 他国、外国
deha *m.* / *n.* 身体、塊、形、姿、形・姿をもつもの、人、個人
dehin *m.* 生きもの
daiva *n.* 天命
daivata *adj.* 神に関する、神たる ; *n.* 神
doṣa *m.* / *n.* 欠点、欠陥、短所、悪い状態、間違い、過失、罪、罪過
dyuti *f.* 輝き
dravya *n.* 対象、事物、財
√dru 1 走る、動く
druma *m.* 樹木
dvandva *n.* 一対、夫婦、諠譁、争い
dvaya *n.* 一対、両者
dvār *f.* 門
dvāra *n.* 戸、門
dvārapa *m.* 門番
dvārapālakatva *n.* 門番の役
dvi *num.* 2、二者、両
dvija *adj.* 再生の ; *m.* 再生族、婆羅門
dvitīya *num.* [序数詞] 第 2 の
√dviṣ 2 嫌う、敵視する、憎む ; *Prp.* dviṣat
dviṣ *f.* 敵、敵意
dviṣa *adj.* —° を憎む、に敵意をもつ
dviṣat *m.* 敵
dvīpin *m.* 豹
dveṣa *m.* 憎悪、悪意、敵意

Dh

dhana *n.* 財、財産、富、宝
dhanin *adj.* 富む ; *m.* 金持ち
dhanus *n.* 弓
dhanya *adj.* 幸福な、幸運な
dharitrī *f.* 支持者、大地
dharma *m.* 法、教え、徳、道徳、秩序、慣例、規定、規則、法則、性質、特質、(心の) 対象、*pl.* もの
dharmarāja *m.* 教えの王
dharmin *adj.* 法にしたがった、有徳な
√dhā 3 置く、横たえる ; *Ppp.* hita
api- 覆う
abhi- 指示する、発言する、語る、言う、宣言する、述べる、告げる、説明する、名付ける ; *Ppp.* abhihita 告げられた
ā- 据える、与える
ni- 置く、横たえる
pra-ṇi- 前に置く、集中する、願う
vi- 配列する、配置する、準備する、実行する、作る、創る、建てる、(敵対行為を) はじめる、得る、支配する ; *Fpp.* vidheya
upa-sam- 加える、増す、*I.* と連合する、授ける ; *Ppp.* upasaṃhita 所有された、伴われた
dhātrī *f.* 乳母
dhāman *n.* 住居、住処、神々の領土
√dhāv 1 流れる , 走る
pari- 走り回る、囲む
dhik *Interj. Ac.* なんてあんまりだ、何ということだ、くそ
dhīra *adj.* 思慮深い、重みのある、厳

かな
dhīrasattva *adj.* 意志の固い、断固たる
dhura *m.* 軛
√dhū 5 振る、動揺させる、もがく
dhūli *f.* 塵、埃、粉
√dhṛ 1 保持する、守る、保つ; *Fpp.* dhāraya 保たれるべき、防がれるべき
ava- *caus.* 学ぶ、理解する、勉強する
dhṛti *f.* 堅さ、堅実さ
dhairya *n.* 堅固、堅忍、忍耐強さ、堅く決心した態度、頑固
dhyāna *n.* 禅定、瞑想、妄想
√dhyai 1 瞑想する、熟考する、沈思する
upa-ni- 考察する
dhruva *adj.* 安定した、固定した、動かせない , 定めの
dhvaja *m.* 旗、旗印

N

na *ind.* [否定詞] ない、〜しない ; °— [合成語で a(n)- の代わりに使用される場合がある]
nagara *n.* 城都、都城
nadathu *m.* 騒音、ざわめき
nadī *f.* 川
nabhas *n.* 天空
√nam 1 曲げる、屈する、お辞儀をする
ā- 屈む、頭を下げる ; *Ppp.* ānata 屈んだ
pra- 頭をさげる、敬意を表す ; *Ppp.* praṇata 頭を下げた、追従する、従順な、追従した、恭順な、屈した
namas *n.* 敬意、敬礼、帰依、帰敬、*D.* に帰依する
naya *m.* 導くこと、行状、態度、行為、政策、企画
nayana *n.* 目、眼
nayavat *adj.* 政策に通じた、世才のある
nara *m.* 人
narendra *m.* 王
nareśvara *m.* 王
nava *adj.* 新しい
√naś 4 失われる、滅する、消える
pra- 失われる、見えなくなる、消滅した、消える ; *Ppp.* pranaṣṭa 失われた、消えた
√nah 6 縛る、結ぶ、身に付ける、着る
ava- 結び上げる ; *Ppp.* avanaddha
nāga *m.* 象
nāgadanta *m.* 象牙、フック、壁の掛け釘、腕木
nāpita *m.* 理髪師、床屋
nāma *adv.* [*n.* nāman *sg.*, *Ac.*] 〜という名前である、〜と呼ばれる、名付けられる ; しかし、にもかかわらず、他方において、実に、まさに
nāman *n.* 名前、名称、標識、形式 ; nāma √kṛ *G.* に 名をつける ; *adv.* nāma
nārī *f.* 女、女性、妻
nāśa *m.* 損失、壊滅
nāstitā *f.* 非実在性、虚無性
nāstitādṛṣṭi *f.*「ない」という見解、虚無論
nāstyastitā *f.* 非実在と実在の性質、虚無 (性) と実有性
nikhila *adj.* 一切の、すべての
nija *adj.* 不断の、永遠の、生来の、

固有の、自身の
nitya *adj.* 常の、永久の、—° に常在する ; -m *adv.* 常に
nidrā *f.* 睡眠、眠り、眠いこと
nidhāna *n.* 宝蔵、宝庫、保存、貯蔵、宝、財宝
nidhi *m.* 宝、財宝
ninada *m.* / *n.* 音、叫び声
nibhṛtam *adv.* 密かに
nimitta *n.* 前兆
nimiṣa *n.* まばたきすること
nimba *m.* [樹名] ニンバ (苦い果実のなる樹)
niyata *adj.* [ni-√yam *Ppp.*] 決定された
niyama *m.* 制限、規定
nirarthaka *adj.* 意味がない、無意味な、目的にそわない、不適当な、対象をもたない
nirarthika = nirarthaka
nirārambha *adj.* 活動しない、仕事をやめた
nirāśraya *adj.* 依り所のない
nirguṇa *adj.* 徳のない、悪い、下劣な
nirṇaya *m.* 落着、判決
nirdaya *adj.* 無慈悲な、同情のない、容赦ない ; -m *adv.* 無慈悲に、かまわず
nirbandha *m.* *L.* / —° の固執、強調 ; -m *adv.* 執拗に
nirmāṇa *n.* 創造、形成
nirmāna *adj.* 自負のない
nirvāṇa *n.* 涅槃、消滅、(炎が) 消えること、解消
nirvikalpa *adj.* 交替を許さない、変化のない、疑いのない ; °jñāna; *n.* 無分別智
nirvicāra *adj.* 考慮しない
nirviṣa *adj.* 毒のない
nivāsin *adj.* 住む
niś *f.* 夜
niśītha *m.* 夜、真夜中
niścaya *m.* 確認、確定、決着
niḥśaṅka *adj.* 憂慮しない、恐れのない、躊躇しない
niṣyanda *m.* 流れ出ること、流出
nisarga *m.* 自然の状態 ; -āt / °tas *adv.* 自然に、生まれつき、生来
niḥsaṃśaya *adj.* 疑いのない
niḥsāra *adj.* つまらない
√nī 1 導く、運ぶ
ā- 導く、運んでくる ; *Ppp.* ānīta 呼びよせた ; *Inf.* ānetum
nīca *adj.* 下等な、卑しい
nīruj *adj.* 健康な
nīla *adj.* 黒ずんだ、黒い、暗青色の、紺色の、青い、紺の ; *n.* 暗色、濃青色、藍色、藍 ; *f.* nīlī
nīlī *f.* 藍
nīlīvarṇa *adj.* 藍色の
nṛ *m.* 人
nṛpa m 王、人々の主
naiḥśreyasa *adj.* より優れたもののない、最上の、
naiṣṭhika *adj.* 決定的な、最高の
no *ind.* [否定詞] ない、～もまたない

P

pakṣa *m.* 翼、群、組
pakṣman *n.* まつげ
√pac 1 料理する、調理する、消化す

る、熟成させる

pañca *num.* 5

pañcatā *f.* 五要素 ; -m √gam 死ぬ (五要素に分解する)

pañcatva *n.* 五要素 -m upa-√gam 死ぬ (五要素に分解する)

√paṭ 1 割れる、避ける、開く

vi- *caus.* 割る、裂く、破壊する

paṭṭaka *m.* 板、板金

√paṭh 1 朗唱する、復唱する

paṇḍita *adj.* 学のある、賢い、教養のある、～に巧みな

√pat 1 飛ぶ、落ちる、*Ac.* / *L.* に落ち入る ; *Ppp.* patita 落ちた

pati *m.* 主人、夫

patita *adj.* [√pat *Ppp.*] 落ちた

path *m.* 道、旅程

patha *m.* 道

pathin *m.* 道

pathya *adj.* 役に立つ、正規の、至当な、適当な、有益な

√pad 4 落ちる、墜落する

ā- 近づく、陥る ; *Ppp.* āpanna 不幸に陥った、不運な ; vy-ā- *caus.* 滅ぼす、殺す ; *Ppp.* vyāpādita 死んだ ; *Gd.* vyāpādya

ud- 飛び上がる、生じる、得られる

sam-ud- 生じる、現れる

upa- *L.* に来る、到達する、～になる、適する、可能である、できる ; *Ppp.* upapanna

pra- 入る、踏み入る、保護を求める、帰依する

sam-pra- 生じる、得る

prati- 入る、～へ行く、*L.* / *G.* / *Ac.* に向かって進む、に抗して進む、到達する、達成する、得る、獲得する

sam- やりとげる、達する、出会う ; *Ppp.* saṃpanna 達成された

pada *n.* 足、足跡、足場、一歩、足どり、目標、場所、立場、地位、境地

padavī *f.* 部署、立場、職

padastha *adj.* 自活している

padārtha *m.* 問題

paddhati *f.* 道、通路

para *adj.* 他の、*Ab.* より遥かな、向かい側の、遠い向こう、過去の、以前の、未来の、以後の 、*Ab.* より遠い、向こうの、向かい側、最高の、最上の、最も、—° を主要なものとする、(あることに) 専心する、熱中する ; *m.* 他人、敵

parajana *m.* 他人

paratra *adv.* 来世で

parama *adj.* 最高の

paramātman *m.* 最高我

paramārtha *m.* 最高の真実、事件の真相、真諦、勝義諦 °tas *adv.* 最高の真理からすれば、本当は、実際には

parasparatas *adv.* 相互に

parasva *n.* 他人の財産

parākrama *m.* 勇気、力

paramarśa *m.* (髪を) つかむこと、(弓を) 引くこと、固執

parāsu *adj.* 死んだ

parijñāna *n.* 認識、識別、完全な智慧、了知

parituṣṭa *adj.* [pari-√tuṣ *Ppp.*] 満足した

paripācana *adj.* 成熟させる

paribhū *adj.* 支配する

parimārga *m.* 探しまわること
parimārgaya *Den.* 探す、求める、探求する ; *Fpp.* parimārgitavya 探求されるべき
pariśuddhi *f.* 浄めること
pariśoṣa *m.* 乾燥
parīkṣaka *m.* 試験する者、知る者
parjanya *m.* 雨雲、雨、雨神
parṇa *n.* 羽、翼、葉
palāyana *n.* 逃走、逃亡、脱出
palāyanakriyā *f.* 逃走 ; °kriyāṃ √kṛ 逃亡する
pavana *m.* 風
√paś [*Pres.* / *Impf.* のみ √dṛś の代わりに用いられる] 見る、観る、眺める、観察する、考察する、見出す
anu- 見る、眺める、見なす、認める、認識する
paśu *m.* 家畜、獣、供儀用の動物、犠牲
√pā (1) 2 飲む
√pā (2) 2 保管する、保護する、保つ
pāṇi *m.* 手
pāṇḍura *adj.* 白色の、白い、青白い
pāṇḍuratā *f.* 白色、白い性質
pātra *n.* 器、容器 ; *m.* 大臣、王の指南役
pāda *m.* 足
pādapa *m.* 樹木
pādya *n.* 洗足用の水
pāpa *adj.* 悪い、罪深い ; *n.* 悪、罪
pārthiva *m.* 王
pāla *m.* 保護者、守護者
pālaka *m.* 護衛
pālana *n.* 保護すること
pālaya *Den.* 護る
pari- 保護する、治める

pāvaka *adj.* 清浄な、明るい ; *m.* 火、火神
pāśa *m.* 罠
pitṛ *m.* 父 ; *pl.* 祖先
pitṛsama *adj.* 父の代わり
pipīlika *m.* 蟻
piśācikā *f.* 小悪魔
√piṣ 7 粉砕する、破壊する
√pīḍ 10 / *caus.* 圧する、締め付ける、悩ます
pīḍā *f.* 苦痛、不利、損害
pīḍākara *adj.* 害をなす、痛みを与える
puṇya *adj.* 善い ; *n.* 善、徳、福徳
putra *m.* 少年、息子
putraka *m.* 少年
punar *adv.* さらに、再び
punarjāta *adj.* 再生した
pur *f.* 都
pura *n.* 城
puratas *adv.* *G.* の前に、面前に、前方に
puraḥsara *adj.* 〜に先立たれた、〜に伴われた
purā *adv.* かつて、以前に、古来
purāśruti *f.* 古伝説
purāṇa *adj.* 古代に属する、最初の、昔の、太古の
puruṣa *m.* 人、人間、男、侍者、従者、役人、官人、生命的根本原理、生命力としての個人的原理、霊魂、個人の本体、原人、世界の源となる原人
pulaka *m.* (喜びによって) 身体の毛が逆立つこと
pulakaya *Den.* (喜びによって) 身体の毛が逆立つ、鳥肌がたつ ;

Ppp. pulakita 身体の毛が逆立った
√puṣ 4 / 9 繁栄する、養う、育てる、繁栄させる、保持する ; *Ppp.* puṣṭa 太った、肥えた ; poṣaya- *caus.* 飼養する、養う、食を与える ; *Ppp.* poṣita 太らされた
puṣṭa *adj.* [√puṣ *Ppp.*] 養われた、肥えた
pustaka *n.* 書物、本
√pūj 10 尊敬する、もてなす
prati- *caus.* 尊敬する
pūrṇa *adj.* [√pṝ *Ppp.*] 満たされた、満ちた
pūrva *adj.* 前の、以前の ; -m *adv.* 前に ; °pūrva *adj.* 〜に先行された
pūrvādhika *adj.* 以前よりよく
pūṣan *m.* [神名] プーシャン
√pṛ 5 [ā- のみ] *D.* に忙しい
vy-ā-(°artham のために) 忙しい ; *pass.* vyāpriya-
pṛthivī *f.* 大地、地界、国土
pṛthivīpāla *m.* 大地の守護者、王
pṛṣṭha *n.* 背、上側、表面、背部、後部
pṛṣṭhadeśa *m.* 後ろ側 ; -e *adv.* *G.* の後ろに
pṛṣṭhī-√bhū 顔を背ける、憂鬱になる
√pṝ 9 充たす、満たす ; *Ppp.* pūrṇa 満たされた、満ちた
pari- 満たす , *Ppp.* paripūrṇa 満ちた、満たされた ; *caus.* *Ppp.* paripūrita 満たされた
peya *n.* 飲み物
poṣita *adj.* [√puṣ *caus.* *Ppp.*] 育てられた、助けられた
pauruṣa *n.* 勇気、勇敢さ、力
prakarṣa *m.* 卓越、優越
prakīrtita *adj.* [*Den.* pra-kīrtaya *Ppp.*] 〜と言われる
prakṛti *f.* 本性 ; -yā *adv.* 性来、初めより、自ら
prakṛtistha *adj.* 自然の状態にある、自然の、正規の、
prakopa *m.* 怒り
prakhya *adj.* 見える、明瞭な、—° に類似する、と同様な
pracalana *n.* 前後上下に動くこと
√prach 6 問う
prajā *f.* 人々、国民、世間
prajāpati *m.* 創造主
prajñā *f.* 智慧
prajñāpāramitā *f.* 智慧の完成、般若波羅蜜
praṇayin *adj.* 愛された、親愛な、愛情のある ; *m.* 親友、愛人
prati *adv.* *Ac.* に対して
pratijñā *f.* 許可、約束
pratidinam *adv.* 毎日
pratidiśam *adv.* すべての方に、いずれの方角においても、どちらでも、どこでも
pratideśam *adv.* すべての土地に、どこでも
pratipakṣa *m.* 反対側、対立者、敵 ; *adj.* 〜に反対する、対抗する
pratibimba *n.* 映像、影像、反映、反射
pratibimbaka → pratibimba
pratibhāsa *m.* 現れ、顕現
pratīkāra *m.* 対応策
pratyakṣatva *n.* 明白なこと、明瞭なこと、直接の知覚であること
pratyañc *adj.* 西の、後ろの
√prath 1 (名誉、風評などが) 広く行

きわたる、出現する、現れる；*Ppp.* prathita 知られた
prathama *adj.* [序数詞] 第一の
pradātavya *adj.* [pra-√dā *Fpp.*] 嫁がされるべき
pradeśa *m.* 場所
pradhāna *adj.* 最上なる
pranaṣṭa *adj.* [pra-√naś *Ppp.*] 失われた、消えた
prabhava *adj.* ～から起こった、～から生じた
prabhā *f.* 光、輝き、容貌
prabhāva *m.* 力
prabhu *adj.* *G.* を支配する；*m.* 王、統治者
prabhutva *n.* 支配者たること、首領たること
prabhṛti *adj.* はじめとする、などの；*adv.* よりのち；tataḥ prabhṛti *adv.* それより後、以後
prayatna *m.* 努力
prayojana *n.* 動機
praroha *m.* 発芽すること、芽、蕾
pravāla *m.* / *n.* 芽、若芽
pravṛtti *f.* 前方へ動くこと、前進、進歩、はじまること、起源
prasava *m.* 産出すること、妊娠、分娩、出産
prasāda *m.* 恩、恵み、親切、助力
prasādatas *adv.* 恵みにより
prasādhana *n.* 装飾、化粧
praharṣa *m.* 歓喜、喜び
prahāṇa *n.* 断念、放棄、回避
prahāra *m.* 打撃
prahlāda *m.* 喜び
prāk *adj.* 前に、以前に；prāg eva *adv.* いわんや、まして
prājña *adj.* 智慧のある、聡明な
prāñc *adj.* 東の、前の
prāñjali *adj.* 合掌する
prāṇa *m.* 息、吸気、呼吸、生気、活力、生命
prāṇāpāna *m.* 呼吸、呼息と吸息
prāṇin *adj.* 呼吸する、生きている；*m.* 生物、動物、人間
prātar *adv.* 朝早くに
prāptavara *adj.* 望みどおりの、持参金を得た
prāpti *f.* 獲得、達成
prāya *m.* 主要部；-eṇa *adv.* 大抵
priya *adj.* 愛する、好む、好ましい、親しい、愛らしい；*m.* 友人、恋人
prīti *f.* 喜び、満足、*L.* の喜び、*G.* / *L.* への愛
pretya *adv.* 死後に
plava *m.* / *n.* 船
√plu 1 浮かぶ、泳ぐ、沐浴する、航海する；*Ppp.* pluta 泳いだ、満たされた
pari- 浴びる、氾濫する、浸かる；*Ppp.* paripluta 溢れた

Ph

phaṇādhara *m.* 蛇
√phal 1 破裂する、破れる；*Ppp.* phulla 開いた、咲いた
ud- 跳ね上がる、噴出する、(目を) 見開く；*Ppp.* utphulla (目が) 見開いた
phala *n.* 果実、結果

phena *m.* 泡

B

bata *ind.* [*Interj.*] ああ
√bandh 1 / 9 結ぶ
ni- 縛る、組み上げる
bandhana *n.* 束縛
bandhu *m.* 縁者
bala *n.* 力
balavat *adj.* 力をもつ
bali *m.* 税、租税、年貢
balīyas *adj.* [bala の比較級形] より力のある、非常に力のある、決定力がある
bahu *adj.* 多くの
bahumata *adj.* 大いに尊敬された
bāndhava *m.* 親族
bāla *adj.* 若い、幼稚な、稚拙な、愚かな
bālaka *m.* 幼児、児童、少年、子供
bāṣpa *m.* 涙
bāhu *m.* 腕
bāhya *adj.* 外の、外部の、他国の、*G.* / *Ab.* の外 ; °tas *adv.*
bīja *n.* 種子、種、精子、要素
buddha *adj.* [√budh *Ppp.*] 覚った ; *m.* ブッダ、仏
buddhi *f.* 知覚、察知、智慧、理解力
buddhimat *adj.* 思慮ある、理解力のある、鋭敏な、賢い、知性のある
budbuda *m.* 水泡、泡
√budh 1 / 4 目覚める、覚る、知る、理解する、解る ; *Gd.* buddhvā
pra- 目覚める
sam- 覚る、目覚める
boddhṛ *m.* 知覚する人
bodha *m.* 覚り、菩提
bodhisattva *m.* 菩薩、覚りを求める人
brahman ⑴ *m.* 婆羅門、梵天
brahman ⑵ *n.* ブラフマン、梵、根本原理、聖智の保持者の特性、清浄な生活
brahmavid *adj.* ブラフマンを知っている ; *m.* ヴェーダ学者
brahmasthala *n.* [土地の名] ブラフマスタラ
brāhma *adj.* [*f.* -ī] 婆羅門に特有な、婆羅門に関する
brāhmaṇa *m.* 婆羅門
brāhmaṇī *f.* 婆羅門の女性
√brū 2 語る、言う、話す、言明する、答える

Bh

√bhakṣ 10 噛む、咬む、食う
bhagavat *adj.* 尊き、高尚なる、神聖なる ; *m.* 神、尊者、世尊
√bhaj 1 分ける、分配する、分かつ、受け取る、経験する、入る、尊敬する、崇拝する
pra-vi- 分ける、分配する ; *Gd.* pravibhajya
√bhañj 7 破る ; *Ppp.* bhagna 破壊された、割れた
bhaya *n.* 恐れ、*Ab.* への恐れ、〜についての恐れ、驚き、恐怖、心配
bharga *m.* シヴァ神の異名
bhartṛ *m.* 保護者、夫
bhavat *pron.* [*2nd.* 尊敬] 貴殿
bhasmatas *adv.* 遺灰から

bhasman *n.* 灰、遺灰
bhasmānta *adj.* 骨になる
bhasmībhāva *m.* 灰と化した状態
bhā *f.* 光輝、光明
bhāgin *adj.* 受ける
bhāgīrathī *f.* [ガンジス川上流部の名] バーギラティー
bhāṇḍa *n.* 容器、樽、瓶
bhārata *adj.* バラタ族から出た、バラタ族の後裔の、子孫の
bhāratī *f.* 弁才天
bhārūpa *adj.* 明るい、輝く
bhāryā *f.* 妻
bhāva *m.* 振る舞い、あり方、あること、存在、状態、本質
bhāvatā *f.* 存在性、あるということ、あるという性質
bhāvin *adj.* 未来の
√bhāṣ 1 言う、話す
bhāṣin *adj.* 言う、話す
√bhās 1 ひかる、輝く、明らかにする
vi- ひかる、輝く
bhikṣā *f.* 乞うこと、乞食、施食
bhikṣu *m.* 乞食者、乞食僧、比丘、修行僧 ; bhikṣusaṃgha *m.* 比丘教団
bhikṣuka *m.* 乞食、乞食僧
√bhid 7 壊す、裂く、分割する
√bhī 3 恐れる ; *Fpp.* bhetavya 恐れられるべき
bhī *f.* *Ab.* / *L.* に対する怖れ、気遣い
bhukta *adj.* [√bhuj *Ppp.*] 食べられた ; *n.* 食事、食物、食糧
√bhuj 6 / 7 食べる、食う、受容する、享受する、*I.* を楽しむ、所用する、用いる、使用する ; *Prp.* bhuñjāna; *Ppp.* bhukta
bhuj *adj.* —° を享受する、食べる
bhujaṃgama *m.* 蛇
√bhū 1 なる、存在する、ある、いる、〜になる、生じる、生ずる、発生する、出現する、*Ac.* に達する ; *Fpp.* bhavitavya なるべし ; *caus.* 修習する
anu- 享受する ; *Ppp.* anubhūta 経験された、感じられた、知覚された
abhi- 優る、打ち勝つ、支配する ; *Ppp.* abhibhūta
pra- 現れる、増加する、多くなる ; *Ppp.* prabhūta 豊富な、多くの
sam- 起こる、生じる、存在する、可能である
abhi-sam- *Ac.* に入る、〜を所有するに至る、合体する、合一する
bhū *f.* 大地、土地、領地
bhūta *adj.* [√bhū *Ppp.*] 〜となった、〜であった ; *m.* / *n.* 存在物 (神・人間・動植物を含む)、生きもの ; *n.* 生物、怪物、精霊、幽霊、魔物
bhūmi *f.* 大地、地面、領土、場所、段階
bhūyas *adj.* [bhūri の比較級] より大きな、いっそう大きな、より多い、より以上の ; *adv.* いっそう多く、その上に、さらに、ふたたび、新たに、やはり
bhūyiṣṭha *adj.* [bhūri の最上級]
bhūri *adj.* 多い [比較級] bhūyas [最上級] bhūyiṣṭha
bhūṣaṇa *n.* 装飾
√bhṛ 1 / 3 運ぶ、産む、担う、保つ、

維持する、養う、保護する、支配する ; *Fpp.* bhṛtya 養うべき
ni- 押し下げる、静める ; *Ppp.* nibhṛta 静かな ; -m *adv.* 密かに
bhṛtya *m.* 召使い、大臣、傭兵
bheṣaja *n.* 治療薬
bhaikṣa *n.* 施物
bhoga *m.* 楽しみ、快楽、享楽
bhos *ind.* [*Interj.*] あぁ (悲嘆、後悔)、おい、やぁ、ねぇ (呼びかけ)
√bhraṃś 1 落ちる、はずれる ; *Ppp.* bhraṣṭa はずれた、堕落した
√bhram 1 / 4 徘徊する、放浪する、さすらう、回転する
sam- 徘徊する、当惑する ; *Ppp.* saṃbhrānta 活発な、軽くなる、徘徊する、混乱する
bhrātṛ *m.* 兄弟
bhrū *f.* 眉

M

maṅgala *adj.* 吉祥な、吉兆の ; *n.* 幸運、吉祥、吉兆
maṅgalāyatana *n.* 吉祥処、吉祥座
maṭhikā *f.* 小屋
maṇi *m.* 真珠、珠玉、宝石、小球
maṇḍala *adj.* 円形の、丸い ; *n.* 円盤、円、環
mati *f.* 考え、思い、敬虔な思想
matkuṇa *m.* 南京虫、トコジラミ ; °śaṅkā *f.* 南京虫の恐怖
mattas *adv.* 私から
matsya *m.* 魚
mad *pron.* [*1st.*] わたし、我
mada *m.* 傲り
madya *adj.* 喜ばせる、酔わせる ; *n.* 酒
madyapa *m.* 酔っ払い、大酒家
madhya *adj.* 中央の、中間の、*G.* / —° の中の ; *n.* 中央
√man 1 / 4 思う、考える、想像する、空想する、推理する、推測する ; *Gd.* matvā; *Ppp.* mata
ava- 低く考える、見くびる
sam- 考える ; *Ppp.* *G.* / —° に是認された ; *n.* 意見
manas *n.* 心、意、精神、智力、理解力
manīṣin *m.* 学者、教師
manuṣya *m.* 人間
manuṣyaloka *m.* 人間界、人の世界
manomaya *adj.* 心からなる、精神的な
manovijñāna *n.* 意識
mantra *m.* 呪文
mantrapustikā *f.* 呪文の書物
mantraya *Den.* 話す、語る、言う
abhi- (呪文を) 奉じる、(呪文で) 浄める
ni- 招く、呼びかける、挨拶する
upa-ni- 招待する ; *Ppp.* upanimantrita
mantraśakti *f.* 呪文の力
mantrin *m.* 大臣
manda *adj.* 鈍い、愚鈍な、愚かな
mandāravatī *f.* [人名] マンダーラヴァティー
mamakāra *m.* わがものとする執着
maraṇa *n.* 死
maryādā *f.* 目印、境界線、限界、道徳律
mahat *adj.* 大いなる、偉大なる、偉大な、大きな
mahas *n.* 威力、光栄、光、光沢

mahasvat *adj.* 大きな、力強い、輝く、光沢のある
mahātman *adj.* 高貴な、気高い、大我な、偉大な精神を持つ
mahiṣa *m.* 水牛
mahiṣī *f.* 牝水牛
mahī *f.* 大地、地面
mahīpati *m.* 王、大地の主
mahīpāla *m.* 王
mahīyas *adj.* [比較級] より大きい、より偉大な
√mā 2 / 3 量る ; *Ppp.* mita 適度の、乏しい
 nir- 創造する、創り出す、*Ab.* から作る ; *Ppp.* nirmita
mā *ind.* [否定詞] なかれ (禁止を表す)
mātariśvan *m.* [神名] マータリシュヴァン
mātra *n.* 唯、ただ〜のみ ; *adj.* (過去受動分詞の後ろで) 〜するやいなや
māna *m.* / *n.* 驕り、傲慢、慢心、意見、観念、意志、目的
mānasa *n.* 心
mānuṣa *m.* 人
māmaka *adj.* 私に属する、私のものである
mārga *m.* 道
mās *m.* 月 (太陰)
māsika *adj.* 月々の
mitabhāṣin *adj.* 言葉少ない、少し語る、適度に語る
mitra *m.* 友、仲間
mitratva *n.* 友情
mithas *adv.* 一緒に、相互に、お互いに、交代に、ひそかに
mithyā *adv.* 不法に、不正に、偽って、間違って、
mithyādṛṣṭi *f.* 誤った見解、邪見
middha *n.* 怠惰、ねむけ
√mil 6 会う、集まる
mīna *m.* 魚
mukha *n.* 口、顔
mugdha *adj.* [√muh *Ppp.*] 迷った、惑わされた、愚かな
√muc 6 放つ、解放する
 vi- ゆるめる、解き放つ ; *Ppp.* 解放された、解脱した
√mud 1 喜ぶ
muni *m.* 聖者
√muh 4 迷う、思慮を失う、あざむかれる、困惑する、惑わされる ; *Ppp.* mugdha / mūḍha 愚かな、単純な
 vi- 困惑する、知覚を失う、失神する ; *Ppp.* vimūḍha 当惑した、不確実な、愚かな
 sam- 困惑に陥る、無意識に陥る、混迷する、ぼんやりとする ; *Ppp.* a-saṃmūḍha 迷いなく
muhūrta *m.* / *n.* 瞬時、即時 ; -m *adv.* ただちに
mūrkha *m.* 愚か者、愚者
√mūrch 1 凝固する
mūrti *f.* 形状、像、姿
mūrdhan *m.* 頭
mūla *n.* 根、根源、根本
√mṛ 6 死ぬ ; *Ppp.* mṛta 死んだ
mṛgāṅka *m.* 月
mṛgāṅkamūrti *f.* 月の姿、月の映像
mṛga *m.* 獣、鹿
mṛta *adj.* [√mṛ *Ppp.*] 死んだ

mṛtyu *m.* 死
mṛdu *adj.* 柔らかい
√mṛś 6 触れる、さわる
me *pron.* [1 人称付帯詞]
megha *m.* 雲
mokṣa *m.* 解放、～の解放、釈放、脱出、解脱
moha *m.* 迷妄、迷い
mauktika *n.* 真珠
mauna *n.* 沈黙
√mnā 1 [√man の副次形]
ā- 述べる、語る、明言する、見なす

Y

yakṣa *m.* [鬼神の一種] 夜叉、ヤクシャ
yakṣeśvara *m.* ヤクシャの王＝財宝の神クベーラ
yajña *m.* 祭祀、祭式、供犠
yajvan *m.* 祭祀主、供犠主
√yat 1 配列する、同調する、競争する、得ようと努める、しようと努める、努力する
yatra *adv.* [関係] ～のところ ; yatra ～ tatra … ～のところ、そのところに …
yathā *adv.* [関 係] ～のように ; yathā ～ tathā … ～のように、そのように … , yathā yathā tathā tathā … ～であればあるほど、ますます …
yathāgatam *adv.* 来た道で
yathābhīṣṭadiśam *adv.* 思い思いの方向に
yathābhūta *adj.* 如実、あるがまま ; -m *adv.* 如実に、あるがままに
yathāyogam *adv.* 慣習にしたがって
yathāvat *adv.* あるがままに、あるべきように、適切に、正しく、慣習にしたがって
yad *pron.* [関係] ～なこと、～するところの ; yad ～ tad … ～なこと、それは … ; *conj.* yad すなわち
yadā *adv.* [関係] ～の時に ; yadā ～ tadā … ～である時、その時に
yadi *conj.* もし、もし～ならば
√yam 1 保つ、支える、制御する
ud- 上げる、挙げる、提供する、決心する
ni- 決定する ; *Ppp.* niyata 決定した ; -m *adv.* 間違いなく、確かに、常に
pra- 置く、提供する、与える
yama *m.* ヤマ、閻魔、死王
yava *m.* 大麦、大麦の粒、穀粒
yaśas *n.* 名誉、称讃、名声、栄誉
yaśasvin *adj.* 美麗な、美事な、華麗な、名声のある、栄誉ある、著名な
√yā 2 動く、行く、歩く、前進する、向かっていく、至る ; *Ppp.* yāta
ā- 近づく、接近する、やって来る
nir- 進み出る
pra- 出発する、経験する
sam- ともに行く、連れて行く、合同する
√yāc 1 懇願する、求める、乞う ; *Ppp.* yācita
ā- 請う
yāthātathyatas *adv.* 事実のとおりに、適切に
yāvajjīvam *adv.* 命のある限り、終生、

生涯の間
yāvat *adj.* / *adv.* [関 係] それほど ; yāvat ～ tāvat... ～であるそれほど ...、～するや否や ...、～の間に ...、[主文なく 1 人称の動詞とともに自己勧奨を表す]
yiyāsu *adj.* 歩もうとする
√yu 3 分ける、離す、*Ab.* から遠ざける、分離する
√yuj 7 繋ぐ、集中する ; *Gd.* yuktvā
sam-ā- 用意する、準備する ; *Ppp.* samāyukta *I.* / —° と結合した、～と合同した
saṃ-pra- 結びつく
yūtha *n.* 群れ
yogin *adj.* ヨーガを行ずる ; *m.* ヨーガの行者
yogya *adj.* 符合する、適応する、堪能なる、能くする
yauvana *n.* 青年、青春、青年時代
yauvanastha *adj.* 結婚適齢期になる、年ごろになる

R

√rakṣ 1 守る
rakṣaṇa *n.* 保護、防御
rakṣitṛ *adj.* 保護者、護衛、番兵
raṅga *m.* 色
rajaka *m.* 洗濯屋 (染物業も兼ねる)
rata *adj.* [√ram *Ppp.*] *L.* を喜ぶ
randhra *n.* 欠点、弱点
√rabh 1 つかむ、取る
ā- 着手する、(*Inf.* することを) はじめる ; *Ppp.* ārabdha *Inf.* することに着手した、することをはじめた
√ram 1 *L.* を楽しむ、喜ぶ ; *Ppp.* rata
vi- 止まる、止める
rava *m.* 咆吼、叫び
raśmi *m.* 綱、光線
rasa *m.* エッセンス、(草木の) 汁、果汁、液味、流動物、味、風味、賞味、味わい、心髄
rasana *n.* 味、味覚器官、舌、味覚
rasātmaka *adj.* 液汁、または甘露を本質とする
√rah 1 分かつ、分離する
vi- 離れる
rākṣasa *m.* 鬼、悪魔
rāga *m.* 貪り、欲望
√rāj 1 支配する、顕著である、光る
vi- 秀でる、卓出する、光を放つ
rājan *m.* 王
rājapuruṣa *m.* 王の役人
rājarṣi *m.* 王族出身の聖仙、王仙
rājya *adj.* 王の ; *n.* 主権、王国、王位
rājyakriyā *f.* 王政、施政
rātri *f.* 夜 -au *adv.* 夜に
rātrisattra *m.* 闇の司祭
√rādh 4 繁栄する、幸福である、満足させる
ā- *caus.* 仕える、なだめる、和解させる、崇拝する、取得する、獲得する , 遵奉する、執行する ; *Ppp.* ārādhita 満足させられた、なだめられた
rāṣṭra *n.* 王国、領地、国土、国民
ripu *m.* 敵、悪漢
√ru 2 吠える、うなる
vi- 叫ぶ、吠える ; *Inf.* virotum
√ruc 1 輝く、ひかる、喜ぶ

vi- まばゆく輝く、ひかる
√rud 6/2/1 泣く、嘆く、悲しむ
pra- 泣く
√ruh 1 上がる、登る、(欲を)達する、増大する
ā- に上がる、登る *caus.* āropaya に上がらせる
vi- 発芽する、成長する ; *Ppp.* virūḍha 成長した
rūpa *n.* 姿、形、色形、物質、色、容貌、美しき形、美麗
rūpaka *m.* [貨幣の一種] ルーパカ
rai *m.* 財産

L

lakṣaṇa *n.* 特徴、特質
lakṣya *n.* 標章
√lag 1 付着する
laguḍa *m.* 杖、棒
lajjā *f.* 羞恥、恥ずかしがること
√labh 1 得る ; *Gd.* labdhvā ; *Ppp.* labdha 得られた
upa- 捕らえる、得る、獲得する、達する、見出す、知覚する、知る、学び知る、了解する
√lamb 1 ぶら下がる
ava- 垂れ下げる、吊す
ā- 支える、演じる
lābha *m.* 獲得、取得、発見
lāvaṇya *n.* 塩辛いこと、愛らしいこと、魅力
√lip 6 *Ac.* に *I.* を塗る ; *pass.* *L.* に執着する
√lih 2 舐める、口にする
√lī 4 抱きつく、付着する、定着する、畏縮する
ava- 滞る
sam- 畏縮する
√luṭh 10 奪う
nir- 奪う、盗む
lubdha *adj.* [√lubh *Ppp.*] 当惑した、混乱した、欲深い
√lubh 6 当惑する、混乱する、貪る
lepa *m.* 塗ること、軟膏、漆喰
√lok 1 見る、認める
ava- 見る ; *caus.* 見る、眺める、注視する
ā- 見つかる
vi- 見る
loka *m.* 世間、世界、社会、国、空間
lokatraya *n.* 三界(天・地・空、または天・地・地下世界)
lokottara *adj.* 超世間的な、世間を越えた
√loc 1 見る ; *caus.* 見させる
ā- 思案する、熟考する ; *caus.* 見させる、熟考する、反省する、思案する ; *Ppp.* ālocita 思案された
lobha *m.* 貪欲
laukika *adj.* 世間的な
laulya *n.* 欲望、熱望、貪欲

V

vaktṛ *adj.* 話す、発言する ; *m.* 話者、教える人、語りべ、語る人、話す人、談話者
vaktra *n.* 口、顔
vakrolaka *m.* [地名] ヴァクローラカ
√vac 2 *Ac.* を *Ac.* / *D.* / *G.* に言う、話す、告げる、述べる、教える、名

付ける、呼ぶ ; *Ppp.* ukta 言われた ; *Fpp.* vācya 指摘されるべき
anu- 朗唱する、復唱する、読誦する
pra- 言う、語る
vacana *n.* 発言、言葉、語、話、命令、指示
vacas *n.* 言葉
vajra *m.* / *n.* 雷霆、金剛杵、ダイヤモンド
vajralepa *m.* 漆喰、セメント
vañcanā *f.* 失った時間
vaḍavā *f.* 牝馬
√vad 1 語る、話す、言う、告げる ; *Prp.* vadat
vi- 言い争う、反目する
√vadh 1 殺す ; *pass.* 殺される
vadha *m.* 殺人者
vana *n.* 森
√vap 1 まき散らす、(種を)播く、撒く、耕す、刈る
vapṣmat *adj.* 美しい姿をもつ
vapus *n.* 形、容姿、美貌、身体
vapra *m.* / *n.* 堤防
vayas *n.* 年齢、青春、壮年
vayuna *n.* 道
vara *m.* 贈り物、持参金
varcas *n.* 光、光輝、光明、栄誉、光栄、名声
varṇa *m.* 色
vartin *adj.* 展開する、居る、在る、起る (多くは合成語の末尾に用いる)
vartman *n.* 軌道、道
vaśa *m.* 意志、力、支配 ; *adj.* *I.* / *Ab.* / °tas / *G.* / —° の 命令によって、〜のゆえに、〜によって ; -āt *adv.* 結果から、結果として
√vas (1) 1 住む
prati- 住む
√vas (2) 2 着る、包む、纏う
vasiṣṭha *m.* [聖人の名、ヴェーダ聖仙の名] ヴァシシュタ
vasti *m.* 膀胱
√vah 1 運ぶ、輸送する、導く、担う ; *caus. pass.* 誘導される、騙される ; *caus. Ppp.* vāhita
nir- 運ぶ、導く ; *caus.* 完遂する
vahni *m.* 火
√vā 2 吹く
pari-nir- 般涅槃する
vā *ind.* [選言的接続詞] または、あるいは
vāc *f.* 言語、言葉、声、音、話、叙述、言説、語、弁舌
vācya *adj.* [√vac *Fpp.*] 指摘されるべき
vājin *m.* 駿馬、軍馬
√vāñch 1 願う、希望する、望む
vādin *adj.* 言う、話す、説く ; *m.* 話者、説者、学説の提唱者
vāyu *m.* 風、空気、風神、ヴァーユ ; 呼吸、息
vāraṇa *adj.* 防御する、覆う ; *m.* 象
vāri *n.* 水
vāridhi *m.* 大洋、海
vāva *adv.* 実に、正に
vāsa *m.* 住むこと、休息、宿泊、住宅、住所
vāsanā *f.* 〜についての考え、願望、染みついた印象、熏習、習気
vāsya *adj.* 覆われた、包まれた
vikalpa *m.* 分別、憶測、選択

vikalpika *adj.* 分別する、憶測する、選択する
vikraya *m.* 売ること、販売、売却
vikriyā *f.* 不安、感情の変化、動揺
viklava *adj.* 不安に駆られた、悩まされた、困惑した；*n.* 落胆、困惑、混乱
viguṇa *adj.* 欠陥のある、徳のない、逆境の
vigraha *m.* 諍い、喧嘩
vicikitsā *f.* ～に関する疑惑、不確実、疑念
viceṣṭita *n.* [vi-√ceṣṭ *Ppp.* から] 行動、活動
√vij 6 流れ出る、(波が)高まる
nir-ud- 恐れない；*Ppp.* nirudvigna 悩まされない、平静な
vijña *adj.* 聡明な；*m.* 賢者、学者
vijñapti *f. G.* の要求、歎願、話しかけ、識、表象、表色
vijñāna *n.* 認識作用、意識、識
vitatha *adj.* 不真実の、虚妄の、不必要な
vitta *n.* 富
vittavat *adj.* 富む
√vid 2 知る、～に精通する、見出す
ni- 知らせる；*caus.* 知らせる、伝える、*Ac.* を *D.* に捧げる
vidyā *f.* 知識
vidvas *adj.* [√vid *Pfp.*] 知り終えた、学を修めた；*m.* 学を修めた者、賢者
√vidh 6 敬意を払う、捧げる
vidha *m.* —° の種、種類、類、様式、倍
vidhi *m.* 運命、創造主
vidhivat *adv.* 規則にしたがって、正しく
vinā *ind. Ac.* / *I.* ～なしに
vināśa *m.* 消滅
vinoda *m.* 除去、(退屈を)追い払うこと、気晴らしすること
vipatti *f.* 不幸
viparīta *adj.* [vi-pari-√i *Ppp.*] 逆の、転倒した、反対の
vipaścit *adj.* 霊感を受けた、思いつき、賢い
vipula *adj.* 大きな、広大な、高貴な
vipṛṣṭhī-√bhū 憂鬱になる
vipra *m.* 賢者、婆羅門
vipriya *adj.* 好ましくない、不快な
vibhava *m.* 財産
vibhu *adj.* 遠くに広がる、行きわたる、豊富な、永続する、威力のある；*m.* 支配者
vibhūṣaṇa *n.* 装飾
vimukha *adj.* 顔を背ける
vimokṣa *m.* 解脱
vivāda *m.* 論争
√viś 6 入る
ā- 入る、浸透する、行きわたる、上に座る；*Ppp.* āviṣṭa 入った、浸透した、充たされた、とりつかれた、圧倒された
upa- 座る，*Ppp.* upaviṣṭa 座った
saṃ-ni- *I.* と交わる、*L.* / —° に留まる、に含まれる、入る、侵入する
pra- 入る、*Ac.* / L に入る、(火葬用の薪 agni / vahni)に登る；*Ppp.* praviṣṭa 入った
sam- 近づく、付着する、横たわる、ともに眠る；*Ppp.* saṃviṣṭa 横たわった、眠った

viśāla *adj.* 広大な、大きい
viśeṣa *m.* 差別、区別、相異、差異、特殊性、特異性、特別性
viśeṣatas *adv.* 特に
viśva *adj.* すべての
viśvatas *adv.* 四方から、四方に、至るところに
viṣa *n.* 毒
viṣama *adj.* 平らでない、不等の; -m *adv.* 不等に
viṣaya *m.* 領域、活動領域、領地、感官の対象、外境、客体、対象物、境
viṣāda *m.* 落胆、気落ち、無気力
vismaya *m.* 驚き、驚異、驚嘆、自負、誇り、傲慢
vītarāga *adj.* 煩悩なき
vīra *m.* 英雄、戦士、勇者
vīrya *n.* 男らしさ、勇気、勇敢さ
√vṛ 5 覆う
apa- 開く、覆いを取る
ā- 覆う; *Ppp.* āvṛta 覆われた
nis- 満足する、安心する、幸福を感じる; *Ppp.* nirvṛta 満足した、安心した
pari- 囲む
vṛka *m.* 狼
vṛkṣa *m.* 木
√vṛt 1 展開する、はじまる、起こる、行う、存在する、生存する、進行する、執行される; *Prp.* vartamāna; *Ppp.* vṛtta 起こった; *Fpp.* vartitavya 存在しなければならない
ni- 帰る、回転する、蘇生する、再生する
vi-ni- 戻る、帰る、退く、消える
pra- 転がる、進む、出発する、去る、行く、*Inf.* することをはじめる
vṛtta *n.* 事例、行為、行動、徳行
vṛtti *f.* 性質
vrttitā *f.* —° の行為、の活動、専念
vṛthā *adv.* 空しくも
vṛddha *m.* 老人
√vṛdh 1 増加する、成長する、栄える
pra- 称揚する、成長する、増加する、栄える; *Ppp.* vṛddha
vṛnda *n.* 群れ、集まり
vṛṣṭi *f.* 雨
vega *m.* 衝撃、興奮、激流
vetāla *m.* (死体に取り付く) 悪鬼、屍鬼
veda *m.* 知識、祭祀の知識、ヴェーダ
vedanā *f.* 感受作用、受
vedapāraga *m.* ヴェーダに精通した者
vedavid *adj.* ヴェーダを知っている
vedānta *m.* ヴェーダの終わり、ヴェーダの帰結、真髄をなす聖典 (ウパニシャッド); °kṛt ヴェーダーンタの著者
veśman *n.* 家、住処
veśyā *f.* 娼婦
√veṣṭ 1 巻き付く、絡まる、固着する
pari- からます、結びつける
vai *ind.* [前の語を強調するために用いられる]
vaidya *m.* 医者
vaiśāradya *n.* 無畏、自信
vaiśvānara *adj.* 万人に属する、普遍的な、一般に知られる; *m.* 普遍火 [体内で消化を司る火]
vyagratā *f.* 忙しさ、繁忙、〜に熱中すること
vyatikrama *m.* 〜から逸れること、逸

脱すること、越えること

√vyath 1 揺れる、震える、動揺する、恐れる

√vyadh 4 傷つける

vyaya *m.* 破壊、犠牲

vyavasthā *f.* 区別、同処に留まること、確立、機会

vyavahāra *m.* 行動、行政、司法

vyākula *adj.* 困惑の、充ちている、動揺する ; *n.* 困惑、動揺、混乱

vyākulaya *Den.* 動揺させる、乱す、混乱に陥らせる、困惑させる ; *Ppp.* vyākulita —° で充たされた、混乱した、困惑した

vyāghra *m.* 虎

vyādhi *m.* 病

vyādhita *adj.* 病んだ、病気の

vyāna *m.* 気息、体気

vyāpāra *m.* 行動、作業

vyuṣṭi *f.* 曙光、夜明けの太陽光

vyuṣṭimat *adj.* 美しい

√vraj 1 行く、歩む、去る

vraṇa *m.* 傷

vrata *n.* 誓い、習性、役割

vrīhi *m.* 米、米粒

Ś

√śak 5 〜することが出来る、能力がある ; *Ppp.* śakta ; *Fpp.* śakya

śakti *f.* 力

śaktimat *adj.* 力ある、能力がある

śakra *m.* [神名] シャクラ (インドラ神)、帝釈天

√śaṅk 1 *Ab.* を恐れる

śaṅkā *f.* 恐怖、危惧

śata *num.* 100

śatru *m.* 敵

śabda *m.* 音、声、音声、騒音

śabdāya *Den.* 音を発する、叫ぶ、吠える

√śam 4 静まる、消える、平穏である、和らぐ、絶滅する ; *Ppp.* śānta 静穏な、寂まった、一切の煩悩を離れた ; *caus.* 鎮める、鎮圧する、征服する

upa- 消える

ni- 消滅する、理解する、知る、聞く

śayyā *f.* 寝床、寝台

śayyāpālakatva *n.* 寝床番、寝室護衛の職

śara *m.* 矢

śaraṇa *n.* 庇護物、保護、避難 ; śaraṇaṃ √gam 庇護を求めて *Ac.* に行く、*Ac.* に帰依する

śarīra *n.* 身体、*pl.* 骨

śava *m.* / *n.* 死骸

śaśāṅka *m.* 月

śaśvat *adj.* 永遠の、頻繁な ; *adv.* 常に

śastra *n.* 切断するもの、切断の道具、刀、剣、斧

śākya *m.* シャカ族

śākhā *f.* 枝、先端、手足

śāṇḍilya *m.* [人名] シャーンディルヤ

śānta *adj.* [√śam *Ppp.*] 寂まった、静穏な、一切煩悩を離れた

śānti *f.* 寂静、寂滅、静けさ、心の静まり、平静

śāyin *adj.* 横になる

śāriputra *m.* [仏弟子の名] シャーリプトラ、舎利弗、舎利子

śālā *f.* 小屋、家屋、部屋、室、家畜

小屋
śāśvata *adj.* 永遠の、不断の
śāstra *n.* 教え、忠告、法典、論書、学理
śiṃśapā *f.* [樹名] シンシャパー
√śikṣ 1 学ぶ、修学する ; *caus.* 教える ; *Ppp.* śikṣita 教えられた、学んだ、訓練された
śikṣita *adj.* [√śikṣ *caus. Ppp.*] 教えられた、学んだ、訓練された
śikhin *m.* 火
śilā *f.* 石、岩
śilāpaṭṭaka *m.* 石板
śiva *adj.* 善き、好意のある、恵みある、幸いなる
śiśu *m.* 幼児
śiṣṭa *adj.* [√śās *Ppp.*] 教えられた、賢い ; *m.* 賢者
śiṣya *adj.* [√śās *Fpp.*] 教えられるべき ; *m.* 弟子
√śī 2 横たわる、休む、眠る
śīta *n.* 寒さ、冷たさ
śīla *n.* 習慣、戒
śukti *f.* 真珠貝の殻、真珠母貝
śukra *n.* 光明
√śuc 1 憂う、悲しむ ; *Fpp.* śocya
śuci *adj.* 清い
śuddha *adj.* 清浄な
śuddhi *f.* 浄めること
śuddhodana *m.* [人名] シュッドーダナ
√śudh 1 清める ; *Ppp.* śuddha 清浄な、純粋な
śūra *adj.* 勇敢な ; *m.* 武士、勇者
śṛgāla *m.* ジャッカル
śoka *m.* 憂い、悲哀
śobhana *adj.* 美しい
śobhā *f.* 美しさ
śaurya *n.* 勇気
śmaśāna *n.* 火葬場
śyāmāka *m.* ひえ、ひえの粒
śyena *m.* 鷹、鷲、隼、猛禽類
śrama *m.* 徒労
√śrambh 1 [一般に接頭辞 vi- とともに使用される]
vi- 信用する、信頼する、任せる
śravaṇa *n.* 聞くこと、聴聞、学ぶこと
√śri 1 もたせかける、頼りにする
ā- 依る、～に寄りかかる、避難する、頼る、(人に) 会う ; *Ppp.* āśrita
vy-apā (apa-ā)- 頼りにする ; *Ppp.* vyapāśrita
sam-ud- 上げる
śrī *f.* 吉祥、幸運、栄光、繁栄、威徳
śrīdevī *f.* 吉祥天
śrīmat *adj.* 輝かしい、美しい、栄光のある、威厳のある、繁栄に資する、著名な、高名な
√śru 5 聞く、*I.* / *Ab.* / *G.* から聞く、注意する、学ぶ ; *Gd.* śrutvā 聞いて ; *Ppp.* śruta
upa- 聞く、傾聴する、学ぶ
śrutavat *adj.* [√śru *Pap.*] 博識な
śruti *f.* 聞くこと、傾聴、音響、音、天啓書、天啓聖典、伝説
śreyas *adj.* [比較級] より優れている
śrotṛ *adj.* 聞く ; *m.* 聞き手、聴衆
śrotra *n.* 耳、聞くこと
ślakṣṇa *adj.* 優しい (言葉)、温和な、穏やかな
√śliṣ 4 付着する、抱擁する

ā- 抱く
√śvas 2 あえぐ、息を荒くする
ni- 溜息をもらす
vi- *G.* を信頼する、恐れない
śvāpada *m.* / *n.* 猛獣

Ṣ

ṣaṇmāsika *adj.* 6ヶ月の、半年の
ṣaṣ *num.* 6
ṣaṣṭha *num.* [序数詞] 第6の

S

sa [接頭辞] 〜を伴う
saṃrāga *m.* 情熱、*L.* に対する執着
saṃśaya *m.* 疑い ; na saṃśayaḥ 疑いなく
saṃsāra *m.* 輪廻、生存の連続
saṃskāra *m.* 調整作用、行
saṃsparśa *m.* 接触、交渉
sakāśa *m.* 面前、付近 ; -āt *G.* / —° から
saktu *m.* 穀類の粉
sagadgada *adj.* つっかえた声の ; -m *adv.* つっかえた声で、口ごもって
saṃkalpa *m.* 決心、意志、意図
saṃkhya *n.* 戦争、戦い
saṅga *m.* 執着、合一
saṃgha *m.* 群れ、団体、僧団
sacet *adv.* もし〜なら
sajjana *m.* 善き人、善良な人、親切な人
√sañj 1 固執する、愛着する、執着する
ā- *L.* に執着する、注目する
saṃjñā *f.* 意識、想い、表象作用、想、—° と呼ばれる
sat *adj.* [√as *Prp.*] 正しい、正 ; *m.* 生類、善人、有徳者、教養のある人、賢者

satatam *adv.* 常に、いつも
satkriyā *f.* 手厚い歓迎
sattra *n.* ソーマ祭
sattva *m.* 生物、動物、人、有情、衆生、性格、人柄、
sattvasaṃpanna *adj.* 善良な、優れた
satya *adj.* 実際の、現実の、真実の、誠実な ; *n.* 事実、現実、真実、諦 ; °tas *adv.* 真実として、本当は、実際には
satyadharma *m.* 四諦法、真実の法
√sad 1 座る
ā- 達する、座る、近づく ; *Ppp.* āsanna ; *caus.* 達する ; *Gd.* āsādya
prati-ā-; *Ppp.* pratyāsanna 近い
vi- 落胆する
sadṛśa *adj.* *G.* / —° の価値のある、にふさわしい
saddharma *m.* 正しい教え、善き教え
sadman *n.* 住居
sadvājin *m.* 高貴な駿馬、良馬
sanātana *adj.* [*f.* -ī] 不滅の、永遠の、永続する、恒常の
sama *adj.* 等しい、似た、同じ
samantāt *adv.* 至るところに、すべての方へ、すべての方に向かって、普く
samaya *m.* 適切な時、時機、機会
samavadhāna *n.* 一緒にされること
samā *f.* 年
samāja *m.* 会合
samādhi *m.* 禅定、瞑想
samāna (1) *adj.* *I.* に等しい
samāna (2) *m.* 腹気 (体内五気の一つ)
samāsa *m.* 結合、連合、凝縮、簡単な

陳述、合成語 ; -āt *adv.* 簡単に、手短に
samīpa *n.* 近隣、接近、面前
samudācāra *m.* ～の贈与、提供、礼儀正しいふるまい
samudyata *adj.* 意図する、目論む、覚悟する
saṃtāna *m.* 連続、継続、絶え間ない流れ、子孫
saṃtānapariṇāmaviśeṣa 相続転変差別、(心の) 連続における変化の特別性
saṃtuṣṭa *adj.* [sam-√tuṣ *Ppp.*] 満足した
saṃtoṣa *m.* 満足
saṃtrāsa *m.* 畏怖、～に対する驚愕、恐怖
saṃnikarṣa *m.* 近接、近いこと
saṃpatti *f.* 幸せ、幸福、成功
saṃpad *f.* 幸せ
saṃparka *m.* *I.* + saha / *G.* / —° との結合、連合、接触、交際
saṃpratiṣṭhā *f.* 永続、持続
saṃbhava *m.* 存在、生み出すこと、起源 ; *adj.* —° に起源する、から作られる、によって引き起こされる。
saṃbhūti *f.* 生成
saṃmata *n.* 意見
saṃmukhībhāva *m.* 現前する、現れる
samyak *adv.* 正しく
samyagdṛṣṭi *f.* 正しい見解、正見
sarpa *m.* 蛇
sarva *adj.* すべての、あらゆる、一切の、全体の、各々の
sarvajñatā *f.* 全智 (者) 性
sarvatas *adv.* [sarva の *Ab.* 相当] すべてのものより、すべての面から、あらゆる方向から、各方向に、まわりに、全く、完全に
sarvatra *adv.* いつも
sarvabhāva *m.* 全身全霊、完全な満足 ; -eṇa / -aiḥ / —° 全精神を傾けて、すべてをかけて
sarvavid *adj.* 全知の、すべてを知る
sarṣapa *m.* からし、からしの種、からしの粒
salila *n.* 水
salilāñjali *m.* 両手に一杯の水
savismaya *adj.* 驚かされた、驚きを伴った ; -m *adv.* 驚いて
sasya *n.* 収穫、穀物、果物
√sah 1 征服する、克服する、耐える
abhy-ud- *Ac.* を克服できる、耐えうる
saha *adv.* ともに、*I.* とともに、*I.* との
sāgara *m.* 海
sādhu *adj.* よい
sādhuvṛtti *adj.* よい性質の
sāntva *n.* 優しい言葉、なだめる言葉
sāntvaya *Den.* なだめる
sāmanta *m.* 隣人、家臣
sāra *m.* / *n.* 核、力
sārameya *m.* 犬
sāravattā *f.* 力、堅実さ、力強さ
sārdham *adv.* 一緒に、*I.* とともに
siṃha *m.* 獅子、ライオン
√sic 6 注ぐ、しみ込ませる、放出する
abhi- *L.* に任命する ; *Ppp.* abhiṣikta 任命された
siddha *adj.* [√sidh *Ppp.*] 成就された、達成された、完成された、目的を達成した、不思議の力を得た
√sidh 4 完成する、成立する、効果を

もたらす、履行する、成功する、容認される；*Ppp.* siddha 成就された、達成された、完成された、目的を達成した、不思議の力を得た
√su 1 しぼり出す
su *adv.* よく、うまく、正しく、十分に、[しばしば合成語の前分°—となる]
sukha *adj.* 楽しい、快い；*n.* 安楽、安らぎ、幸せ、幸福；-m *adv.* 幸せに、安楽に、快く
sukhin *adj.* 幸せな
sugati *f.* 善趣、善道
sujana *m.* 善き人
suta *m.* 息子
suduha *adj.* 容易に乳を出す
sudhī *f.* 知性；*adj.* 聡明な、賢い；*m.* 賢者
sunibhṛtam *adv.* 密かに
sundara *adj.* 美しい、愛らしい
supath *m.* 良い道
subhūti *m.* [仏弟子の名] スブーティ、須菩提
sura *m.* 神
sulabha *adj.* 得易い、獲得し易い、安価な
suvarṇa *n.* 黄金
suvirūḍha *adj.* よく成長した
suṣi *m.* 溝、出口
suhṛd *m.* 親切、友人、仲間
√sū (1) 2 出産する
pra- 生む
√sū (2) 6 動かす、促す、刺激する
pra- 促す、せきたてる、許す；*Ppp.* prasūta
sūkṣma *adj.* 微妙な、微細な、小さい、ささいな、繊細な、薄い、狭い、短い
sūnu *m.* 息子
sūrya *m.* 太陽、太陽神
√sṛ 1 走る、疾走する、走り去る
nis- 出る、出かける；*caus.* 放逐する、追放する；*Ppp.* niḥsārita
pra- 〜から流れ出る、広がる、生ずる
√sṛj 6 創造する、造る、要求する、請求する；*Gd.* sṛṣṭvā
setu *m.* 堤防
√sev 1 近くにいる、留まる、住む、世話をする
ā- 専念する、楽しむ
upa- 住む、訪問する、耽る、享受する
sainya *n.* 軍隊
sodyoga *adj.* 勤勉な、熱心な、奮闘的な、危険な
soma *m.* ソーマ草、ソーマ祭、ソーマ神、ソーマ酒
somaśarman *m.* [人名] ソーマシャルマン
saumukhya *n.* 快活、陽気、喜び
saumya *adj.* 親愛なる、寛大な、吉祥な
sauhārda *n.* 愛情、友情
skandha *m.* 肩、部分、区分、領域、集合、蘊
√stambh 9 支える、固定する；*Ppp.* stabdha 固まった、頑固な、愚かな
strī *f.* 女性、女
strīvṛnda *n.* 女の群れ
stha *adj.* —°に住する、にある、に立っている、に留まる、の状態にある、に依存する
sthala *n.* 大地、陸地
√sthā 1 立つ、止まる、留まる、住む；

Gd. sthitvā; *Ppp.* sthita 留まった
adhi- の上に立つ、登る、先頭に立つ、支配する ; *Gd.* adhiṣṭhāya に頼って、によって
anu- 実行する、実践する、遂行する ; *Ppp.* anuṣṭhita 遂行された
ava- 置く、に降りていく、に留まる、に静止する
ud- 立ち上がる
pra- 出発する
sam-ud- 起き上がる、立ち上がる ; *Gd.* samutthāya 立ち上がって
sthāna *n.* 場所、地点、状態
sthiti *f.* 法則、規定、習慣
sthira *adj.* 堅固な、しっかりした、不断の、続く
snāvira *adj.* 腱のある
snigdha *adj.* [√snih *Ppp.*] 愛された、やさしい、愛情深い
√snih 4 穏やかになる、愛情を感じる ; *Ppp.* snigdha
sneha *m.* 愛情
sparśana *n.* 触れること、接触、触覚
√spaś [現在語基は paś] 見る ; *Ppp.* spaṣṭa 明かな、明瞭な、明白な
√spṛś 6 触れる
√sphuṭ 6 開く、裂ける
sma *ind.* [現在時の動詞に過去の意味を与えて過去時制を作る附帯詞] かつて～した
smaraṇa *n.* 記憶すること、想起すること
smarātura *adj.* 恋煩う
√smi 1 微笑む
vi- 狼狽する、驚く、自慢する、驕る ; *Ppp.* vismita
√smṛ 1 記憶する、心に留める、念じる、思い出す ; *Ppp.* smṛta 記憶された、伝承された、思い出された
smṛti *f.* 記憶、*L.* / —° の記憶、想起、聖伝書、聖典文学、伝統的法典
√sraṃs (/ sras) 1 *Ab.* から下に落ちる、滑り落ちる
√sru 1 流れ出る
sva *adj.* 自分の、自らの、自身の、自己の ; *m.* / *n.* 自分自身、自我 ; *m.* 親族、友人 ; *n.* 財産
svakīya *adj.* 自分の、自身の家族に所属する ; *m. pl.* 自身の家族、自分の身内
svajana *m.* 親族のもの、身内
√svap 2 眠る ; *Ppp.* supta 眠った
pra- 眠りに陥る、眠る ; *Ppp.* prasupta
svapada *n.* 自分自身の場所
svapna *m.* 睡眠、眠り、夢
svabhāva *m.* 自性、性質
svabhāvakṛpaṇa *m.* [人名] スヴァバーヴァクリパナ
svayam *adv.* 自ら、ひとりでに、自発的に
svayaṃbhū *adj.* 自生する
svara *m.* 音、響き、声
svarga *adj.* 天の ; *m.* 天、天界、天国
svādhīna *adj.* 自身の支配の及ぶ範囲内にある、自身の自由になる、自由な
svāpatya *n.* 自分の子
svāmin *m.* 主人、支配者
svid *ind.* おそらく、どうぞ ; 疑問詞の後ろに付加して不定の意味を与える

svecchā *f.* 自分の欲求 ; -ayā *adv.* 随意に、自らの望みどおりに
svaira *adj.* 自主的な、随意な、自由な ; -m *adv.* 任意に、ゆっくり慎重に

H

ha *ind.* [附帯詞] 確かに、勿論
hata *adj.* [√han *Ppp.*] 断たれた
√han 2 叩く、打つ、殺す ; *Ppp.* hata 断たれた ; *Gd.* hatvā 打って (打たれて)、殺して
upa- 〜に対して打つ、妨害する、干渉する
ni- 打つ、破壊する
hanūmat *m.* (= hanumat) [猿将の名] ハヌーマト
hara *m.* [シヴァ神の異名] ハラ、破壊者
hari *m.* [ヴィシュヌ神の異名] ハリ
harṣa *m.* 喜び
hasta *m.* 手
√hā 3 捨てる ; *Ppp.* hīna 不足する、失われる、*I.* に劣った
pra- 捨てる、見捨てる、除去する、放棄する
vi- 捨てる
hā *ind.* [*Interj.*] ああ
hāni *f.* 損失、損害
hi *ind.* なぜなら、実に、[単に詩句を補うために虚辞として用いられる]
hiṃsra *adj.* 有害な、害のある、害を与える
hita *adj.* [√dhā *Ppp.*] 有益な ; *n.* 利益
hima *n.* 雪
himālaya *m.* ヒマーラヤ山、雪蔵山、雪山
hiraṇmaya *adj.* 黄金の
hiraṇya *n.* 黄金
hīna *adj.* [√hā *Ppp.*] 不足した、失われた、*I.* に劣った、*I.* を欠いた
√hṛ 1 運ぶ , もたらす、持ち去る、奪う ; *Ppp.* hṛta 奪われた
ud-ā- 頂上に置く、明らかにする、あげる、引用する、発言する、語る
hṛta *adj.* [√hṛ *Ppp.*] 奪われた
hṛd *n.* 心臓、心
hṛdaya *n.* 心臓、中心、核、心
hṛdistha *adj.* 心に留まる
he *Interj.* おお
hetu *m.* 原因、動機、理由、証因、*G.* / —° の原因、原因としてもつ、〜ゆえに
hetuprabhava *adj.* 原因から生じた
√hlād 1 喜ぶ、爽快になる
√hvṛ 1 外れる、逸れる、曲がる

付　録

（文法表見本様式）

アルファベットと母音の階梯

1. 母音 (Vowels)　単母音と二重母音

単母音						
二重母音						

2. 子音 (Consonants)　破裂音、鼻音、半母音、歯擦音、気音、特別鼻音

	破裂音				鼻音	半母音	歯擦音
	無声無気	無声有気	有声無気	有声有気	有声	有声	無声
喉音							
口蓋音							
反舌音							
歯音							
唇音							

気音		

特別鼻音		

3. 平韻 と Guṇa と Vṛddhi

平韻					
Guṇa					
Vṛddhi					

母音の外連声

前に位置する語の語末母音									
-a / ā	-i / ī	-u /ū	-ṛ / ṝ	-e	-ai	-o	-au		後ろに続く語の語頭母音
								a-	
								ā-	
								i-	
								ī-	
								u-	
								ū-	
								ṛ-	
								e-	
								ai-	
								o-	
								au-	

Note

子音の外連声

前に位置する語の絶対語末											
-k	-ṭ	-t	-p	-ṅ	-n	-m	-ḥ	-aḥ	-āḥ		
										k / kh-	後ろに続く語の語頭
										g / gh-	
										c / ch-	
										j / jh-	
										ṭ / ṭh-	
										ḍ / ḍh-	
										t / th-	
										d / dh-	
										p / ph-	
										b / bh-	
										鼻音 - [n / m]	
										y / v-	
										r-	
										l-	
										ś-	
										ṣ / s-	
										h-	
										母音 -	

Note

名称詞曲用

(　　　　)- 語幹 :

m.　/　n . /　f.

	sg.	du.	pl.
N.			
Ac.			
I.			
D.			
Ab.			
G.			
L.			
V.			

Note

動詞活用（現在組織）

第　　類 √　　（　　　　）語幹：強　　　中　　　弱

	[P]			[Ā]		
	sg.	du.	pl.	sg.	du.	pl.

直説法現在（Pres.）

1st.						
2nd.						
3rd.						

直説法過去（Impf.）

1st.						
2nd.						
3rd.						

願望法（Opt.）

1st.						
2nd.						
3rd.						

命令法（Impv.）

1st.						
2nd.						
3rd.						

Note

動詞活用（現在組織以外）

(　　　　) 組織						
第 　類 √ 　(　　　) 語幹 : 強 　　中 　　弱						
	[P]			[Ā]		
	sg.	du.	pl.	sg.	du.	pl.
1st.						
2nd.						
3rd.						

Note

(　　　　) 組織						
第 　類 √ 　(　　　) 語幹 : 強 　　中 　　弱						
	[P]			[Ā]		
	sg.	du.	pl.	sg.	du.	pl.
1st.						
2nd.						
3rd.						

Note

編著者略歴

吹田隆道（ふきた たかみち）
1955年京都府生まれ。大正大学大学院文学研究科修士課程（梵文学専攻）修了。佛教大学大学院文学研究科博士課程（仏教学専攻）満期退学。専門分野は梵文阿含経典の研究。現在、佛教大学大学院非常勤講師、同志社大学神学部嘱託講師、浄土宗招善寺住職。
編著書に、*The Mahāvadānasūtra,* A New Edition Based on Manuscripts Discovered in Northern Turkestan（Göttingen 2003）、『ブッダとは誰か』（春秋社 2013年）、『梶山雄一著作集』（編集。春秋社 2012—2013年）など。

実習サンスクリット文法
——荻原雲来『実習梵語学』新訂版

2015年9月30日　第1刷発行
2024年2月20日　第7刷発行

編著者　吹田隆道
発行者　小林公二
発行所　株式会社春秋社
〒101-0021 東京都千代田区外神田2-18-6
TEL　03-3255-9611（営業）　03-3255-9614（編集）
振替　00180-6-24861
https://www.shunjusha.co.jp/
印　刷　萩原印刷株式会社

定価はカバー等に表示してあります
 ISBN978-4-393-10172-8 C3015